当代齐鲁文库·山东社会科学院文库

THE LIBRARY OF
CONTEMPORARY SHANDONG

SELECTED WORKS OF SHANDONG
ACADEMY OF SOCIAL SCIENCES

山东社会科学院◎编纂

发展与起飞
转型中的山东经济

丁少敏◎著

中国社会科学出版社

图书在版编目（CIP）数据

发展与起飞：转型中的山东经济／丁少敏著．—北京：中国社会
科学出版社，2016.12

ISBN 978-7-5161-8687-9

Ⅰ.①发… Ⅱ.①丁… Ⅲ.①区域经济发展—研究—
山东省 Ⅳ.①F127.52

中国版本图书馆 CIP 数据核字（2016）第 182746 号

出 版 人	赵剑英
责任编辑	冯春凤
责任校对	张爱华
责任印制	张雪娇

出　　版	中国社会科学出版社
社　　址	北京鼓楼西大街甲 158 号
邮　　编	100720
网　　址	http：//www.csspw.cn
发 行 部	010-84083685
门 市 部	010-84029450
经　　销	新华书店及其他书店

印刷装订	环球东方（北京）印务有限公司
版　　次	2016 年 12 月第 1 版
印　　次	2016 年 12 月第 1 次印刷

开　　本	710×1000　1/16
印　　张	17.25
插　　页	2
字　　数	281 千字
定　　价	75.00 元

《山东社会科学院文库》
出版说明

　　党的十八大以来，以习近平同志为核心的党中央，从推动科学民主依法决策、推进国家治理体系和治理能力现代化、增强国家软实力的战略高度，对中国智库发展进行顶层设计，为中国特色新型智库建设提供了重要指导和基本遵循。2014 年 11 月，中办、国办印发《关于加强中国特色新型智库建设的意见》，标志着我国新型智库建设进入了加快发展的新阶段。2015 年 2 月，在中共山东省委、山东省人民政府的正确领导和大力支持下，山东社会科学院认真学习借鉴中国社会科学院改革的经验，大胆探索实施"社会科学创新工程"，在科研体制机制、人事管理、科研经费管理等方面大胆改革创新，相继实施了一系列重大创新措施，为建设山东特色新型智库勇探新路，并取得了明显成效，成为全国社科院系统率先全面实施哲学社会科学创新工程的地方社科院。2016 年 5 月，习近平总书记在哲学社会科学工作座谈会上发表重要讲话。讲话深刻阐明哲学社会科学的历史地位和时代价值，突出强调坚持马克思主义在我国哲学社会科学领域的指导地位，对加快构建中国特色哲学社会科学作出重大部署，是新形势下繁荣发展我国哲学社会科学事业的纲领性文献。山东社会科学院以深入学习贯彻习近平总书记在哲学社会科学工作座谈会上的重要讲话精神为契机，继续大力推进哲学社会科学创新工程，努力建设马克思主义研究宣传的"思想理论高地"，省委、省政府的重要"思想库"和"智囊团"，山东省哲学社会科学的高端学术殿堂，山东省情综合数据库和研究评价中心，服务经济文化强省建设的创新型团队，为繁荣发展哲学社会科学、建设山东特色新型智库，努力做出更大的贡献。

　　《山东社会科学院文库》（以下简称《文库》）是山东社会科学院"创

新工程"重大项目,是山东社会科学院着力打造的《当代齐鲁文库》的重要组成部分。该《文库》收录的是我院建院以来荣获山东省优秀社会科学成果一等奖及以上的科研成果。第二批出版的《文库》收录了丁少敏、王志东、卢新德、乔力、刘大可、曲永义、孙祚民、庄维民、许锦英、宋士昌、张卫国、李少群、张华、秦庆武、韩民青、程湘清、路遇等全国知名专家的研究专著18部,获奖文集1部。这些成果涉猎科学社会主义、文学、历史、哲学、经济学、人口学等领域,以马克思主义世界观、方法论为指导,深入研究哲学社会科学领域的基础理论问题,积极探索建设中国特色社会主义的重大理论和现实问题,为推动哲学社会科学繁荣发展发挥了重要作用。这些成果皆为作者经过长期的学术积累而打造的精品力作,充分体现了哲学社会科学研究的使命担当,展现了潜心治学、勇于创新的优良学风。这种使命担当、严谨的科研态度和科研作风值得我们认真学习和发扬,这是我院深入推进创新工程和新型智库建设的不竭动力。

实践没有止境,理论创新也没有止境。我们要突破前人,后人也必然会突破我们。《文库》收录的成果,也将因时代的变化、实践的发展、理论的创新,不断得到修正、丰富、完善,但它们对当时经济社会发展的推动作用,将同这些文字一起被人们铭记。《山东社会科学院文库》出版的原则是尊重原著的历史价值,内容不作大幅修订,因而,大家在《文库》中所看到的是那个时代专家们潜心探索研究的原汁原味的成果。

《山东社会科学院文库》是一个动态的开放的系统,在出版第一批、第二批的基础上,我们还会陆续推出第三批、第四批等后续成果……《文库》的出版在编委会的直接领导下进行,得到了作者及其亲属们的大力支持,也得到了院相关研究单位同志们的大力支持。同时,中国社会科学出版社的领导高度重视,给予大力支持帮助,尤其是责任编辑冯春凤主任为此付出了艰辛努力,在此一并表示最诚挚的谢意。

本书出版的组织、联络等事宜,由山东社会科学院科研组织处负责。因水平所限,出版工作难免会有不足乃至失误之处,恳请读者及有关专家学者批评指正。

《山东社会科学院文库》编委会
2016 年 11 月 16 日

前　言

近几年，我和我的同事们对山东经济特别是山东工业经济进行了较为系统的调查和研究，完成了数个相关内容的省重点科研项目。本书就是在这些研究的基础上撰写而成的。

之所以选择山东省这样一个行政区域进行经济发展的剖析研究，主要是因为改革开放以来，中国经济获得了前所未有的迅猛发展，而东部沿海地区更得益于改革开放之"特区效应"，率先实现了经济起飞的前期目标，成为中国经济发展的龙头。山东省就是东部发达省区之一。

特别是，与华东、华南沿海地区诸省（市）相比，山东省更有其独特的地位。一是经济发展起点低。改革开放前山东是一个落后的农业大省，主要经济指标在全国居中下游。二是发展快。短短十几年，山东省就由一个落后的农业省一跃成为综合经济实力在全国领先的经济大省，其变化之快、之巨令世人瞩目，引起海内外社会各界越来越多的关注和兴趣，甚至有中国经济"80年代看广东，90年代看浦东，21世纪初看山东"之说，成为一种有特定意义的经济现象。三是与整个中国的经济发展有着惊人的相似。比如，山东省资源丰富，人口众多，农业为主，工业门类齐全，传统儒家文化观念深入人心，近几年经济飞速发展等等方面，都与整个中国的状况相似。因此可以说，山东经济的发展是中国经济发展的一个缩影，研究山东经济至少在一定意义上可以说是对中国经济发展的考察和探索。四是对中国中西部后进地区的经济发展具有可操作性的借鉴和示范作用。由于山东是在各方面都较落后的基础上飞速发展起来的，因此，其成长过程中的种种理论、规律、经验和教训对于后发展地区是十分宝贵的财富，从这一点说，其典型意义不可低估。

20世纪80年代以来，山东省和全国一样，经济发展进入一个新的转型时期。转型的主要特点是，经济体制由传统的计划经济体制向社会主义市场经济体制转变，经济增长方式由粗放型经营向集约型经营转变；与此相对应，经济发展阶段由工业化的中期阶段向工业现代化阶段转变。在这个转型时期，新旧两种体制、两种增长方式并行存在，其相互转换、冲突和摩擦表现得非常突出。本书就是以这种背景下的山东经济为研究对象，旨在考察转型时期的山东经济发展特点和运行方式，剖析经济转型中的难点和矛盾，揭示山东经济转型过程中的经济规律，并进行有针对性的对策研究。鉴于前面所论及的山东经济的独特地位，相信本书的考察分析和理论抽象对于探索中国的现代化之路也具有重要的现实意义，并为中国经济转型理论提供启迪和借鉴。"个性体现着共性，共性寓于个性之中"，这一哲学命题从另一个层面上说明了本书的意义之所在。

全书分为绪论和四编。绪论部分从总体上对世纪之交的山东经济发展予以综合报告；第一编论述山东经济的高速增长与适度增长；第二编论述山东经济结构调整和效益转型；第三编论述山东经济增长方式的转变；第四编论述山东企业制度的创新。以上各编在论及山东经济的同时，均与全国和上海、江苏、浙江、广东等省（市）进行同步比较分析，有的方面还与日本进行了比较。在这种比较分析研究中，找出了山东的差距，更重要的是揭示了某些普遍规律。

本书以实证研究为主，通过对山东40余年特别是近17年大量而详尽的经济统计数据的数理分析和对经济现象的理论抽象，深入考察了山东经济起飞的条件、过程和特点，从而得出许多有益的结论。

在本书的写作过程中，山东省科委软科学办公室、山东省社会科学规划办公室、山东社会科学院的有关领导和同志给予了热情帮助和支持，课题组的张卫国、张文同志也予以大力帮助，在此表示衷心感谢。同时，还要特别感谢济南出版社的鼎力相助。

限于作者的学术水平和研究手段的不足，本书有很多不足和遗憾。但我热切希望，本书能以其翔实而齐全的资料数据、科学而丰富的分析图表、具有可操作性和示范性的对策研究、严谨而认真的学术结论而对读者有所裨益。书中不足之处敬请广大读者斧正。

作者
1997 年 5 月

目　　录

第四编　企业制度创新

绪论 世纪之交的经济发展报告

第一节 增长速度与总体规模

一 山东现阶段经济增长的速度特征

经济发展的国际经验表明，整个工业化过程可以分为前工业化、工业化、工业现代化三大阶段，各个阶段又可以划分为若干小阶段或称时期。中国经济目前正处于工业化阶段，根据人均 GNP 以及其他指标的规定，这个阶段可以细划为工业化起步阶段、工业化数量扩张阶段、经济持续高速增长阶段三个小阶段。一般来说，在工业化数量扩张阶段：一是要大规模地发展包括工业及其内部各产业在内的一系列增值率较高的现代产业部门，以复杂的现代产业结构和工业体系取代以往比较单一的传统产业结构和农业体系，在这一过程中将需要高积累和大规模的投入；二是为了迅速地建立和健全现代产业结构和工业体系，在经济管理体制上会更多地运用行政手段，借助强大的行政推动力量进行所谓的"强行积累"和"强行起飞"，这样的战略在社会主义"软预算约束"条件下往往又可以获得如决策者所期望的结果。基于以上两点，处于工业化数量扩张阶段的世界各个国家和地区的经济增长普遍具有三个特征，即其增长速度的总态势表现出强劲的势头；其增长速度的波动形态呈现出剧烈的周期性波动；分部门（产业）的速度状态表现出工业增长对于整个国民经济增长的贡献趋于增大，而农业增长对于整个国民经济增长的贡献趋于缩小。

在我国，省级行政区域是一个具有相对独立利益的综合主体，只要具备足够的资源和要素条件，在利益法则和产业结构演进规律的共同作用下，其经济发展的轨迹往往吻合于国际经验。基于这一前提，现将山东经济增长速度从三个方面系统考察。

1. 增长速度的总态势：40 多年来，山东省经济总量从总体上看，呈现出强劲的增长势头，特别是近十几年，其增长势头趋向顶峰。

根据统计数据绘出 1952～1990 年山东历年社会总产值、国民收入和 1978～1996 年国内生产总值三种总量指标分布曲线，这些曲线十分接近于斜率为正值的指数函数曲线，而且其斜率也越来越大。以指数函数 $Y = ae^{bt}$ 为中长期增长模型，对 1953～1995 年山东、全国、上海、江苏、浙江历年统计数据进行回归计算后，得出 1953～1991 年山东社会总产值、国民收入年均增长速度分别是 8.4% 和 7.0%，而 1978～1991 年则分别是 12.8% 和 9.9%，后者比前者分别增加了 4.4 个和 2.9 个百分点。上述两项指标在 1953～1991 年的区间值山东比全国分别高出 0.6 和 0.7 个百分点，比上海分别高出 0.7 和 0.5 个百分点；1979～1991 年的区间值山东比全国分别高出 2.3 个和 1.3 个百分点，比上海则分别高出 5.5 个和 2.8 个百分点。从国内生产总值指标看，1978～1995 年，山东年均增长速度为 11.2%，比全国和上海分别高 1.6 个和 2.9 个百分点。这就是说，山东经济总量的年均增长势头比全国和上海还要强劲。但计算结果显示，两种经济总量的年均增长势头山东尚不及江苏和浙江。

2. 增长速度的波动形态：40 余年来，山东经济增长一直处于剧烈的周期性波动之中，这从历年增长率分布曲线可以明显看出。

如果把波动周期界定为增长率低谷交替出现一次所经历的时间，并且不单独地计算为期一二年的偶然的小波动，而是将其归并到中等长度波动的周期之中，则据此标准可将 1952～1995 年山东经济增长波动划分为 8 个完整的周期（第 9 个周期尚未结束），进而计算出其年增长率的最大极差为 41.7%。在一个波动周期内，如此之大的极差在世界上也是罕见的。从横向比较看，各周期国民收入年增长率极差的平均值山东（24.9%）比全国（17.8%）高出 7.1 个百分点，比上海（24.7%）、江苏（16.4%）和浙江（18.8%）分别高出 0.2、8.5 和 6.1 个百分点。就是说，山东的经济增长波动比全国以及上海、江苏和浙江都要剧烈得多。

3. 增长速度的分部门（产业）状态：40 余年中，山东经济的增长主要是由工、农业部门的增长所引致的，而且工业增长对于经济增长的贡献趋于提高，而农业增长对于经济增长的贡献则趋于降低。

以线性关系式：

$$\frac{\Delta Y}{Y} = W_a \frac{\Delta Y_a}{Y_a} + W_i \frac{\Delta Y_i}{Y_i} + W_b \frac{\Delta Y_b}{Y_b} + W_{ts} \left(0.27 \frac{\Delta Y_t}{Y_t} + 0.73 \frac{\Delta Y_s}{Y_s} \right)$$

$$(\sum w = 1)$$

以及

$$\frac{\Delta Y}{Y} = \sum_{j=1}^{3} W_j \frac{\Delta Y_j}{Y_j} \quad (\sum_{j=1}^{3} W_j = 1)$$

分别作为求取国民收入各部门弹性系数以及 GDP 各产业弹性系数的计量模型，运用相应的统计数据，进行回归计算。计算结果表明：山东的国民收入农业和工业部门弹性系数都明显大于其他部门弹性系数，体现了农、工、商、运、建的排序。同样，GDP 第一、二产业弹性系数，也都明显大于第三产业弹性系数。1979 ~ 1991 年比 1953 ~ 1991 年，国民收入工业部门弹性系数上升了 0.0986，而国民收入农业部门弹性系数则下降了 0.03301。部门弹性系数排序变为工、农、商、建、运。此外，对国民收入各部门或 GDP 各产业贡献度的计算结果，同样显示了上述增长速度的分部门（产业）状态。

二 山东与全国、华东主要省（市）比较

山东与全国比较：1953 ~ 1991 年山东的国民收入工业部门弹性系数是小于农业的，而全国则是工业大于农业；1979 ~ 1991 年山东的国民收入工业部门弹性系数虽然已比农业大 0.1183，而全国工业比农业更大，为 0.2640。1979 ~ 1995 年山东的 GDP 第三产业弹性系数小于第一产业弹性系数，而全国 GNP 产业弹性系数则是第三产业大于第一产业的。

山东与华东主要省市比较：上海市的国民收入工业部门弹性系数最大，1979 ~ 1991 年高达 0.7740。江苏在 1979 年经济体制改革以后，工业国民收入增长对整个国民收入增长的贡献提高得最快，到 1991 年增加了 0.2194；相应地，农业国民收入增长对于国民收入增长的贡献则降低得最快，降低了 0.2540。1979 ~ 1995 年江苏 GDP 第三产业弹性系数最大，为 0.1993；相应的变化，浙江次之；山东更次之。

总之，将上述山东 40 余年来经济增长速度三方面的状态与经济发展的国际经验对比，不难看出其所具有的明显的工业化数量扩张阶段的特征。

三　结论

根据世界银行最新公布的数据，1994 年我国人均 GNP 是 530 美元，而山东的人均水平又略高于全国。1995 年山东和全国的工业产值在工农业总产值中的比重分别达到 82.7% 和 81.9%，工业劳动者人数在工农业劳动者总人数中的比重则分别只有 31.7% 和 30.3%。所以，一方面山东与全国的人均 GNP 水平和工农业总产值构成已经达到经济进入持续高速增长阶段的"刘易斯转折点"，另一方面山东与全国的工农业劳动者人数构成却远未达到"刘易斯转折点"。由此可以确认，山东与全国一样，实际上都还处于工业化的数量扩张阶段，确切地讲，是处于工业化中期阶段中的数量扩张阶段向经济持续高速增长阶段加速转变的时期，即人均 GNP 由 560 美元到 1120 美元（1970 年美元）的加速度增长初期。山东经济增长速度的上述特征以及与全国和上海、江苏、浙江的同异，可以由其所处的经济发展阶段以及规定这一阶段的人均 GNP 水平、工农业总产值构成和劳动者总人数构成状况得到合理的解释。据统计，1995 年人均 GNP 水平山东高于全国，但又明显低于江苏、浙江和广东；工业产值在工农业总产值中的比重以及工业劳动者人数在工农业劳动者总人数中的比重山东均低于全国，更低于江苏、浙江和广东。由于上海早已是一个发达的工业城市，所以人均 GNP 以及工业产值和劳动力比重三项指标，山东都明显低于上海。结论是：山东目前的工业化结构基础还十分薄弱，不仅落后于上海、江苏、浙江和广东，甚至还落后于全国平均水平。因此，40 余年中在保持同样强劲增长势头的情况下，山东经济增长波动的剧烈程度比全国、上海、江苏和浙江都高；工业国民收入增长对整个国民收入增长的贡献则一直小于全国和上海，1979～1995 年又小于江苏和浙江。其高于全国平均水平的经济增长速度，则更多地带有运用强有力的地方行政管理体制驱使经济"强行起飞"的色彩。事实也确实如此。自工业化正式起步不久的 1954 年起，山东的积累率在大多数年份都在 20% 以上，1984 年以来则一直在 30% 以上，高于全国平均水平，1988 年以后高达 40% 以上，其水平之高不仅在国际处于同样经济发展阶段的国家和地区中领先，而且在各种收入水平的国家和地区中也是鲜见的。这种高积累或"强行积累"，促成高投入，进而从支出方面引致财政的"紧运行"。1952～

1995 年山东财政支出的增长在大多数年份都快于财政收入的增长，特别是 1986～1990 年连年财政赤字，而上海、江苏和浙江的财政却一直保持着收略大于支的较宽松状态。此外，对应于高积累率，社会产品中的消费资料占用率的年增长率，1978 年以前的许多年份都比相同时期的国民收入的年均增长速度低；1978 年以后虽然在大多数年度都明显高于国内生产总值年均增长速度，但其中在很大程度上包含着"还债"的因素，特别是在以经济总量指标及其人均值两方面体现的经济实力大致相同的情况下，社会产品中消费资料占用率却低于全国和浙江。

第二节 产业结构的调整

工业化过程中产业结构的合理化状态可以分别从高级化与均衡化两方面来进行考察，相应的度量内容是高级度与均衡度。据此，可以对山东现阶段工业化过程中产业结构的合理化状态具体分析如下：

一 产业结构的高级化状态

纵观山东产业结构的演变过程可以看出，产业结构的高级化水平随着工业化进程向纵深发展和经济增长速度的提高而不断提高，但提高得比较缓慢。

产业结构演进的一般规律表明：在经济增长和发展过程中，第一、二、三产业比重由高到低的排序由一、二、三变为二、一、三，最后达到三、二、一。根据我国经济学家的研究成果，目前我国按三次产业划分的产业结构在产值结构方面大约相当于西方发达国家 20 世纪 20 年代的水平；而在劳动力结构方面大约相当于西方发达国家 19 世纪 70 年代的水平。

据统计计算，在工农业总产值结构方面，1952～1995 年山东工业产值在工农业总产值中的比重提高了 49.3 个百分点；在 GDP 结构方面，1978～1995 年山东第一、二产业的比重分别降低了 13.1 个和 5.5 个百分点，第三产业的比重则上升了 18.6 个百分点；在按三次产业划分的社会劳动者结构方面，山东 1978～1995 年第一产业劳动者的比重下降了 24.6 个百分点，第二、三产业劳动者的比重则分别提高了 13.5 个和 11.1 个百分点。这一切说明，山东产业结构的高级化水平随着工业化的推进和经济增长速度的不断提高而有所提高。

计算结果还表明，山东工农业总产值结构、GDP 结构以及按三次产业划分的社会劳动者结构与全国的相似系数均在 0.98～1.00 范围内，这说明二者的产业结构十分相似。据此可以推断，山东按三次产业划分的产业结构高级度大致像全国一样，即在产值结构方面也大约相当于西方发达国家 20 世纪 20 年代的水平；而在劳动力结构方面则大约相当于西方发达国家 19 世纪 70 年代的水平。特别是山东与全国、江苏、浙江和上海的产业结构以及相应的结构相似系数进行比较可见，山东在经济增长势头强劲，甚至其速度长期以来还高于全国和上海水平的情况下，其工业产值和劳动力人数在工农业总产值和劳动力总人数中的比重，第三产业劳动力在GDP 劳动力总人数中的比重，迄今却依然低于全国、江苏和浙江，更低于上海和广东。而且，前述山东经济结构变化的速度也比较慢。这一切又说明，在 40 余年的工业化和经济高速增长过程中，山东产业结构高级化水平提高得却比较缓慢。

此外，与产业结构相应的技术结构的现代化水平也是衡量产业结构高级度的一项重要内容。对于山东来说，其工业技术结构的现代化水平至今仍在一些关键性指标方面比较落后，如新设备在全部设备中的比重、自动化操作人数在全部生产工人总人数中的比重以及高新技术产业在全部工业行业中的产值比重等都比较低，其多数指标落后于上海、江苏和广东，有的甚至落后于全国平均水平。

工业结构的演进水平是衡量工业化过程中产业结构高级度的更深层次的内容。而衡量工业结构演进水平的标志主要有重工业化程度与加工高度化程度两个方面。

工业结构演进的一般规律是：随着工业化的进展，轻工业的比重逐步下降，重工业的比重逐步上升并超过轻工业；原材料工业与传统工业比重逐步下降，机械工业与现代工业的比重逐步上升。根据统计数据计算所得的轻工业总产值与重工业总产值的比即 LH 系数表明，1952 年以来山东的重工业化程度得到很大提高，已达到了发达国家 20 世纪七八十年代的水平。总起来看，山东的重工业化速度快于全国，1985 年以后还快于江苏和浙江。经计算所得的机械、化学、冶金、食品和纺织工业在工业总产值中的比重及其变化表明，山东同全国一样，工业结构的加工高度化水平提高得很快，目前已经接近或达到 20 世纪 70 年代发达国家的水平。这一切充分说明，山东工业化过程中工业结构演进程度的两个方面，即重工业化和加工高度化速度是很快的，而且现实水平也很高。尽管如此，由于如前所述的山东整个工业化的结构基础比较薄弱，并且其合理化进程也较慢，因此，单靠经济增长的高速度与高水平的重工业化程度和工业结构的加工高度化之间的相互促进，虽然可以反复使经济增长速度上扬，但难以实现真正意义上的经济持续高速增长——高速增长的持续时间较长，增长的波动幅度不大，国民经济各部门都能协调地增长与发展。

二　产业结构的均衡化状态

概括地说，山东产业结构的偏离度和非正常偏离度呈现不断下降的趋势，但迄今依然保持着较高的水平，下降的速度也不够快。

产业结构的均衡度由产业结构的偏离度来体现。根据产业结构偏离度的定义，偏离度越大，则各产业偏离数的绝对值就越大，在这种情况下，若产业与产业的偏离数呈现相反符号，即有的产业为劳动力比重大于产值比重的正向偏离，而有的产业为劳动力比重小于产值比重的负向偏离，则产业与产业的相对劳动生产率就一定会不同，从而产业结构就越不均衡。

产业结构的演进规律表明，产业结构的偏离度将随着经济的增长而不断降低。但是，在经济发展中，绝对的均衡状态是不可能出现的。只要各个产业之间的技术进步率不同，一定程度的偏离现象就必然会发生。一般来说，工业化时期第二产业的技术进步明显快于第一产业，所以，第一产业中一定程度上的正向偏离和第二产业中一定程度上的负向偏离是一种正常现象，甚至是产业进步的必要条件。因此，产业结构偏离度可以包括正常与非正常偏离度两部分，应当从中把正常偏离度分离出来，而仅以剩下的非正常偏离度作为产业畸形的标志。

根据我国经济学家的研究成果，由于我国现阶段的三次产业结构高级度大体相当于西方经济发达国家 19 世纪末至 20 世纪 20 年代的水平，所以可将西方经济发达国家 19 世纪末的偏离度与 20 世纪 20 年代的偏离度的算术平均值作为假设的正常偏离度。这一假设值为 46.54 个百分点，第一、二、三产业结构偏离度分别是 23.81、－9.81 和－12.9 个百分点。

扣除上述假设的正常偏离度后，便是我国现阶段产业结构的非正常偏离度。上述产业结构的假设正常偏离度同样适用于山东以及上海、江苏和浙江，因为总起来看，这些地区的产业结构高级度与全国基本相当。

由上所述，山东产业结构的偏离度和非正常偏离度在近几十年中不断下降，1995 年比 1978 年分别降低了 23.0 和 30.5 个百分点。但另一方面，与上海、江苏和浙江相比，1978～1995 年山东的产业结构偏离度和非正常偏离度明显处于最高水平；与全国相比，1978 年、1980 年以及 1990 年也明显较高。1978～1995 年山东在经济总量增长速度高于上海，且与江苏也十分接近的情况下，产业结构偏离度下降的百分点却大大小于上海，也明显小于江苏，这说明山东产业结构偏离度和非正常偏离度下降的速度仍然较慢。

第三节　速度型经济效益

一　技术进步与经济增长的关系状态

进入 20 世纪 80 年代以来，全部独立核算工业企业的增加值年均增长速度较高，而技术进步对于增加值年均增长速度的贡献率却较低。

据统计，全部独立核算工业企业的增加值，1981～1995 年山东年均增长 15.3%，全国年均增长 13.3%，山东快于全国。但是，技术进步对于增加值年均增长速度的贡献率，山东是 25.3%，全国则是 25.8%，山东低于全国水平。究其原因，主要是山东工业投入，特别是工业资金投入的增长速度远远地超过全国。1981～1995 年，工业资金投入山东年均增长 26.2%，全国年均增长 20.9%；劳动力山东年均增长 7.5%，全国年均增长 4.2%；综合要素投入山东年均增长 17.9%，全国年均增长 13.6%。显然，无论是单项要素还是综合要素投入，山东都快于全国。由于外延增长过快，工业增加值综合要素生产率 1980 年山东是 0.4241，全国是 0.3966，山东比全国高出 6.93%，但至 1995 年，山东是 0.4481，全国是 0.4467，山东比全国仅高 0.31%。

二　宏观经济效益状态

现阶段的宏观经济效益主要是一种"速度效益"，即指宏观经济效益水平主要随经济总量增长速度的提高而提高，并且随着速度的回落而明显下降，也就是说，二者具有强正相关关系。

为了综合评价山东现阶段各历史时期的经济效益，我们根据指标体系应全面、系统地反映社会再生产过程中的主要环节和方面的经济效益，指标体系中的指标应分别从不同方面反映经济效益，而不应选择性质相近或替代性大的指标，以及统计核算体系、统计数据能够支持这三条基本原则；根据经济效益是劳动消耗或占用与满足社会需要的劳动成果的比较关系这一定义；选取社会生产物质消耗率、积累效果系数、全民所有制基本建设固定资产交付使用率、人均国民收入、社会产品中消费资料占用率这五项指标组成指标体系；运用聚类分析法计算出以时间为样本的山东各历史时期的综合经济效益指数和以地区或全国为样本的山东与全国、华东主要省市各历史时期的综合经济效益指数，同时计算出各经济效益指标的重要性指数。

从纵向上看，山东各历史时期的综合经济效益指数与经济总量年均增长速度基本上呈正相关关系。就是说，经济总量年均增长速度高的历史时期，其综合经济效益指数也大；反之亦然。例如，"二五"时期山东经济总量年均增长速度为负值（-6.4），综合经济效益指教成为历史上的最小值（49.53）；1963~1965年，经济总量年均增长速度与综合经济效益同时成为历史上的最高（15.0）和最大值（85.60）；"六五"时期，经济总量年均增长速度持续提高，综合经济效益指数一直保持较大值。此外，在五项经济效益指标中，人均国民收入指标的重要性指数值最大，次之为社会产品中消费资料占用率，这说明提高国民收入产出水平、控制人口生产规模、适度提高国民收入使用额中的消费额和非生产性积累额，是保持山东综合经济效益较高水平的主要途径。

从横向上看，各历史时期山东与全国、浙江乃至上海的综合经济效益指数的大小变化状态与经济总量的年均增长速度的变化状态基本一致。但是，上海的综合经济效益指数的变化已不再主要取决于经济总量年均增长速度的变化；江苏由于其五项经济效益指标在1991年以前历年都普遍较低，而且经济总量年均增长速度也或过高或过低，所以其综合经济效益指数值一直较小，与经济总量的年均增长速度变化的同步性较弱，近几年这一态势有明显改善。总起来看，山东的综合经济效益指数与经济总量年均增长速度的正相关性较强，即随着经济总量年均增长速度的提高，综合经济效益指数值也有明显提高。这一点山东比江苏明显，与全国和浙江相近。需要指出的是，与全国和华东主要省市相比，"四五"、"六五"时期山东的综合经济效益指数值均为最高值，综合经济效益指数与经济总量年均增长速度的正相关性最强。"七五"时期山东的经济总量年均增长速度高于全国和上海，但由于过高，综合经济效益指数反而明显低于全国，也低于上海。而"八五"时期，山东综合经济效益指数提高较大，高于全国、江苏和浙江、仅低于上海。在五项经济效益指标中，人均国民收入指标的重要性指数一直最大，次之为积累效果系数以及"七五"以后的社会产品中消费资料占用率。这再一次说明，提高国民收入（国内生产总值）产出水平、控制人口生产规模、适度控制国民收入使用额中的积累额或适度提高国民收入使用额中的消费额和非生产性积累额，是山东、也是全国保持综合经济效益较高水平的主要途径。

三　结论

将以上纵、横两方面的分析结合起来不难看出，山东与全国、浙江一样，现阶段的宏观经济效益主要是一种"速度效益"。为了取得较好的宏观经济效益，必须保持足够高的经济总量增长速度。但是，这种正相关关系并不是绝对的、无限的，而是在一定区间内的，当经济总量增长速度过高时，宏观经济效益水平反而会降低。江苏在"八五"以前的各历史时期，经济总量的年均增长速度或者过高或者过低，故其宏观经济效益水平一直较低。上海在经济总量年均增长速度水平比较稳定的情况下，一直保持着较高的宏观经济效益水平，这说明上海宏观经济效益不再是单纯的"速度效益"，即其宏观经济效益将同时取决于足够高的经济总量增长速度以及其他因素，如技术的不断进步，经济结构的不断优化，经济管理水平的不断提高，以及对外开放度的提高和市场经济体系的逐步建立。

第四节　城市化演进

一　演进状态：方向合理、过程平稳、速度较快

统观山东1953～1995年伴随工业化全过程的城市化演进状态，不难

看出：

1. 演进方向是合理的。统计计算结果表明，在 40 余年的城市化过程中，山东城市与乡村的经济规模、居民收入及消费、经济结构三方面的指标，都一直朝着缩小二者差距的方向快速变化。经过 40 多年的城市化进程，1995 年山东的农村工业总产值在城乡工业总产值中的比重比全国平均水平高 16.2 个百分点，农村工业劳动者在城乡工业劳动者中的比重比全国平均水平高出 14.0 个百分点，这说明目前山东农村工业发展水平较高；1991 年山东的工农业商品综合比价指数为 103.6，比全国平均水平低1.5，这说明目前山东工农业产品等价交换水平较高；1995 年山东的市镇人口在城乡总人口中的比重高出全国平均水平 4.2 个百分点，拥有行政建制的城市个数列全国之首，这说明目前山东的农村城市化水平较高；1995年山东的城乡居民收入水平比例低于全国平均水平 0.09，工农消费水平比例低于全国平均水平 1.0，城乡恩格尔系数差比全国小 0.02，这说明目前山东城乡居民收入和消费水平差距较小。

2. 演进过程是平稳的。在 1953～1995 年的城市化进程中，虽然出现过城乡经济关系不合理的年份和时期，如在 1958～1960 年连续三年的"大跃进"中，片面发展重工业，使得非农业人口、职工人数、基本建设规模迅速膨胀，重工业粗制滥造，农业和轻工业大幅度下滑；再如"七五"期间，工业生产规模过度扩张，使得大量的财力用于工业生产和建设，而农业投入则相对不足，农业生产发展相对减缓，等等。但是一直没有发生过城乡经济之间严重对立、冲突和矛盾的问题，从而城乡经济关系没有发生过剧烈波动的演化状态。

3. 演进速度是较快的。据统计计算，山东工业总产值在工农业总产值中的比重 1995 年比 1953 年提高了 49.3 个百分点，比 1978 年提高了8.3 个百分点；乡村工业总产值在全部工业总产值中的比重 1958～1991年提高了 22.8 个百分点；工业部门职工人数在工农业劳动者人数总和中的比重 1985 年比 1962 年提高了 21 个百分点，比 1978 年提高了 13.9 个百分点；乡村工业企业人数在工业部门职工人数中的比重提高了 93.9 个百分点；"八五"时期城市居民家庭人均实际收入年均增长长高达23.0%，比"七五"时期高 8 个百分点；农民人均纯收入年均增长也非常快，"八五"时期年均增长 20.3%，高于"七五"年均增长率 9.5 个百分点；相应地，城市恩格尔系数则由"七五"末的 0.55 下降到"八五"末的 0.42，而农村恩格尔系数由 0.62 下降到 0.43；与此同时，城镇人口年均增长 3.5%，农业人口年均增长 -0.6%。

二 工业化基础

总的来看，工业化的结构基础比较薄弱，这使得城市化的良态演进在低水平上进行。

城市化的水平和演进速度的提高有赖于工业化的水平和演进速度的提高。所以，山东目前工业化的结构基础比较薄弱是其工业化和城市化水平进一步提高所面临的共同问题。山东目前工业化结构基础比较薄弱的主要表现如前所述：工业产值和劳动力在工农业总产值和劳动力总人数中的比重，山东低于全国，更低于上海、江苏和浙江；第三产业增加值和劳动力在 GDP 和社会劳动者总人数中的比重，山东低于全国，也明显低于上海、江苏和浙江；工业技术结构的现代化水平在一些关键指标方面，山东或者落后于全国，或者落后于全国、江苏和浙江三者，更落后于上海。产业结构的偏离度和非正常偏离度，与上海、江苏和浙江相比，明显地处于最高水平；与全国相比，1978 年、1980 年以及 1990 年也明显较高。"八五"期间，这种态势发生变化，上述几个主要指标山东虽仍落后于江、浙、沪，但已好于全国平均水平。总体来说，山东以往城市化的良态演进实际上是在工业化结构基础比较薄弱的低水平上进行的。

第五节 理论思考和政策选择

1. 山东以往的经济增长基本上是合理的，但也存在着不合理之处，主要是速度时而偏高。今后应将增长速度限制在合理的范围之内。

山东在 40 多年的经济增长中所取得的较高速度和"速度效益"水平主要是由其经济所处的工业化数量扩张阶段所决定的，因而从总体上讲是合理的，但其经济增长速度确实又存在着时而偏高的不合理之处。过高的速度使得经济增长处于剧烈的周期性波动之中，统观起来剧烈程度比全国、上海、江苏和浙江都高，使得财政从支出方面长期处于"紧运行"状态。1986～1991 年山东连年财政赤字，同时使社会产品中消费资料占用率低于全国和浙江。特别是无法为整个产业结构的合理调整创造供求总量大致平衡的环境，使得产业结构的高级度水平总体上落后于全国、江苏和浙江，更落后于上海，提高的速度也较慢；产业结构的偏离度和非正常偏离度比上海、江苏和浙江都高，下降的速度也较慢。这一工业化结构基础比较薄弱的状态长期得不到根本改观。我们对国内目前关于适度或合理经济增长速度的定义及其测算方法进行了认真比较，在此基础上把合理经济增长速度的含义概括为：能够合理地配置和利用资源，保证经济持续、稳定、协调和高速发展的经济增长速度。根据这一含义和山东经济所处的发展阶段，我们选择 1979～1991 年实际经济增长率的平均值为下限，由总供求关系和资源条件、技术条件以及制度条件所允许的最大可能增长率的平均值作为上限，测算出今后到 2010 年山东合理经济增长速度的取值范围；从经济总量年均增长的未来趋势、以往经济总量年均增长速度的合理化状态、物质技术基础和人文社会条件的支持和约束等三方面对上述测算结果的可行性进行了具体分析，最后确定出今后到 2010 年山东合理的 GDP 年均增长速度的取值范围是 9%～10%。这一水平比修正过的十年规划里确定的 GDP 年均增长速度低 1 个百分点。

2. 山东工业化结构基础比较薄弱，难以支持经济的持续高速增长。今后一段时期内应该把产业结构及其相应的技术结构的合理调整作为经济发展的头等大事。

前述山东工业化结构基础比较薄弱的问题，是造成以往山东经济增长存在不合理之处和城市化在低工业化水平上演进的共同的深层原因，也是未来山东经济步入持续高速增长阶段必须克服的首要问题。今后一段时期内山东产业结构及其相应的技术结构合理调整的主要途径是：进一步提高农业的技术装备水平，用先进技术改善农业的生产条件，发展优质高产高效农业以提高农业的劳动生产率，同时使农业剩余劳动力转移到工业以及第三产业领域；用先进技术彻底更新改造工业，实现工业生产要素的优化组合，以使工业从主要依赖数量扩张、外延扩大的发展轨道转向主要依赖质量提高、内涵扩大的发展轨道，从内涵上扩大生产规模，从而更大幅度地提高工业增长对于整个国民收入增长的贡献水平；加快能源、基础原材料和交通通讯产业以及整个第三产业的发展步伐，消除目前能源、基础原材料工业和交通通讯产业对于整个经济增长与发展的"瓶颈"约束作用，改变目前第三产业比重过低、远远不能适应工农业现代化和更大规模发展要求的状态。

3. 山东城镇化、农村工业化水平比较高，将对工业化的顺利进行继续起到有力的促进作用。今后应该继续扶持和引导乡镇企业、农村非农产业和中、小城镇的发展，特别应该注重乡镇企业、农村非农产业的集聚规模以及小城镇向中等城市的及时转化。

目前山东比较高的城镇化水平、乡村工业化水平与乡镇企业加大规模发展紧密相关。大批乡镇企业从事工业生产提高了农村工业产值和劳动力在城乡工业总产值和劳动力总数中的比重；众多的乡镇企业在地域上集结促使更多的城镇形成，使得拥有行政建制的市数增多、市镇人口在城乡总人口中的比重提高。所以，必须继续积极扶持乡镇企业的发展。但是，与城市企业，特别是与国有大中型企业相比，目前山东乡镇企业的生产经营规模普遍较小，技术装备的现代化水平普遍较低；乡镇企业的空间分布还比较松散，难以形成更多的经济增长极，以促使更多中、小城镇崛起。因此，今后必须积极引导乡镇企业进行规模经营，特别是加快技术进步以便更多地从内涵上扩大再生产，进行专业化的分工、协作和横向经济联合，以促成共同投资建设公用设施或向公用设施较为齐备的社会集聚；同时，应积极扶持包括工业、第三产业在内的农村各种非农产业的发展，完善农村社区内的现代产业体系，从而加快"乡镇企业、非农产业→经济增长极→城镇"的演进过程。目前山东城镇化水平较高的重要原因是80年代以来县级市发展迅速，已有的36个城市中县级小城市占了25个。为了提高城市的规模效益，必须注意引导有条件的小城市向中等城市转化。

4. 山东经济已经进入由工业化数量扩张阶段向持续高速增长阶段加速转变的历史时期，必须重视未来经济增长的消费支点问题，努力实现合理消费。

像全国一样，在山东以往的经济发展过程中，消费对于经济增长的重要影响未能得到应有的注意。党的十一届三中全会以前，消费水平被压低到一个不应有的水平，消费结构变化缓慢；党的十一届三中全会以后，城乡居民的收入水平大幅度提高，尽管山东社会产品中消费资料占有率水平低于全国和浙江，但由于缺乏应有的消费约束和导向机制，因而使得消费在"还欠债"的同时一度存在着膨胀的问题，而且消费结构的演进规律一直未能得到足够重视。根据投资乘数原理，上述消费不适度的问题将阻滞投资对于国民收入增长的最优倍加作用。随着经济发展由工业化数量扩张阶段向持续高速增长阶段的加速转变，人均收入水平、消费水平将迅速提高，消费结构的演进将异常迅速，从而消费对于经济增长的影响将会越来越显著。作为一个拥有 8500 万人口的消费大省，山东省必须比以往任何时候更加注重消费问题，努力为经济的合理增长提供强有力的消费支点：一是通过正确处理职工工资水平的增长速度与劳动生产率的增长速度、个人可支配收入总量增长速度与国民收入增长速度之间的关系，把消费水平控制在适度的范围内；二是通过制定一整套符合省情特点的消费结构改革与发展的法规、政策和规划，正确引导消费，优化消费结构。

5. 山东应该抓住经济发展为改革创造的较为宽松的经济环境的良机，加快社会主义市场经济体制的建设和全方位对外开放的进程，反过来促进经济更快、更好地发展。

经济合理增长的过程实质上是资源合理配置和利用的过程，而市场机制在资源配置和利用过程中的调节作用则是卓有成效的，这已为经济发展的国际经验所证实。但是，山东与全国一样，在 40 多年的工业化过程中曾有一大半时间是以计划机制，而不是以市场机制来调节资源的配置和利用。山东以往经济发展中的诸多不合理问题的体制性诱因，归根到底就在于没有充分发挥市场机制对于资源配置和利用的调节作用。如今山东以经济总量及其人均值指标度量的综合经济实力已经处于全国的前列，从总体上看，社会总供求关系大致平衡，物价上涨水平依然限于居民和企业可以承受的范围。所以，山东应该抓住当前经济环境比较宽松的良机，加快以建立社会主义市场经济体制为目标的全面配套改革。需要指出的是，山东由于国有大中型企业较多，所以，使众多的企业都成为自主经营、自负盈亏、自我发展和自我约束的法人实体和市场主体的任务十分艰巨；山东的市场体系明显不如广东和上海等省市发达和完善；同全国一样，山东的宏观调控体系的改革也明显滞后。因此，山东在加快社会主义市场经济体制的建设方面应该更有紧迫感。

对外开放是现代经济增长的必然要求。山东是全国首批对外开放的省份之一，其经济之所以具有如今这么好的态势，在很大程度上得益于 80 年代以后的全方位对外开放。但是，相对于广东、上海等省市来说，山东对外开放的层次还是比较低的。突出表现在当地产品的省外市场占有率较低，进出口贸易额较小。据统计，1995年山东还是一个社会商品的净调入省份，而上海已是净调出地区，后者的净调出额是前者的净调入额的2倍多。1995年外贸出口总额山东比上海少近1倍。山东全方位对外开放的层次比较低是世纪之交山东追赶广东、上海的突出问题之一。所以，山东必须进一步深化全方位对外开放。主要途径有：按照建立社会主义统一市场和与世界经济发展的健康轨道对接的要求，深化流通体制和外贸体制的改革，彻底破除带有小农和"诸侯"经济色彩的地方保护主义政策和种种贸易壁垒政策，按照社会化大生产的要求组织流通和外贸，积极引进和利用外资，大力发展适应国际产业分工格局要求的"三资"企业、外向型产业和跨国经营。

综上所述，山东经济目前正处于由工业化数量扩张阶段向持续高速增长阶段加速转变的时期；以经济总量及其人均值衡量的综合经济实力已经处于全国的前列；近年来经济总量的增长速度一直高于全国和上海，与江苏、浙江的差距也越来越小。目前对于山东整个经济增长贡献和影响最大的农业和工业，其进一步发展的物质技术基础和条件都很雄厚和优越。山东拥有占全国海岸线总长1/6的海岸线，广阔的海域，漫长曲折、类型多样的海岸带，众多的岛屿和良港，目前正在实施的建设"海上山东"的战略。山东近年来在交通设施建设方面下了很大气力，目前已经形成由铁路、公路、水道、空运交织而成的境内交通运输网络，而且其现代化水平不断提高。山东素有政通人和、人民勤劳俭朴的优良传统，这种传统已经开始与效率、效益、竞争和价值等一系列现代观念对接和融合。因此，完全有理由相信，21世纪初叶山东的经济发展将会创造出非凡的成就。山东在地理位置上恰恰处于发祥了中华文明的黄河和孕育了现代文明的太平洋的交汇处，世纪之交的山东经济是在两种文明思潮共同的强有力影响下起飞的，这正预示着未来山东经济发展成就的非凡。

第一编

高速增长与适度增长

第一章 山东经济增长速度状态及比较分析

第一节 经济增长速度状态分析

要比较全面地描述经济增长速度状态，至少应该从经济增长速度的总态势、波动状态、分部门（产业）状态来进行。常见的是仅就总态势、波动形态两方面进行描述，以分别反映经济增长的发展趋势、稳定性，而只有同时也对分部门（产业）状态进行描述，才有可能反映各部门（产业）增长对总增长的贡献情况，以便引向对增长的影响因素的具体分析。

这里选取社会总产值（TOTAL PRODUCT OF SOCIETY，简称 TPS）、国民收入（NATIONAL INCOME，简称 NI）以及国内生产总值（GROSS DOMESTICPRODUCT，简称 GDP）三个总量指标为考察对象。但考虑到（1）社会总产值包含着大量的重复计算，（2）国内生产总值只有 1978 年以来的历年统计数据，（3）从 1993 年起取消国民收入指标，而以国内生产总值为经济总量统计指标，所以，在对经济增长历史的实证分析中，以对国民收入的详尽考察为主，而在对改革以来的经济增长状态的实证分析和对未来的速度预测中则采用国内生产总值指标。

一 经济增长速度总态势

1952～1995 年山东经济增长速度的总态势可见图 1—1—a 和图 1—1—b，同时，我们还以指数函数 $Y = ae^{bt}$ 作为山东经济的中长期增长模型，通过对 1952～1995 年历年经济总量指标统计数据的回归计算得出了山东经济 1953～1991 年和 1978～1995 年的年均增长速度以及各个主要历史时期的年均增长速度①，如表 1—1。考虑到通常统计资料以及大多数场合的分析测算均以几何平均法计算经济总量的年均增长速度，表 1—1 还同时列出了运用几何平均法计算出来的经济总量的年均增长速度值。②

1952 ~ 1991 年山东社会总产值、国民收入两大经济总量从总体上看呈现出强劲的增长势头。从图 1—1—a 可见，社会总产值、国民收入增长的趋势很接近于斜率为正值的指数曲线，而且增长的加速趋势越来越明显；图 1—1—b 显示了近乎 45°角的增势，说明 1978 年以来的加速增长是空前的。由表 1—1 可见，除"二五"（1958 ~ 1962 年）时期以外，其余各主要历史时期增长速度均为正值；还可以看到，自 1978 年改革以来的年均增长速度是在此以前 25 年年均增长率的 2 倍左右；特别是"八五"时期，GDP 年均增长率高达 16.7%。经济增长不仅成功地实现了软着陆，而且步入良性循环。

经济发展与工业化的国际经验表明，经济增长有其自身的阶段性规律。一般来说，一个国家或地区在达到"刘易斯转折点"以后，即人均国民生产总值达到 300 美元（1964 年不变价格）左右、工业总产值在工农业总产值中的比重达到 75% 左右、工业劳动力在工农业劳动力中的比重达到 50% 左右以及工业增加值在国民生产总值中的比重达到 30% 左右以后，经济发展将步入持续高速增长阶段，这已为世界多数后发达国家的发展历程所证实。根据世界银行公布的数据，目前我国人均国民生产总值 530 美元，山东稍高于这一水平；而又据统计，1995 年山东工业总产值在工农业总产值中的比重也已达到 82.7%，但是目前山东农业劳动者在工农业劳动者总数中的比重却高达 68.4%，比全国平均水平还高。这三项

① 若以 Y 表示经济总量如社会总产值、国民收入和国民（内）生产总值，以 t 表示时间，则经济总量 Y 是时间 t 的函数。经济增长的经验表明，$Y = ae^{bt}$ 能够较好地表征经济总量与时间之间的关系。由 $Y = ae^{bt}$ 得，$\frac{dy}{dt} = abe^{bt}$，将该式两边同除以 Y 得，$\frac{dy}{Ydt} = b$。显然，b 就是 Y 随时间 t 变化的速率，且为一常数。因此，对于任意的 t，若记 Y_t、$Y_{t+\Delta t}$ 分别是 Y 在第 t 年、$t + \Delta t$ 年的值，都必然有 $\frac{Y_{t+\Delta t} - Y_t}{Y_t \ (t + \Delta t - t)} = \frac{\Delta Y_t}{Y_t \Delta t} = \frac{dY}{Ydt} = b$。特别是当 $\Delta t = 1$ 时，则 $\frac{\Delta Y_t}{Y_t} = \frac{dY}{Y} = b$。这就是说，若经济总量 Y 与时间 t 之间的关系可以表示为函数 $Y = ae^{bt}$ 时，则 b 就是该经济总量的年均增长速度。

② 但应注意，由于几何平均法只涉及基期和报告期两个时期端点的经济总量值，不涉及经济总量在两个时期端点之间的任何取值，故其计算结果与用指数函数为模型回归计算出来的结果是有一定差异的。

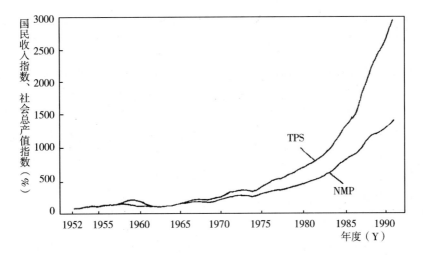

图 1—1—a　山东省国民收入（NI）、社会总产值（TPS）增长态势

注：国民收入、社会总产值指数均按可比价格计算，以 1952 年为 100。

资料来源：《山东统计年鉴（1992）》中国统计出版社 1992 年版，第 19、22 页。

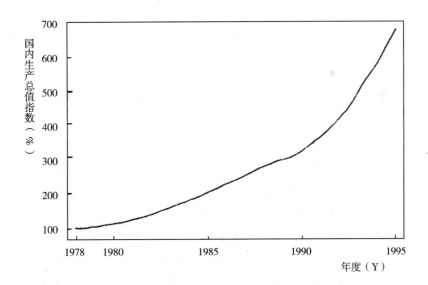

图 1—1—b　山东省国内生产总值（GDP）增长态势

注：国内生产总值指教按可比价格计算，以 1978 年为 100。

资料来源：《山东统计年鉴（1996）》，中国统计出版社 1996 年版，第 15 页。

指标说明，一方面，山东人均国民生产总值水平和工农业总产值构成已经

表 1—1　　　　　　　　　山东省经济总量年均增长速度　　　　　　　（%）

时期	年度区间	社会总产值		国民收入		国内生产总值	
		回归计算结果	几何平均法结果	回归计算结果	几何平均法结果	回归计算结果	几何平均法结果
一五	1953～1957	7.5	6.5	6.5	5.2		
二五	1958～1962	-6.4	-3.7	-7.6	-5.1		
调整	1963～1965	15.0	16.4	13.7	15.1		
三五	1966～1970	8.4	10.8	6.7	8.6		
四五	1971～1975	4.8	7.8	5.1	8.1		
五五	1976～1980	10.6	11.4	7.9	8.2		
六五	1981～1985	11.8	12.2	11.0	11.3	11.7	11.9
七五	1986～1990	14.1	14.5	9.0	8.6	8.4	8.3
八五	1991～1995					16.4	16.7
	1953～1991	8.4	9.1	7.0	7.1		
	1979～1991	12.8	13.0	9.9	9.9		
	1979～1995					11.2	11.3

注：社会总产值、国民收入、国内生产总值均按可比价格计算。

资料来源：《山东统计年鉴（1992）》，中国统计出版社 1992 年版，第 19、22 页；《山东统计年鉴（1996）》，中国统计出版社 1996 年版。

达到"刘易斯转折点"的要求；而另一方面，工农业劳动力构成却差距甚大。结论是：目前山东同全国一样，依然处于经济持续高速增长之前的工业化进程中，但近两年已开始加速向经济持续高速增长阶段转变。经济发展的国际经验表明，经济在从开始进入工业化直到工业化成熟阶段的整个过程中，都内在着强劲的扩张力量，其增长曲线呈现出加速趋势。在这一过程中，经济管理体制是经济增长的主要影响因素。因此，山东自新中国成立以来经济增长所呈现出的两大态势特征，即从总体上看是加速增长的，以及自 1978 年以后由于经济管理体制发生了根本性的变化，从而使经济增长的速度越来越高这两点，是与山东整个经济所处的发展阶段完全吻合的。

二 经济增长速度的波动形态

山东经济增长的波动形态如图 1—2—a、图 1—2—b 和表 1—2。图 1—2—a和图 1—2—b 分别给出了按可比价格计算的国民收入年增长率和国内生产总值年增长率（环比）曲线图，表1—2 给出了以上两项指标增长与波动的主要特征值。

1952～1990 年山东经济增长速度一直处于较剧烈的波动状态中，而且前后出现了 6 次增长速度为负值的波动点，又都发生在 1975 年以前，这说明1975 年以前经济增长波动为"古典型循环"①；1975 年以来增长速度曲线一直在时间轴以上，即增长速度一直为正数，这表明经济增长已经进入了"增长型循环"的波动形态中。图 1—2—a 和图 1—2—b 清楚地显示了上述情形，同时还显示出国民收入增长速度波动的周期性特征。如果把波动周期界定为增长率低谷交替出现一次所经历的时间，并且将为期一二年的偶然小波动进行技术归并，据此标准对 1952～1995 年山东经济总量的增长波动进行周期性划分，结果如表 1—2。由表 1—2 可见，1952～1995 年山东国民收入增长波动的完整周期已出现 8 个，第九个周期已运行 5 年，尚未结束。

第一周期：1953～1957 年，持续 5 年；

第二周期：1958～1962 年，持续 5 年；

第三周期：1963～1968 年，持续 6 年；

第四周期：1969～1972 年，持续 4 年；

第五周期：1973～1976 年，持续 4 年；

第六周期：1977～1981 年，持续 5 年；

第七周期：1982～1986 年，持续 5 年；

第八周期：1987～1990 年，持续 4 年；

第九周期：1991 年至今。

由此可以看出，周期平均长度为 5 年，周期性波动剧烈。特别是

---

① 理论上，将经济总量的边际增长率（一阶导数）曲线经常落在时间轴以下，即发生负增长的波动形态称之为"古典型循环"；而将边际增长率始终为正数、其曲线始终在时间轴以上的波动形态称之为"增长型循环"。前者常见于早期经济不发达社会的经济增长波动中，而后者则常见于现代经济发达社会的经济增长波动中。

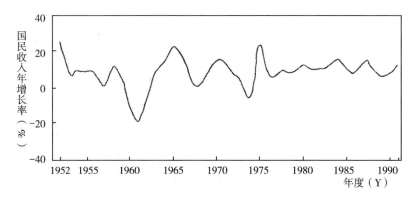

图 1—2—a 山东省国民收入增长波动形态

注：国民收入年增长率按可比价格计算；以上年为100。

资料来源：《山东统计年鉴（1992）》，中国统计出版社1992年版，第19页。

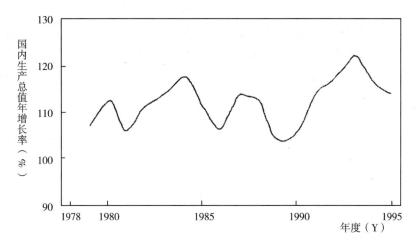

图 1—2—b 山东省国内生产总值增长率波动形态

注：国内生产总值年增长率按可比价格计算；以上年为100。

资料来源：《山东统计年鉴（1996）》，中国统计出版社1996年版，第15页。

1975年以前的四次周期性波动均出现负增长，并且最大极差①高达41.7%，体现了"古典型循环"波动的基本特征。1975年以后，经济增长进入"增长型循环"波动状态，各周期年增长率平均值的差别以及周

---

① 每一次周期性波动中，增长速度的最大值（"波峰"值）与最小值（"波谷"值）之差的绝对值。

期内极差值均有所缩小，波动幅度趋于平缓。

表1—2　　　　　　　　　　山东省国民收入的增长与波动

周期	年度	国民收入年增长率（%）	国内生产总值年增长率（%）	国民收入年增长率的每次波动			
				所历年数	年增长率平均值	年增长率极差	负增长年数
	1952	25.9					
1	1953	1.3		5	5.5	20.1	1
	1954	13.4					
	1955	8.2					
	1956	11.1					
	1957	-6.7					
2	1958	17.7		5	-4.0	41.7	3
	1959	3.3					
	1960	-14.2					
	1961	-24.0					
	1962	-2.9					
3	1963	10.3		6	11.0	26.5	1
	1964	11.1					
	1965	24.6					
	1966	18.0					
	1967	3.8					
	1968	-1.9					
4	1969	8.2		4	12.0	9.2	0
	1970	16.4					
	1971	16.3					
	1972	7.2					
5	1973	6.4		4	7.7	55.5	1
	1974	-18.6					
	1975	36.9					
	1976	6.2					

周期	年度	国民收入年增长率（%）	国内生产总值年增长率（%）	国民收入年增长率的每次波动			
				所历年数	年增长率平均值	年增长率极差	负增长年数
6	1977	6.2		5	8.6	5.4	0
	1978	11.6					
	1979	6.7	6.6				
	1980	10.3	12.2				
	1981	8.0	5.8				
7	1982	10.0	11.3	5	10.8 (12.1)	13.7 (11.1)	0
	1983	10.0	13.9				
	1984	18.7	17.4				
	1985	10.4	11.4				
	1986	5.0	6.3				
8	1987	17.2	13.8	4	9.7 (8.9)	13.7 (9.8)	0
	1988	13.0	12.5				
	1989	3.5	4.0				
	1990	5.0	5.3				
9	1991	12.6	14.6				
	1992	18.2	16.9				
	1993		21.9				
	1994		16.3				
	1995		14.2				

注：①NI，GDP年增长率均按可比价格计算；②第7、8周期括号内数字系GDP相应指标。

资料来源：《山东统计年鉴（1993）》，中国统计出版社1993年版，第17页；《山东统计年鉴（1996）》，第15页。

上述一系列特征正是经济处于持续高速增长阶段之前的不发达或欠发达国家和地区，特别是其中不发达或欠发达的社会主义国家和地区的经济增长所常见的波动特征。这与前述表征现阶段增长速度总态势的特征是相对应的。

三　经济增长速度的分部门（产业）状态

在经济学中，国民收入增长额中五大物质生产部门的净值所占份额为国民收入各部门贡献度；国民（内）生产总值增长额中各次产业增加值的增长额所占份额为国民（内）生产总值各次产业贡献度。据此计算，山东 1952 ~ 1991 年国民收入各部门、1978 ~ 1995 年国民（内）生产总值各次产业对经济增长速度的贡献情况如表 1—3 所示。与此同时，选取线性关系式分别作为

$$\frac{\triangle Y}{Y} = W_a \frac{\triangle Y_a}{Y_a} + W_i \frac{\triangle Y_i}{Y_i} + W_b \frac{\triangle Y_b}{Y_b}$$
$$+ W_{ts} \left(0.27 \frac{\triangle Y_t}{Y_t} + 0.73 \frac{\triangle Y_s}{Y_s}\right) \qquad \left(\sum W = 1\right)$$

以及

$$\frac{\triangle Y}{Y} = \sum_{j=1}^{3} W_j \frac{\triangle Y_j}{Y_j} \qquad \left(\sum_{j=1}^{3} W_j = 1\right)$$

求取国民收入各部门弹性系数以及国内生产总值各次产业弹性系数的计量模型。经回归计算，1953 ~ 1991 年，山东农业、工业、建筑业、运输业和商业五大物质生产部门的国民收入弹性系数 W_a、W_i、W_b、$0.27W_{ts}$、$0.73W_{ts}$ 之值；1979 ~ 1995 年，山东三次产业的国内生产总值弹性系数 W_1、W_2、W_3，如表 1—4。由表 1—3 和表 1—4，可以得出以下几点结论：

1. 1953 ~ 1995 年的 40 多年中，山东经济增长主要是由工、农业的增长所带来。由表 1—3 可见，1953 ~ 1991 年工、农业部门国民收入贡献度之和在绝大多数年度里都在 80% 以上；1979 ~ 1995 年的 17 年中，多数年份的第一、二产业的国内生产总值贡献度之和都在 70% 左右。表 1—4 则说明，1953 ~ 1991 年工、农业部门国民收入弹性系数均远远大于其他三个物质生产部门的弹性系数；同样，1979 ~ 1995 年第一、二产业的国内生产总值弹性系数都明显大于第三产业。

2. 仅就工、农业两大物质生产部门而言，工业增长的贡献趋于增大，而农业增长的贡献趋于缩小。由表 1—3 可见，从 1969 年开始，工、农业部门的国民收入贡献度都不再出现负值，即工、农业增长与国民收入增长

的关系进入稳定的正相关轨迹。在以此为起点截至 1991 年的 23 年中，工业部门国民收入贡献度大于农业的年度有 12 个；1984 年以后的 8 年中，工业大于农业的年度有 7 个。表 1—3 还说明，1979~1983 年的 5 年中，第一产业贡献度大于第二产业贡献度的年度有 4 个；而在 1984~1995 年的 12 年中，前者大于后者的年度只有 1990 年。1990 年之所以出现反常变化，是因为经济紧缩时期工业规模的缩小使得农业份额相应增大，这是暂时的。由表 1—4 可见，1953~1991 年工、农业部门国民收入弹性系数分别为 0.4065、0.4169，前者略小于后者；而 1979~1991 年分别为 0.5051、0.3868，前者明显大于后者。同样，1979~1995 年第二产业的国内生产总值弹性系数也明显高于第一产业。这些充分说明，1984 年以后，经济增长的支撑点已由农业转移到工业。

3. 由以上分析不难推断，1953~1995 年经济增长的波动主要是由工、农业，特别是由工业增长的波动所引起的。为具体说明工、农业增长波动对于经济增长波动的不同影响，以下绘出图 1—3—a 和图 1—3—b。

由图 1—3—a 可见，工业部门国民收入年增长速度的波动幅度明显高于农业部门，但 1975 年以后前者的波动幅度有所降低，从而二者的波动幅度之差缩小，这也是整个国民收入增长波动趋于减弱的主要原因。由图 1—3—b可见，1982 年以后第二产业波动幅度虽仍高于第一产业，但第一、二产业波幅之差进一步缩小，第二产业的稳定增长带动了整个经济的稳定增长。

上述事实正是经济发展和产业结构演进一般规律的具体体现，也与前述整个国民经济增长与波动形态的判断相吻合，即表明 1953~1995 年经济增长速度的分部门（产业）状态也正是发展中国家和地区，特别是其中以计划经济为主的国家和地区，其经济临近持续高速增长阶段之前分部门（产业）增长速度所具有的状态。

表 1—3　　　　　　　山东省各部门、产业对经济增长的贡献度　　　　　　（%）

年度	国民收入部门贡献度					国内生产总值产业贡献度		
	农业	工业	建筑业	运输业	商业	第一产业	第二产业	第三产业
1953	-97.9	126.0	7.5	12.3	52.1			
1954	56.3	25.2	0.6	1.2	16.7			

续表

年度	国民收入部门贡献度					国内生产总值产业贡献度		
	农业	工业	建筑业	运输业	商业	第一产业	第二产业	第三产业
1955	57.0	12.1	0.3	1.6	29.0			
1956	-0.6	87.8	15.6	0.2	-2.9			
1957	135.8	-49.5	11.0	-4.3	7.0			
1958	12.6	47.5	15.0	17.1	7.9			
1959	-173.5	161.3	12.2	53.9	46.1			
1960	146.4	-52.3	-4.4	-14.8	25.1			
1961	-72.8	112.4	21.6	16.7	22.1			
1962	308.1	-214.7	-10.3	12.5	29.4			
1963	93.4	69.5	16.8	-41.8	-37.9			
1964	-5.5	109.1	7.6	9.1	-20.4			
1965	63.8	31.7	9.1	2.2	-6.9			
1966	38.8	48.9	1.4	3.2	7.7			
1967	-5.7	60.8	21.2	-4.2	70.3			
1968	411.3	275.8	-9.7	29.0	-54.8			
1969	65.0	17.7	7.9	2.4	6.9			
1970	11.1	77.7	1.3	4.8	5.1			
1971	35.2	62.9	2.6	5.1	-5.8			
1972	58.2	11.0	17.1	11.8	1.9			
1973	35.1	31.6	8.2	0.8	24.3			
1974	1.6	75.0	2.4	4.7	6.3			
1975	16.9	79.0	2.1	1.5	0.4			
1976	26.2	61.7	6.9	3.9	1.4			
1977	16.5	68.7	5.7	11.5	-2.4			
1978	19.1	64.3	17.0	2.3	-2.7			
1979	66.7	17.5	8.9	3.3	3.6	61.4	31.9	6.7
1980	48.9	35.9	8.0	0.2	7.0	37.8	45.5	16.8

年度	国民收入部门贡献度					国内生产总值产业贡献度		
	农业	工业	建筑业	运输业	商业	第一产业	第二产业	第三产业
1981	61.7	7.9	3.6	4.2	22.5	47.4	17.1	35.6
1982	54.8	21.3	3.8	1.1	19.0	44.8	21.8	33.4
1983	71.8	20.4	1.3	2.7	3.8	48.9	19.7	31.4
1984	34.2	57.5	5.3	1.1	1.9	30.0	49.7	20.2
1985	17.1	58.6	11.7	1.0	11.7	14.0	54.4	31.6
1986	50.3	43.3	14.5	6.8	-14.9	27.2	32.7	40.1
1987	26.3	61.0	2.9	1.6	8.2	23.0	47.5	29.5
1988	26.2	51.7	9.4	2.6	10.1	19.8	49.9	30.3
1989	21.1	70.3	2.6	4.4	1.7	15.4	46.8	37.7
1990	58.3	45.5	0.8	2.6	-7.2	30.5	25.9	43.6
1991	47.5	36.9	7.5	3.2	4.9	32.3	36.7	31.0
1992						3.3	65.6	31.0
1993						10.6	61.7	27.7
1994						16.3	49.6	34.1
1995						20.8	41.8	37.4

注：国民收入和国内生产总值贡献度按当年价格计算。

资料来源：《山东统计年鉴（1992）》，中国统计出版社1992年版，第19页；《山东统计年鉴（1996）》，中国统计出版社1996年版，第15页。

表1—4   山东省国民收入各部门、国内生产总值各产业弹性系数   （％）

时期	国民收入各部门弹性系数					国内生产总值各产业弹性系数		
	农业 W_a	工业 W_i	建筑业 W_b	运输业 $0.27W_{ts}$	商业 $0.73W_{ts}$	第一产业 W_1	第二产业 W_2	和三产业 W_3
1953 ~ 1991	0.4169	0.4065	0.0485	0.0760	0.0876			
1979 ~ 1991	0.3868	0.5051	0.0387	0.0374	0.0635			

时期	国民收入各部门弹性系数					国内生产总值各产业弹性系数		
	农业 W_a	工业 W_i	建筑业 W_b	运输业 $0.27W_{ts}$	商业 $0.73W_{ts}$	第一产业 W_1	第二产业 W_2	和三产业 W_3
1979~ 1995						0.3539	0.4955	0.1687

注：国民收入、国内生产总值均按当年价格计算。

资料来源：《山东统计年鉴（1992）》、《山东统计年鉴（1996）》，中国统计出版社。

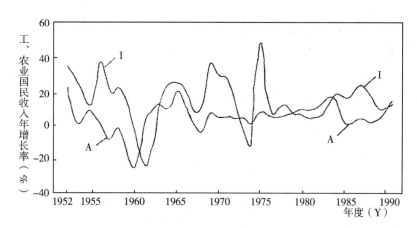

图 1—3—a　山东省工（I）、农业（A）国民收入增长率波动形态

注：工、农业国民收入年增长率均按可比价格计算；以上年为 100。

资料来源：《山东统计年鉴（1992）》，中国统计出版社 1992 年版，第 19 页。

第二节　比较之一：山东与全国

一　增长速度总态势比较

由图 1—4—a 和图 1—4—b 可见，1952~1995 年山东与全国的经济均呈强劲的增长势头，而且增长的加速趋势也都越来越明显，这从二者的经济总量指数曲线都很接近于斜率为正值的指数曲线，而且斜率越来越大可以看出。特别是，山东经济增长的势头更为强劲，加速趋势也更加明显。这从山东的总量指数曲线斜率一直较大，1981 年以后则由原来的处

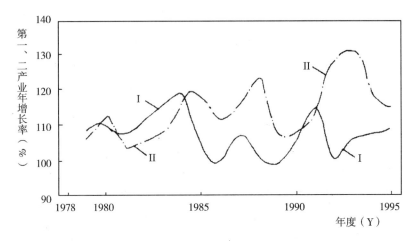

图1—3—b 山东省国内生产总值第一、二产业增长率波动形态

注：年增长率按可比价格计算，以上年为100；Ⅰ—第一产业（实线），Ⅱ—第二产业（虚线）。

资料来源：《山东统计年鉴（1996）》，中国统计出版社1996年版，第15页。

于全国指数曲线以下一跃而处于其之上得以印证。由表1—5可见，自1979年以后的各个时期，山东的社会总产值、国民收入、国内生产总值年均增长速度都明显高于全国，特别是"八五"时期。但是，上述三大指标高于全国的差额按由大到小排序则是：社会总产值、国民收入、国内生产总值，而且这一趋势越来越明显。这说明山东经济效益水平比全国下降得更快。"八五"时期，这一状态发生了变化，这从GDP年均增长率山东大大高于全国可见一斑。

表1—5　　　　　　　　山东与全国经济总量年均增长速度比较　　　　　　　　（％）

时期	社会总产值		国民收入		国民（内）生产总值	
	山东	全国	山东	全国	山东	全国
一五	7.5	10.4	6.5	8.4		
二五	−6.4	−1.8	−7.6	−4.7		
1963~1965	15.0	14.6	13.7	13.9		
三五	8.4	6.9	6.7	5.8		
四五	4.8	6.5	5.1	5.1		
五五	10.6	8.6	7.9	6.8		

续表

时期	社会总产值		国民收入		国民（内）生产总值	
	山东	全国	山东	全国	山东	全国
六五	11.8	10.6	11.0	9.6	11.7	10.6
七五	14.4	10.3	9.0	7.6	8.4	7.7
八五					16.4	11.3
1953～1991	8.4	7.8	7.0	6.3		
1979～1991	12.8	10.5	9.9	8.6		
1979～1995					11.2	9.6

　　注：社会总产值、国民收入、国（民）内生产总值均按可比价格计算，均系同归计算法所得数值。

　　资料来源：《全国各省、自治区、直辖市历史统计资料汇编（1949～1989）》，中国统计出版社1990年版，第5、9页；《改革开放十七年的中国地区经济》，中国统计出版社1996年版，第133、547页；《山东统计年鉴（1992）》，第19、22页；《中国统计年鉴（1992）》，第33、49页。

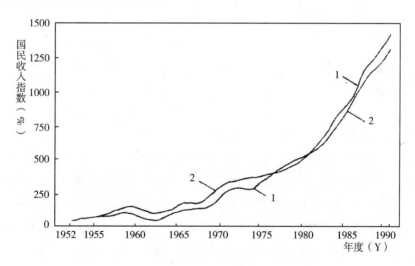

图1—4—a　山东省与全国国民收入增长态势比较

　　注：国民收入指数按可比价格计算，均以1952年为100；1—山东；2—全国。

　　资料来源：《山东统计年鉴（1992）》，第19页；《中国统计年鉴（1992）》，第33页；中国统计出版社1992年版。

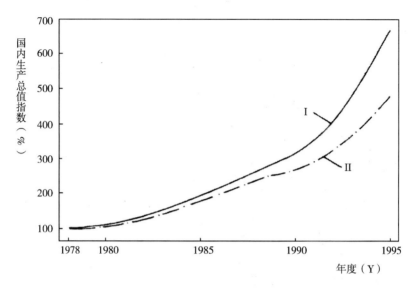

图 1—4—b　山东省 GDP 与全国 GNP 增长态势

　　注：GN（D）P 指数按可比价格计算，以 1978 年为 100；I——山东（实线）；

Ⅱ——全国（虚线）。

　　资料来源：《中国统计年鉴（1996）》，第 42 页；《山东统计年鉴（1996）》，

第 15 页；中国统计出版社 1996 年版。

　　如果运用"刘易斯转折点"理论加以分析比较，则可以看出，山东
与全国的人均国内生产总值水平都已在 530 美元以上；工业总产值在工农
业总产值中的比重山东为 82.7%（1995 年），比全国的 81.9% 高 0.8 个
百分点，以上二项指标山东和全国均达到"刘易斯转折点"。工业劳动者
人数在工农业劳动者总人数中的比重，山东为 68.4%（1995）年，比全
国的 69.7% 低 1.3 个百分点，二者均远未达到"刘易斯转折点"。差异在
于山东的人均国内生产总值水平和工业产值在工农业总产值中的比重略高
于全国，而工业劳动者在工农业劳动者中的比重低于全国，这说明山东工
业化水平仍然较低。在这种条件下，山东经济增长的势头却更为强劲，其主
要原因就在于山东经济体制改革的步伐较快，体制转型释放的能量促使经济
实现高速增长。这也证实了现阶段经济管理体制是经济增长的主要影响因素。

二　增长速度的波动形态比较

　　由图 1—5—a、图 1—5—b 和表 1—6 可知，山东与全国经济增长波

动形态的异同点如下：

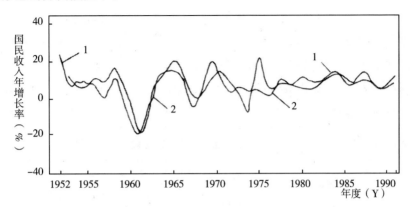

图 1—5—a 山东省与全国国民收入增长率波动形态的比较

注：国民收入均按可比价格计算；历年国民收入增长率以上年为 100；1——山东；2——全国。

资料来源：《山东统计年鉴（1992）》，第 19 页；《中国统计年鉴（1992）》，第 34 页；中国统计出版社 1992 年版。

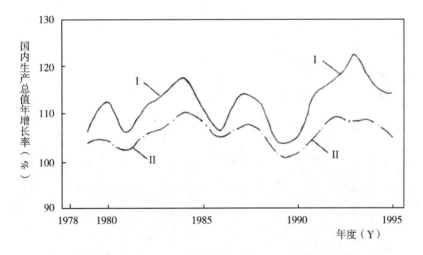

图 1—5—b　山东省 GDP 与全国 GDP 增长率波动形态

注：年增长率按可比价格计算，以上年为 100；Ⅰ—山东（实线）；Ⅱ—全国（虚线）。

资料来源：《中国统计年鉴（1996）》，第 42 页；《山东统计年鉴（1996）》，第 15 页；中国统计出版社 1996 年版。

1. 1952～1995 年，山东与全国的经济增长速度均一直处于高低交替的波动状态中，而且均前后出现了增长速度为负值的波动点，这些增长速度为负值的波动点，山东发生在 1975 年以前，全国则发生在 1976 年以前。这说明，在此以前二者的经济增长波动均属"古典型循环"，而在此后则都进入了"增长型循环"的波动形态中。图 1—5—a 和图 1—5—b 都清楚地显示了上述情形。

表1—6　　　　　　　　　山东与全国经济增长波动比较　　　　　　　（％）

周期		周期起止年度		国民收入年增长率的每次波动							
				年历年数		年增长率平均值		年增长率极差		负增长年数	
山东	全国	山东	全国	山东	全国	山东	全国	山东	全国	山东	全国
1	1	1953～1957	1953～1957	5	5	5.5	9.0	20.1	0.1	1	0
2	2	1958～1962	1958～1962	5	5	-4.0	-1.5	41.7	51.7	3	3
3	3	1963～1968	1963～1968	6	6	11.0	7.9	26.5	24.2	1	2
4	4	1969～1972	1969～1972	4	4	12.0	13.1	9.2	20.4	0	0
5	5	1973～1976	1973～1976	4	4	7.7	3.8	55.5	11.0	1	1
6	6	1977～1981	1977～1981	5	5	8.6	7.7	5.4	7.4	0	0
7	7	1982～1986	1982～1986	5	5	10.8 (12.1)	10.6 (11.5)	13.7 (11.1)	5.9 (6.8)	0	0
8	8	1987～1990	1987～1990	4	4	9.7 (8.9)	7.5 (7.8)	13.7 (9.8)	7.6 (7.3)	0	0
9	9	1991～	1991～								

注：国民收入年增长率按可比价格计算，以上年为 100。

资料来源：《山东统计年鉴（1992）》，第 19 页；《中国统计年鉴（1992）》，第 34 页；中国统计出版社 1992 年版。

2. 由表1—6可见，1952~1995年山东和全国经济增长波动的完整周期均是8个，周期平均长度均是4.75年；周期性波动都很剧烈，特别是在"古典型循环"波动中，年增长率极差都较大，其中最大值山东高达55.5%，全国为51.7%；进入"增长型循环"波动状态以后，年增长率的极差值均大大缩小，1978年以后的3个周期内，年增长率极差最大值山东为13.7%，全国为7.6%。所不同的是，8个周期的年增长率极差的平均值山东与全国分别是23.2%和16.0%，前者明显大于后者；即使是1978年以后的3个周期，该极差平均值山东仍高达10.9%，比全国的6.9%高出4个百分点。这说明1952~1995年的经济增长波动，山东比全国更为剧烈；但是就山东自身来说，1978年以后，经济波动幅度趋于平缓，特别是80年代中期以来，经济增长的稳定性显著增强。上述山东与全国的共同波动特征是由二者经济都处于持续高速增长阶段之前的发展阶段所决定的。而山东在80年代以前，其经济增长波动的程度之所以比全国更为剧烈，一个重要的原因就是在国民收入中农业所占的比重山东高于全国。1952年山东该比重为76.9%，比全国高19.4个百分点；1991年山东为38.5%，仍高于全国近6.0个百分点。由于80年代以前山东农业国民收入贡献度大，弹性系数高，因而农业每波动一个百分点对国民收入波动的影响，大于工业每波动一个百分点所带来的影响。加之山东以农产品为原料的轻工业比重也大，二者相加约占国民收入的61%（1995年），而农业受自然气候条件约束甚大，增长极不稳定，因此，导致山东经济增长波动更为剧烈。另外，由于山东传统体制功能较强，因而这也是通过既有的经济管理体制发挥强劲的推动经济高速增长的自组织能力的必然结果。

三　增长速度的分部门（产业）状态的比较

表1—7列出了山东和全国国民收入各部门的贡献度和国民（内）生产总值各产业的贡献度。表1—8列出了国民收入各部门和国内生产总值各产业的弹性系数。

1. 山东与全国的共同点

比较表1—7和表1—8可以看出，山东与全国的相同点在于：

表 1—7—a　　　山东与全国国民收入各部门对经济增长的贡献率比较　　　（％）

| 年度 | 国民收入部门贡献度 | | | | | |
| | 工农业 | | 工业 | | 其他各业 | |
	山东	全国	山东	全国	山东	全国
1953	28.1	62.5	126.0	34.2	71.9	37.5
1954	81.5	82.1	25.2	46.2	18.5	17.9
1955	69.1	85.0	12.1	12.5	12.9	15.0
1956	87.2	58.5	87.8	35.1	12.8	41.5
1957	86.3	119.3	−49.5	173.1	13.7	−19.3
1958	60.1	75.7	47.5	68.6	39.9	24.3
1959	−14.2	59.7	161.3	121.2	114.2	40.3
1960	94.1	300.0	−52.3	−1900.0	5.9	−200.0
1961	39.6	53.6	112.4	98.2	60.4	46.4
1962	93.4	41.6	−214.7	58.3	6.6	58.4
1963	162.9	102.6	69.5	44.7	−62.9	−2.6
1964	103.6	87.9	109.1	51.2	−3.6	12.1
1965	95.5	79.2	31.7	37.6	4.5	20.8
1966	87.7	76.4	48.9	50.8	12.3	23.5
1967	55.1	90.9	60.8	102.0	44.9	19.1
1968	135.5	62.5	−275.8	77.8	−35.5	37.5
1969	82.7	72.3	17.7	68.3	17.3	27.3
1970	88.8	83.5	77.7	65.4	11.2	16.5
1971	98.1	87.4	62.9	67.5	1.9	12.5
1972	69.2	86.4	11.0	86.4	30.8	13.6
1973	66.7	85.8	31.6	42.9	33.3	14.2
1974	86.6	103.3	75.0	−16.7	13.4	−3.3
1975	95.9	103.9	79.0	88.4	4.1	−3.9
1976	87.9	68.4	61.7	60.5	12.1	31.6
1977	85.2	60.0	68.7	72.4	14.8	40.0

年度	国民收入部门贡献度					
	工农业		工业		其他各业	
	山东	全国	山东	全国	山东	全国
1978	83.4	81.1	64.3	61.2	16.6	18.9
1979	84.2	112.1	17.5	41.5	15.8	−12.1
1980	84.8	81.7	35.9	52.1	15.2	18.3
1981	69.6	86.5	7.9	14.2	30.4	13.5
1982	76.1	101.6	21.3	34.1	23.9	−1.6
1983	92.2	80.7	20.4	39.3	7.8	19.3
1984	91.7	77.5	57.5	41.5	8.3	22.5
1985	75.7	64.9	58.6	47.3	24.3	35.1
1986	93.6	76.1	43.3	48.9	6.4	23.9
1987	87.3	77.2	61.0	47.4	12.7	22.8
1988	77.9	75.0	51.7	47.6	22.1	25.0
1989	91.4	84.6	70.3	57.4	8.6	15.4
1990	103.8	96.0	45.5	30.5	−3.8	4.0
1991	84.4	78.6	36.9	63.1	15.6	21.4

注：本表按当年价格计算。

资料来源：《山东统计年鉴（1992）》，中国统计出版社1992年版，第18页；《中国统计年鉴（1992）》，中国统计出版社1992年版，第32页。

表1—7—b　　山东与全国 GN（D）P 各产业对经济增长的贡献率比较　　（%）

年度	第一、二产业		第二产业		第三产业	
	山东	全国	山东	全国	山东	全国
1979	93.3	98.7	31.9	40.6	6.7	1.3
1980	83.2	79.0	45.5	58.1	16.8	21.0
1981	64.4	72.9	17.1	18.5	35.6	27.7
1982	66.6	77.8	21.8	28.9	33.4	20.1

年度	第一、二产业		第二产业		第三产业	
	山东	全国	山东	全国	山东	全国
1983	68.6	70.6	19.7	40.2	31.4	27.1
1984	79.8	63.6	49.7	36.8	20.2	35.4
1985	68.4	56.6	54.4	42.7	31.6	44.1
1986	59.9	70.0	32.7	51.6	40.1	32.1
1987	70.5	68.4	47.5	43.3	29.5	32.0
1988	69.7	66.1	49.9	45.0	30.3	33.8
1989	62.3	54.5	46.8	34.6	37.7	44.8
1990	56.4	73.1	25.9	26.1	43.6	24.4
1991	69.0	54.1	36.7	45.2	31.0	46.1
1992	68.9	62.3	65.6	52.1	31.0	38.3
1993	72.4	73.5	61.7	59.8	27.7	27.6
1994	65.9	71.2	49.6	49.6	34.1	29.0
1995	62.6	77.6	41.8	54.0	37.4	30.7

注：本表按当年价格计算。

资料来源：《改革开放十七年的中国地区经济》，中国统计出版社1996年版，第132、546页。

（1）经济总量的增长主要是由工、农业的增长所带来的。表1—7显示了工、农业部门国民收入贡献度之和在绝大多数年度都在80%以上，同样，第一、二产业的贡献度之和也都在70%左右；工、农业部门国民收入弹性系数都数倍于其他三个物质生产部门弹性系数。

（2）仅就工、农业两大物质生产部门而言，工业对于国民收入增长的贡献均趋于增大，而农业的贡献趋于缩小。至1975年以后的多数年份里，工业对国民收入的贡献度超过了农业。但1990年以后，发生了工业贡献度小于农业贡献度的反向变化，这一点山东更为明显。同样，第一、二产业对于国民生产总值的贡献度也有类似的变化趋势。

表 1—8—a　　　　　　　　山东与全国国民收入各部门弹性比较

时期	国民收入各部门弹性系数									
	农业		工业		建筑业		运输业		商业	
	山东	全国	山东	全国	山东	全国	山东	全国	山东	全国
1953 ~ 1991	0.4169	0.3267	0.4065	0.4744	0.0485	0.0048	0.0760	0.0577	0.0876	0.1227
1979 ~ 1991	0.3868	0.2933	0.5051	0.5573	0.0378	0.0023	0.0374	0.0281	0.0635	0.1243

注：均按当年价格计算。

资料来源：同表 1—7。

表 1—8—b　　　山东与全国国民（内）生产总值各产业弹性比较

时期	国民（内）生产总值各产业弹性比较					
	第一产业		第二产业		第三产业	
	山东	全国	山东	全国	山东	全国
1979 ~ 1995	0.3539	0.2592	0.4955	0.4814	0.1687	0.2484

资料来源：同表 1—7。

2. 山东与全国的不同点

（1）山东自 1969 年、全国自 1975 年以后工业对于国民收入增长的贡献不再出现负值。

（2）1953 ~ 1991 年，工、农业部门国民收入弹性系数，山东是工业略小于农业，全国则是工业比农业高 0.1477；1979 ~ 1991 年，山东的国民收入弹性系数工业已比农业高 0.1183，全国则高出 0.2640。与 1953 ~ 1991 年相比，山东的工业国民收入弹性系数提高 0.1287，全国提高 0.1163，山东比全国提高得更多。但从绝对数看，山东的工业国民收入弹性系数比全国仍低 0.0522，显然，至 1991 年山东的工业产出水平仍低于全国。

（3）1979 ~ 1995 年，山东的国民（内）生产总值三次产业弹性系数从大到小排序为二、一、三，全国同样如此。但是第三产业和第一产业弹性系数的差，山东为 0.1852，全国仅为 0.0108，山东大大高于全国，这说明山东第三产业发展水平也落后于全国平均水平。

上述一切说明，山东整个经济的增长在很大程度上还依赖于农业，工业化程度还比较低。在这种情况下，却通过既有的经济管理体制强劲地推动了整个经济的高速增长，使得经济增长的速度超过了全国，这就不能不使得工业乃至整个国民经济增长的波动比全国更为剧烈。

第三节　比较之二：山东与华东其他主要省(市)

一　增长速度总态势比较

山东与上海、江苏、浙江和广东经济增长速度的总态势比较可见表1—9。①

表1—9　　　　山东与华东其他主要省市经济总量年均增长速度比较　　　　（％）

年度	社会总产值				国民收入				国内生产总值				
	山东	上海	江苏	浙江	山东	上海	江苏	浙江	山东	上海	江苏	浙江	广东
一五	7.5	10.9	4.9	9.5	6.5	11.2	4.9	7.9					
二五	-6.4	3.7	-1.8	-0.4	-7.6	1.7	-1.8	-2.8					
1963~1965	15.0	16.0	16.5	11.3	13.7	16.5	16.5	9.0					
三五	8.4	8.6	4.8	4.5	6.7	8.2	4.8	4.0					
四五	4.8	7.2	7.9	3.8	5.1	6.4	7.9	4.4					
五五	10.6	8.0	11.8	15.7	7.9	9.0	11.8	14.2					
六五	11.8	7.5	14.0	15.9	11.0	7.9	14.0	13.3	11.9	9.1	13.2	14.7	12.2
七五	14.4	6.2	13.3	12.7	9.0	5.8	7.6	7.7	8.3	5.7	10.0	7.6	12.5
八五									16.7	13.0	17.0	19.1	19.1
1953~1991	8.4	7.7	9.0	8.7	7.0	7.2	7.2	7.2					

① 考虑到工业化的基础和历程、经济实力、自然和人文社会条件、经济发展政策以及文化传统的可比性，这里在确定省际间的比较对象时，选择了山东与上海、江苏、浙江和广东。但需要指出，上海早已是一个工业城市，实际上山东与上海在迄今为止的工业化进程中有颇多不可比之处。之所以要与上海相比，在很大程度上是为了树立一个工业化和经济发展的参照目标，以测度山东工业化和经济发展的差距；同样，在确立国际间的比较对象时，考虑到上述可比因素以及现有较完整数据资料的支持，本书选择了日本。

续表

年度	社会总产值				国民收入				国内生产总值				
	山东	上海	江苏	浙江	山东	上海	江苏	浙江	山东	上海	江苏	浙江	广东
1979～1991	12.8	7.3	14.0	15.6	9.9	7.1	10.5	11.8					
1979～1995									11.2	8.3	12.0	12.3	13.6

注：均按可比价格计算。

资料来源：《山东统计年鉴（1992）》，第19、22页；《中国统计年鉴（1992）》，第33、48页；《全国各省、自治区、直辖市历史统计资料汇编（1949～1989）》，第313、316、345、348、377、380页；《改革开放十七年的中国地区经济》，第409、431、455、547、639页。

1953～1995年，山东与江苏、浙江、广东以及上海的经济总量均呈现旺盛的增长势头，但山东的经济总量年均增速低于江苏和浙江，这种态势一直持续到"七五"以前。"七五"期间，山东超过了浙江。"八五"期间，山东的增长速度重新又恢复到低于江、浙、沪的地位。在经济过热又成功软着陆的"八五"时期，山东的这种速度态势说明了其稳定性的增强。与上海相比，山东的年均增速则一直要高一些。纵向比较，各地都呈现出加速增长的趋势，特别是"六五"和"八五"时期，各项速度值均比较高。

山东与沪、江、浙经济增长总态势的异同，在一定程度上受其所处的经济发展阶段的异同所影响。经济发展的国际经验表明：发展中国家和地区在经济尚未进入持续高速增长阶段以前，由于许多增值率极高的工业部门都是新兴的，故经济内在着强劲的数量扩张力量，这将表现为经济总量的加速增长，而且当经济处于这一过程中时，工业化程度越高，例如表现为工业产值和工业劳动者人数在工农业总产值和工农业劳动者总人数中的比重越高，则经济总量加速增长的势头越强劲。这时，经济管理体制对于经济增长的影响是显著的。但是，经济在步入持续高速增长阶段以后，大多数工业部门都已经成长起来，产业结构趋于完善，很难像以往那样并存着许许多多的增值率极高的新兴产业部门，故经济内在的数量扩张力量将在达到极限后趋于稳定，这将表现为经济总量的稳定高速增长。这一稳定高速增长的时间可在 10～20 年之间。例如日本从 50 年代初到 60 年代末，韩国在整个 70 年代，各自都经历了 10～20 年的经济持续高速增长期。这时，经济管理体制虽然对于经济增长仍有影响，但却不再像以往那样显著。

　　用前述人均国民生产总值水平、工业产值在工农业总产值中的比重、工业劳动者人数在工农业劳动者总人数中的比重三项指标来衡量，山东、江苏、浙江和广东均未达到"刘易斯转折点"，都还处于经济持续高速增长阶段之前的工业化过程中，所以这几个省的经济都内在着强劲的数量扩张力量，故 1953～1995 年，经济总量指标的增长均呈现旺盛的势头，且呈现加速趋势。但由于山东的后两个指标都低于江苏和广东，故山东的经济总量增长势头难以赶上江苏和广东。上海由于已开始进入经济持续高速增长阶段，其新一轮强劲的增长势头将不再单独依赖新兴产业部门的成长，而是要同时依赖以往工业化过程中成长起来的各种产业部门换代、升级和新兴产业，如第三产业的迅速崛起。据统计分析，上海当前正处于这样的产业结构变化过程中，所以上海的经济正处于新、旧两轮强劲加速势头之间的持续且稳定的高速增长期，这也是其增速低于山东、江苏和浙江的原因之一。

二　增长速度的波动形态比较

　　表 1—10 给出了按如前所述的周期划分标准以及可比时间区间分别计算出来的山东与上海、江苏和浙江的国民收入环比增长速度波动的主要特征值。

　　由表 1—10 可以得出，三省一市的共同点在于：（1）1952～1995 年山东与上海、江苏和浙江国民收入增长波动均一直处于高低交替的波动形态中；（2）均在前期反复出现过增长速度为负值的波动点，即前后均实现了由"古典型循环"向"增长型循环"的转变；（3）进入"增长型循环"波动以后，年增长率极差的平均值都明显缩小，说明波动幅度都趋于降低；（4）完整的周期均是 8 个，周期平均长度相差无几。不同之处在于波动的剧烈程度不同。从总体上看，40 余年来山东、上海、江苏和浙江的年增长率极差的平均值分别是 24.9、24.7、16.4 和 18.8，即山东的波动比上海、江苏和浙江剧烈。但"六五"以来，山东的波动明显趋缓，虽仍甚于上海和江苏，但已比浙江平稳，特别是"六五"和"八五"期间，山东增长速度快且稳。

上述异同仍然与四省（市）经济所处的发展阶段密切相关。山东、江苏和浙江的经济都处于同一阶段，故三省波动的主要特征相似；而上海虽然已经进入了持续高速增长阶段，但其尚处于这一阶段的初期，所以波动的主要特征值平均看来迄今还不会与山东、江苏和浙江有明显的差别。另外，由于山东的工业产值和劳动力在工农业总产值和劳动力总数中的比重比上海、江苏、浙江都低，即山东工业化的结构基础更为薄弱，故其国民收入的加速增长必然会伴随着更为剧烈的波动。依国民收入年增长率极差平均值的大小看，山东大于浙江，而浙江又大于江苏，这正好与三者工业产值在工农业总产值中的比重、工业劳动力在工农业劳动中的比重的大小相反，说明工业化的结构基础越薄弱，则国民收入加速增长时的波动就越剧烈。

表1—10　　　山东与华东其他主要省市国民收入增长波动比较　　　（%）

周期	国民收入年增长率的每次波动											
	年增长率平均值				年增长率极差				负增长年数			
	山东	上海	江苏	浙江	山东	上海	江苏	浙江	山东	上海	江苏	浙江
1	8.9	18.0	3.2	8.7	32.6	42.4	14.9	6.7	1	1	2	0
2	0.2	5.3	-0.1	1.8	41.7	77.8	33.3	41.5	3	2	2	2
3	10.5	10.2	11.2	3.7	26.5	29.5	19.1	20.0	1	1	1	2
4	5.5	9.4	12.4	10.1	35.0	12.7	10.6	10.9	1	0	0	0
5	16.4	6.5	4.2	5.8	30.7	7.4	9.4	23.7	0	0	0	2
6	9.4	8.1	13.5	16.2	4.9	10.7	23.0	11.4	0	0	0	0
7	11.1	9.2	14.0	13.6	13.7	9.7	8.3	15.9	0	0	0	0
8	10.3	6.1	6.6	10.6	13.7	8.0	12.5	19.9	0	0	0	0
9												

注：国民收入年增长率按可比价格计算，以上年为100。

资料来源：《山东统计年鉴（1992）》，第19页；《中国统计年鉴（1992）》，第33、37页；《全国各省、自治区、直辖市历史统计资料汇编（1949～1989）》，第313、345、377页。

三 增长速度的分部门（产业）状态比较

表1—11、表1—12、表1—13、表1—14分别给出了山东、上海、江苏、浙江和广东的国民收入各部门贡献度和弹性系数，以及国内生产总值各产业贡献度和弹性系数。由上述各表不难推断，四省一市的共同点在于：（1）1952～1995年上述几个省的经济增长波动主要是由工业和农业的共同波动所引致的，而上海则基本是由于工业波动的原因；（2）工业增长的波动幅度随着增长与波动由"古典型循环"向"增长型循环"的转变都趋于缩小。它们的不同点在于："七五"期间，江苏省工业国民收入弹性系数最大，提高最快，且第三产业国内生产总值弹性系数也最大，与第一产业弹性系数的差额最小。浙江的相应变化次之，山东更次之。这说明自1979年经济体制改革至"七五"末期，工业化步伐迈得最大的当属江苏，次之为浙江，更次之为山东。"八五"期间，情况发生了新的变化，山东的第一产业和第二产业贡献度都有所下降，而第三产业贡献度大幅度上升。至1995年，山东的第三产业贡献度已超过江苏、浙江、广东，仅次于上海。这说明，"八五"期间山东的经济增长和结构调整都快于上述几个省份。但是，从1979～1995年的17年总情况看，山东的变化仍慢于江苏、广东，这从产业贡献度和产业弹性系数都可以看出。由此不难推断，在同样争取加速增长的过程中，由于山东的工业化结构基础比较薄弱，其增长始终处于加速状态，但是波动剧烈，浙江次之，江苏更次之。至于上海，其工业国民收入弹性系数始终大于农业，也大于上述四省，而且越来越大；同时，第三产业国内生产总值弹性系数也比第一产业大得多，这说明上海的工业化结构基础和工业化现实水平都较高。

上述几个省（市）增长速度的分部门（产业）状态的异同，同样也可以从其所处的整个经济发展阶段的异同给予解释。

表1—11　　山东与华东其他主要省（市）国民收入部门贡献度比较　　（%）

年度	国民收入部门贡献度											
	工农业				工业				其他各业			
	山东	上海	江苏	浙江	山东	上海	江苏	浙江	山东	上海	江苏	浙江
1953	28.1	61.3	38.1	50.0	126.0	59.0	31.2	39.8	71.9	38.7	61.9	50.0

年度	国民收入部门贡献度											
	工农业				工业				其他各业			
	山东	上海	江苏	浙江	山东	上海	江苏	浙江	山东	上海	江苏	浙江
1954	81.5	42.7	-372.8	124.2	25.2	51.8	-527.3	27.4	18.5	57.3	272.8	-24.2
1955	69.1	3.6	85.1	44.7	12.1	35.7	4.1	-21.1	12.9	96.4	14.9	55.3
1956	87.2	64.1	22.5	45.4	87.8	68.4	137.5	41.9	12.8	35.9	77.5	54.6
1957	86.3	98.9	82.8	73.0	-49.5	93.2	0.0	63.7	13.7	1.1	17.2	27.0
1958	60.1	95.9	70.4	63.5	47.5	93.0	82.3	80.4	39.9	4.1	29.6	36.5
1959	-14.2	97.7	36.5	62.3	161.3	95.1	164.3	76.5	114.2	2.3	63.5	37.7
1960	94.1	102.8	128.5	89.8	-52.3	103.0	141.3	-291.8	5.9	-2.8	-28.5	10.2
1961	39.6	90.8	82.5	50.1	112.4	91.0	84.5	65.0	60.4	9.2	17.5	49.9
1962	93.4	73.5	70.3	97.4	-214.7	73.9	215.4	-22.7	6.6	26.5	29.7	2.6
1963	162.9	95.8	102.9	95.5	69.5	95.4	9.5	4.8	-62.9	4.2	-2.9	4.5
1964	103.6	77.7	92.8	77.1	109.1	61.1	41.2	46.1	-3.6	22.3	7.2	22.9
1965	95.5	89.9	60.2	86.8	31.7	88.1	92.1	58.5	4.5	10.1	39.8	13.2
1966	87.7	89.2	78.3	87.9	48.9	86.6	33.2	8.0	12.3	10.8	21.7	12.1
1967	55.1	82.5	87.7	64.6	60.8	85.1	55.2	45.6	44.9	17.5	12.3	35.4
1968	135.5	94.9	112.2	45.2	-275.8	85.3	7.6	99.5	-35.5	5.1	-12.2	54.8
1969	82.7	85.5	67.8	85.5	17.7	87.6	65.8	62.5	19.3	14.5	32.2	14.5
1970	88.8	99.8	84.7	87.1	77.7	103.4	60.3	52.7	11.2	0.2	15.3	12.9
1971	98.1	98.2	85.4	-50.0	62.9	96.5	51.0	-275.0	1.9	1.8	14.6	150.0
1972	69.2	80.3	84.7	96.6	11.0	66.3	55.1	40.3	30.8	19.7	15.3	3.4
1973	66.7	79.9	86.1	88.8	31.6	76.3	53.0	113.0	33.3	20.1	13.9	20.1
1974	86.6	72.1	30.7	98.8	750	65.3	100.0	448.8	13.4	27.9	69.3	27.9

年度	国民收入部门贡献度											
	工农业				工业				其他各业			
	山东	上海	江苏	浙江	山东	上海	江苏	浙江	山东	上海	江苏	浙江
1975	95.9	75.4	104.1	107.5	79.0	954	84.4	-3.5	4.1	24.6	-4.1	24.6
1976	87.9	91.5	-13.6	85.1	61.7	62.0	215.4	68.2	12.1	8.5	113.6	8.5
1977	85.2	82.6	65.8	80.6	68.7	86.9	144.3	84.1	14.8	17.4	34.2	17.4
1978	83.4	67.0	86.6	83.3	64.3	74.7	50.6	45.5	16.6	33.0	13.4	33.0
1979	84.2	69.4	88.2	88.7	17.5	66.4	17.3	25.1	15.8	30.6	11.8	30.6
1980	84.8	59.2	81.6	77.6	35.9	66.1	157.0	94.7	15.2	40.8	18.4	418
1981	69.6	66.0	88.7	69.1	7.9	62.9	27.6	46.4	30.4	34.0	11.3	34.0
1982	76.1	151.4	90.8	77.0	21.3	85.2	19.9	17.0	23.9	-51.4	9.2	-51.4
1983	92.2	36.0	70.5	78.1	20.4	34.8	40.0	92.5	7.8	64.0	29.5	34.0
1984	91.7	68.9	85.3	82.2	57.5	58.1	52.5	44.4	8.3	31.1	14.7	31.1
1985	75.7	66.4	87.8	77.6	58.6	63.4	71.4	55.3	24.3	33.6	12.2	33.6
1986	93.6	39.1	81.2	75.6	43.3	39.2	46.8	54.5	6.4	60.9	18.8	60.9
1987	87.3	55.8	72.4	76.8	61.0	50.1	53.5	50.6	12.7	44.2	27.6	44.2
1988	77.9	71.5	86.5	75.8	51.7	76.6	51.1	49.0	22.1	28.5	13.5	28.5
1989	91.4	132.4	91.7	88.0	70.3	87.7	85.8	62.9	8.6	-32.4	8.3	32.4
1990	103.8	72.3	98.2	107.3	455	61.7	55.2	54.7	-3.8	27.7	1.8	27.7
1991	84.4	78.3	77.4	75.2	36.9	77.6	85.3	60.3	15.6	21.7	22.6	21.7

注：均按当年价格计算。

资料来源：《华东地区统计年鉴（1992）》，中国统计出版社1992年版，第286、318、351、386页；《全国各省、自治区、直辖市历史统计资料汇编（1949～1989）》，中国统计出版社，第313、345、377、496页。

表 1—12 山东与华东其他主要省（市）国内生产总值产业贡献度比较 （％）

年度	国内生产总值产业贡献度														
	第一、二产业					第二产业					第三产业				
	山东	上海	江苏	浙江	广东	山东	上海	江苏	浙江	广东	山东	上海	江苏	浙江	广东
1979	93.3	77.5	92.0	91.5	73.0	31.9	74.6	20.4	31.1	22.4	6.7	22.5	8.0	8.5	27.0
1980	83.2	53.4	77.5	77.4	68.9	45.5	58.5	123.6	90.7	26.6	16.8	46.6	22.4	22.6	31.1
1981	64.4	67.8	76.6	60.8	75.1	17.1	64.0	26.4	42.8	45.7	35.6	32.2	14.9	39.2	24.9
1982	66.6	62.6	84.9	67.6	81.8	21.8	40.5	20.7	13.0	31.0	33.4	37.4	17.1	32.4	18.2
1983	68.6	42.1	85.6	55.7	74.4	19.7	40.7	53.4	64.3	62.7	31.4	57.9	14.6	44.4	25.6
1984	79.8	60.9	86.1	75.7	69.1	49.7	51.4	50.9	43.1	40.6	20.2	39.1	16.0	24.3	30.9
1985	68.4	69.2	75.7	72.9	61.3	54.4	66.2	63.2	54.5	37.4	31.6	30.8	20.4	27.1	38.7
1986	59.9	43.8	75.7	61.2	47.2	32.7	43.1	45.0	44.1	27.7	40.1	56.2	29.8	38.8	52.8
1987	70.5	55.4	60.0	71.1	66.6	47.5	51.9	48.1	48.8	40.9	29.5	44.6	21.1	28.9	33.4
1988	69.7	72.4	69.5	67.3	68.6	49.9	66.8	43.7	45.0	43.0	30.3	27.6	42.3	32.6	31.4
1989	62.3	73.4	66.6	60.6	60.9	46.8	68.7	62.2	40.9	39.7	37.7	26.6	33.4	39.5	39.1
1990	56.4	75.3	70.3	66.4	57.3	25.9	67.6	37.5	40.4	36.8	43.6	67.5	29.7	33.6	42.7
1991	69.0	31.9	49.4	57.7	62.8	36.7	32.5	54.8	46.8	52.7	31.0	49.4	50.6	42.3	37.2
1992	68.9	57.5	70.0	62.4	69.0	65.6	57.2	60.9	56.2	59.3	31.0	42.5	30.0	37.6	31.0
1993	72.4	57.1	66.8	70.2	71.4	61.7	56.1	55.5	60.1	61.4	27.7	42.9	33.2	29.8	28.6
1994	65.9	55.0	72.7	70.5	64.0	49.6	52.8	55.6	53.8	50.7	34.1	45.0	27.3	29.5	36.0
1995	62.6	57.0	64.2	65.5	71.9	41.8	53.4	48.1	52.0	56.6	37.4	43.0	35.8	34.5	28.1

注：按当年价格计算。

资料来源：《改革开放十七年的中国地区经济》，中国统计出版社 1996 年版，第 409、431、455、547、639 页。

表 1—13　　　　　　　　　　山东与华东其他主要省（市）国民收入部门弹性比较

国民收入各部门弹性系数

时期	农业			工业				建筑业				运输业				商业			
	山东	上海	江苏	山东	上海	江苏	浙江	山东	上海	江苏	浙江	山东	上海	江苏	浙江	山东	上海	江苏	浙江
1953～1991	0.4169	0.0400	0.6011	0.4065	0.7679	0.3427	0.3552	0.0485	0.0416	0.0559	0.0388	0.0760	0.0926	0.0299	0.1005	0.0876	0.0781	0.1445	0.1154
1979～1991	0.3668	0.9173	0.3471	0.5051	0.7710	0.5621	0.5643	0.0387	0.0154	0.0415	0.0103	0.0374	0.0531	0.0156	-0.0669	0.0635	0.1100	0.0657	0.1732

注：均按当年价格计算。　资料来源：同表 1—11。

表 1—14　　　　　　　　　　山东与华东其他主要省（市）国内生产总值产业弹性比较

国内生产总值产业弹性系数

时期	第一产业					第二产业					第三产业				
	山东	上海	江苏	浙江	广东	山东	上海	江苏	浙江	广东	山东	上海	江苏	浙江	广东
1979～1995	0.3539	0.0159	0.2769	0.3472	0.2897	0.4955	0.6530	0.6091	0.4440	0.4620	0.1687	0.3106	0.1289	0.2288	0.2570
1979～1991	0.3350	0.0430	0.3080	0.3050		0.5020	0.8260	0.5438	0.5430		0.1790	0.1770	0.1993	0.1880	

注：均按当年价格计算。资料来源：同表 1—12。

第四节　比较之三：山东与日本

一　山东与日本经济增长状态的相似

日本是从 19 世纪 80 年代中期开始近代经济增长或工业化的，至 20 世纪 50 年代初期完成了工业化的数量扩张阶段，开始进入经济持续稳定高速增长阶段。因此，我们以山东 1953～1995 年与日本 19 世纪 80 年代至 20 世纪 50 年代初的经济增长速度状态加以比较。

在同样的经济发展阶段上，山东与日本的经济增长状态颇多相似之处。在经济增长速度的总态势方面，山东和日本均呈现强劲的增长势头，而且均呈现明显的加速趋势，如图 1—1—a、图 1—1—b、表 1—1 和表 1—15 所示。在经济增长速度波动形态方面，山东和日本均处于高低交替的波动形态中，分别如图 1—2—a、图 1—2—b 和图 1—6；并且二者经济增长的波动都具有一定的周期性，见表 1—2 和表 1—15。日本经济增长由于缺乏历年环比增长速度的原始数据，不能进行中、短期周期波动分析以作比较，但其长周期波动确实存在，而且已被详细地研究过。在经济增长速度的分部门（产业）状态方面，山东和日本的经济增长主要都是由工业的增长所带来的，而且工、农业相比较而言，工业增长对于经济增长的贡献趋于增大，而农业则相反，见表 1—3 和表 1—16。

二　山东与日本经济增长状态的差异

在同样的经济发展阶段上，山东与日本经济增长状态又有一些明显的差异。

在经济增长速度的总态势方面，山东的经济增长势头比日本更为强劲。由表 1—1 可见，1953～1991 年，山东社会总产值、国民收入年均增长速度回归计算结果分别是 8.4% 和 7.0%，而日本 1889～1938 年实际 GNE（国民总支出）年均增长速度仅为 3.15%，1955 年的增长速度也只有 7.29%。上述差异的原因并不是由于山东的工业化基础比日本牢固，实际上在工业化开始的 50 年代初，山东与全国一样，人均国民生产总值水平要比日本工业化开始时的 19 世纪末低得多，据此可以推断山东如今的人均国民生产总值水平恐怕难以达到日本 50 年代初的水平。而且统观

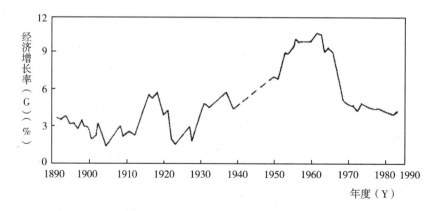

图1—6 日本经济增长率的波动形态

注：G（Y）是 GNE（Y）的增长率；Y 战前为 1934～1936 年的价格，战后为 1970 年的价格 7 年平均值，但 1938 年、1954 年、1986 年为 5 年平均，1987 年为 3 年平均。

资料来源：［日］南亮进：《中国的经济发展——与日本的比较》，经济管理出版社 1991 年版。

表 1—15 　　　　　　　　**日本实际 GNE 年均增长速度** 　　　　　（％）

时期	实际 GNE 增长率 G（Y）
1889～1890	3.58
1891～1895	3.12
1896～1900	2.25
1901～1905	1.84
1906～1910	2.29
1911～1915	3.35
1916～1920	4.77
1921～1925	1.93
1926～1930	2.53
1931～1935	4.98
1936～1938	5.07
（1889～1938）	3.15
1955	7.29

注：①均为各时期平均值；②按不变价格计算；③系回归计算结果。

资料来源：［日］南亮进：《日本的经济发展》，对外贸易教育出版社 1989 年版，图 3—3、表 3—2。

二者在工业化数量扩张阶段的工业产值和工业劳动力在工农业总产值和工农业劳动力中的比重，山东总起来说是低于日本，特别是工业劳动力比重低得更多。那么，在同一数量扩张的工业化阶段上，山东经济增长比日本更为强劲的原因何在呢？这主要有两点：一是，山东与全国一样，经济高速增长的行政动员力量十分强大，而且又在长达30年的时间里借助了高度集中的经济管理体制，使这种行政动员力量行之有效；二是，山东与日本比较，经济增长符合"相对后进性的假说"，即在初期阶段的经济发展水平（用人均国民生产总值来测定）越低，其后来的经济增长率就越高，因为经济发展水平的低下意味着该国或地区的技术水平比其他国家或地区（先进国家或地区）落后，因此从先进国家或地区引进技术的可能性就越大。这种跨越性较大的先进技术的引进，必然促进经济实现跳跃性高速增长。

在经济增长速度的波动形态方面，正因为处于工业化基础比较薄弱的情况下，在长时期内通过高度集中的经济管理体制、运用行政指令推力促进经济的高速增长，所以山东在工业化数量扩张阶段的经济增长波动要比日本剧烈一些，对比图1—5—a、图1—5—b与图1—6可以看出这一点。在经济增长速度的分部门（产业）状态方面，由于日本的工业化结构基础特别是工业劳动力结构基础比山东雄厚，所以在同样的工业化数量扩长阶段，日本经济增长中除工业增长的贡献较大以外，次之就是服务业；山东除工业增长的贡献较大以外，迄今次之依然是农业。

表1—16　　　　　　　　　日本各产业的相对贡献度　　　　　　　（%）

时期	农业	工业	服务业	合计
1888～1900	17.8	31.6	50.6	100.0
1900～1910	20.8	52.4	26.8	100.0
1910～1920	11.0	45.0	14.0	100.0
1920～1930	7.1	85.9	7.0	100.0
1930～1938	4.9	69.7	25.4	100.0
（战前平均）	9.6	61.5	28.9	100.0
1955～1960	5.7	49.2	45.1	100.0
1960～1970	1.9	53.8	44.3	100.0

时 期	农业	工业	服务业	合计
1970~1980	−0.1	54.6	45.4	100.0
1980~1986	0.1	47.5	52.4	100.0
（战后平均）	1.7	52.0	46.3	100.0

注：本表数字为各产业在各期实际国内总生产增长额中所占的比重。

资料来源：［日］南亮进：《中国的经济发展——与日本的比较》，表1—6。

第二章 合理经济增长速度的
客观标准和影响因素

第一节 合理经济增长速度的科学含义及客观标准

合理的经济增长速度含义是什么？应该以何种标准来衡量经济增长速度的合理性？我国经济学界对此的看法是多种多样的，而且随着工业化进程的向前推移，认识越来越深刻。

一 科学含义

概括起来讲，合理的经济增长速度是能够最有效地、科学地配置利用资源，保证经济持续、稳定、协调、适度发展的经济增长速度。保证持续增长，就是要保证经济长期增长的趋势，这是就经济增长的总态势方面而言的；保证稳定增长，就是要保证经济增长的波动幅度在正常范围内，不大起大落，这是就经济增长的波动形态方面而言的；保证协调增长，就是要保证国民经济各部门（产业）按照科学的比例关系同时增长，即各部门（产业）的增长不是在相互之间畸形、扭曲的比例关系中增长，这是就经济增长的分部门（产业）状态方面而言的；保证适度增长，就是要保证经济增长能够充分利用促使经济增长的各种资源和条件，最大限度地提高经济效益，以满足人们日益增长的社会需要。

显然，上述四个方面是相互联系着的。没有经济的持续增长，经济就没有发展后劲，稳定、协调和高速就失却了物质前提；没有经济的稳定增长，要么是资源闲置或浪费型的低效经济增长，要么是资源耗竭或"瓶颈"约束型的经济增长，前者使协调、高速增长的物质前提缺乏，后者使经济增长难以为继，都会中断经济的持续增长；没有经济的协调增长，经济就会"跛足"运行，保持经济持续、稳定和高速增长所应有的结构基础就不会存在；而没有合理的速度，就不能奠定经济进一步增长所应有的物质基础，就不能提高经济运行的质量，经济也不会持续、稳定和协调地增长下去。根据40多年经济增长的经验，把经济持续、稳定、协调和适度增长作为体现经济合理增长的四个具体方面，是对合理经济增长速度概念所作的比较科学的定义。

合理的经济增长速度是对现实经济增长速度状态的一种理论抽象，与通过一定计量模型求解出的经济增长速度的最优解不同，它往往是次优的；同时，它往往也不是现实经济运行中所取得的最高的或最低的经济增长速度，它的取值通常是介于二者之间的某一小区间，所以它一般也可理解为适度经济增长速度。

二 客观标准

就人们的主观愿望讲，不论是从经济出发，还是从政治出发，也不论是从当前看，还是从长远看，自然是速度越高越好，但这只是一种主观需要；在实际运行中，经济增长速度必然受到多种因素的制约，是多种因素共同作用的结果，只可能提供某一值域内的速度。这就迫使我们在需要和可能之间寻找一个最佳结合部，这也就是我们所讲的合理速度。所以，必须从需要和可能两方面来确定速度是否合理的客观标准，以其对经济供给总量、需求总量进而对总供需关系的影响状态作为客观标准。

1. 合理经济增长速度必须是能够满足应有的不断增长的社会需求的经济增长速度。

其一，满足应有的不断增长的投资需求。经济增长速度与投资需求紧密正相关，没有足够高的经济增长速度，就不会有足够的产出以满足扩大的投资需求。反之，应有的投资需求得不到满足，经济增长速度也上不去，经济就难以发展。在以规模扩张为经济增长主要特征的阶段，尤其是这样。由于投资的源泉在于积累，所以经济增长速度与投资需求之间的关系可用经济增长速度与积累的关系来体现。

现设 S 代表净积累额，S_{-1} 代表 S 的滞后，Y 代表国民收入（或国民生产总值，下同），α_0、α_1、β_1、β_2 均为常数，则有积累对于国民收入的影响式

$$Y = \frac{\alpha_0}{1 - \alpha_1} + \frac{1}{1 - \alpha_1} S \qquad (0 < \alpha_1 < 1,\ \text{为边际消费倾向})$$

以及国民收入对于积累的影响式

$$S = \beta_1 \Delta Y + \beta_2 S_{-1} \qquad (\Delta Y = Y - Y_{-1},\ Y_{-1} \text{是 Y 的滞后})$$

上述第一式表明，当积累 S 每增加一个单位，国民收入 Y 就将增加

$$\frac{1}{1 - \alpha_1} = \frac{1 - \alpha_1 + \alpha_1}{1 - \alpha_1} = 1 + \frac{\alpha_1}{1 - \alpha_1} > 1 \text{ 个单位，把 } \frac{1}{1 - \alpha_1} \text{称为投资乘数，它表}$$

明当积累增加一个单位时，国民收入将增加不止一个单位。上述第二式表明，积累额 S 是国民收入的一阶差分 ΔY 的函数，当国民收入增加缓慢时，积累额就会下降；反之，当国民收入增加快速时，积累额就迅速增加。这就是所谓的加速原理。由此可见，经济增长速度对于投资的影响是十分显著的。经济发展和社会进步要求投资不断扩大，但它又不能超出既有的经济实力所允许的范围，即投资需求存在着一个应有的值域。合理的经济增长速度必须满足应有的投资需求，否则，将直接制约投资规模的增长，间接制约自身应有的水平，最终将会削弱经济发展和社会进步应有的物质技术基础。

其二，满足不断增长的消费需求。毫无疑问，经济增长的速度只有满足了不断增长的消费需求，才能实现社会生产和经济发展的目的，并使自身的水平不断提高。

现设 Y 代表国民收入，S 代表积累，C 代表消费，α_0、α_1 为参数，则有关系式

$$C = \alpha_0 + \alpha_1 Y$$

以及

$$Y = \frac{\alpha_0}{1 - \alpha_1} + \frac{1}{1 - \alpha_1} S$$

上述第一式中，α 为边际消费倾向，$\alpha_1 = \dfrac{dC}{dY}$。由于 $Y = C + S$，所以有 $\alpha_1 = 1 - \dfrac{dS}{dY}$，即边际消费倾向等于 1 减去边际积累倾向。从而，当 Y 一定时，扩大积累额 S 将带来边际消费倾向 α_1 的减小。于是，由上述第二式可知，一方面，扩大 S 能使 Y 增加；另一方面，扩大 S 又会带来 α 的减小，从而使 Y 减少。由此不难看出，消费也应该有一个适当的取值范

围，因为它对国民收入的进一步增长也有着重要的影响。因此，经济增长速度必须满足应有的消费需求以使自身的水平不断提高。

2. 合理经济增长速度必须满足财政正常运转的要求。

财政对于任何社会制度的国家都有非常重要的作用，在我国，它对于实现和保持经济持续、稳定、协调和适度发展起着正反两方面的作用。国际经验表明，多数国家的财政收入与经济增长是同步的，而且较为普遍地表现为财政收入的增长快于经济增长。财政占国民收入的比例、财政支配资金均出现过日益增长的趋势，这对于西方发达的市场经济国家也是一样的。所以，合理的经济增长速度必须满足财政正常运转的要求。这样，一方面直接地保证财政功能的正常发挥；另一方面又间接地促进经济增长水平的进一步提高。对于发展中的国家和地区来说，特别是对于中国、山东省这样的正处于工业化数量扩张阶段、在促进经济发展的同时还要建构社会主义市场经济体制的人口大国、大省来说，财政功能的充分发挥是至关重要的。这就需要有足够高的经济增长速度加以保证。

3. 合理经济增长速度必须是有现实可靠的物质技术和社会条件的支撑，并能充分高效利用这些条件的经济增长速度。

如果不顾物质技术和社会条件对于经济增长速度的约束或支持程度，一味地提高经济增长速度，则会把整个经济置于一种"瓶颈"约束型的增长状态中，在"瓶颈"约束型经济增长中，往往是一方面资金、能源、交通、通讯、基础原材料供不应求；另一方面一般加工工业又突飞猛进。结果，前者的供给更加趋紧，形成一种产业"瓶颈"，出现严重的结构性供不应求，致使价格大幅度上涨，使得加工工业的成本迅速增加。当这一成本达到一定程度以后，要么通过消费品市场把高成本负担转嫁给消费者也难以缓解自身的压力，生产便难以为继；要么引起成本推动型的通货膨胀。这时，货币贬值，消费者实际购买力下降，有可能引发社会动荡。这就迫使政府要么采取银根紧缩政策，压缩生产规模，给一般加工工业的"过热"生产"降温"；要么通过增加财政支出扩大生产规模、增加就业以刺激有效需求。但由于产业"瓶颈"并不能因此而迅速消除，大量资金继续投向一般加工工业，结果在使成本推动型通货膨胀继续存在的同时，使一般加工工业相对于消费者实际购买能力更加过剩，产品积压，生产下滑，形成一种"滞胀"并存的局面。当然，如果不充分利用现有的物质技术和社会条件，使经济低速增长，则又会造成资源的大量浪费，此时，经济增长也必然是低效的。所以，要实现经济合理增长必须既要充分利用现有的物质技术和社会条件，又不至于突破其支撑限度。

4. 合理经济增长速度必须有利于经济结构，尤其是产业结构及其相应的技术结构的合理化。

这里有两层意思：一是，由于经济增长是资源、财富和物质技术手段积累的根本途径，所以只有保持足够高的经济增长速度，才能积累起应有的资源、财富和物质技术手段，进行新的投资，以对现有的经济结构，尤其是产业结构及其相应的技术结构进行合理的增量调整；二是，正由于经济增长的结果是经济结构，尤其是产业结构及其相应的技术结构的增量调整，所以只有使国民经济各部门、各产业及其相应的技术水平按照科学的比例关系同步增长，才能取得经济结构，尤其是产业结构及其相应的技术结构的合理化。

因此，当速度过高时，人们必然争相向盈利率高的产业投资，而无暇顾及该类产业需求和供给比例，其结果往往造成该类产业的过剩，以至于使长线产业更长，经济结构更加恶化。当速度过低时，资源利用出现过剩，基础产业因其即期盈利率低而往往首当其冲地被缩减，从而使短线产业更短，同样恶化经济结构。多年来我国的经济发展已充分证实了这一点，这也是经济结构优化调整迟迟难以实现的重要原因之一。

5. 合理经济增长速度必须使技术进步对于经济增长的贡献越来越大，从而使宏观经济效益越来越高。

技术进步是经济持续、稳定、协调和高速增长的根本途径。这是因为，资源是有限的，特别是再生资源更是有限，经济要长期增长就不能仅仅依靠增加劳动力、资本和土地等生产要素的投入，搞外延扩大再生产，而必须依靠技术进步以提高诸生产要素的投入产出比例，搞内涵扩大再生产。在资源有限的情况下，如果不注意通过技术进步节约资源和创造替代资源，在经济"过热"增长以后就会使短缺资源发展成为"瓶颈"，结果使经济的高速增长难以为继，出现大起大落。国民经济各部门、各产业的协调发展，在资源有限的前提下，仅仅依靠外延投入的增量调整是不够的，还必须通过技术的更新改造进行内涵重组的存量调整；况且许多有利于经济结构合理化，尤其是有利于产业结构高度化和均衡化的新兴产业的发展，也必须依靠技术进步。总之，在资源有限的前提下，保持经济高速增长的根本途径是技术进步，因为只有技术进步才能提高投入产业比例，不断地扩大生产规模。现设 Y、A、K、L 和 t 分别代表产出、技术水平、资金、劳动力和时间变量，α、β 分别是资金和劳动力产出弹性，y、a、k、l、f 分别是产出、技术水平、资金、劳动力和综合要素 $F = F(K, L)$ 的增长率，角标"t"和"0"分别表示基期和报告期，$\alpha + \beta = 1$，则有 C－D 生产函数 $Y = A(t) K^{\alpha} L^{\beta}$ 及其导出公式

$$A_0 = \frac{Y_0}{K_0^{\alpha_0} L_0^{\beta_0}}$$

$$A_t = \frac{Y_t}{K_t^{\alpha_t} L_t^{\beta_t}}$$

$$a = \frac{A_t - A_0}{A_0}$$

$$Y = \frac{Y_t - Y_0}{Y_0}$$

$$f = \frac{F_t - F_0}{F_0}$$

以及技术进步在经济增长中所占的份额 $\frac{a}{y}$，综合要素增长所占的份额 $\frac{f}{y}$，二者增长共同引起的产出增长所占的份额 $\frac{af}{y}$，或者技术进步所占的份额 $\frac{a}{a+f}$，综合要素增长所占的份额 $\frac{f}{a+f}$。所以，技术进步是经济增长的重要构成因素，而且可以具体地加以计量。除此以外，还可以通过科学的方法计算出综合经济效益指数来间接反映技术进步在经济增长中的贡献大小。总之，合理的经济增长速度应当使技术进步在经济增长中所占的比重不断提高，而且也只有如此，才能使宏观经济效益水平不断提高。

6. 合理经济增长速度必须是在低通货膨胀率和低待业率下的经济增长速度。

这是因为，现代市场经济是货币经济，货币总量及其变动状况是经济总量及其变动的最终体现。一般来说，只要经济增长速度能够满足上述各项要求，即能够满足应有的不断增长的社会需求，能够满足财政正常运转的要求，能够充分体现现有的物质技术和社会条件，有利于经济结构的合

理化，使技术进步对于经济增长的贡献和宏观经济效益越来越大，它就能从供给和需求两方面同时保证社会总供求的大致平衡，从而就能保证物价总水平的大致稳定或在生产和生活可以承受得住的限度内上涨。但是，当经济增长最终促使物价总水平上涨率突破生产和生活所能承受的范围时，它就是不合理的。

另外，过低的经济增长率必然引发高待业率，从而导致社会动荡。所以，从政治方面考虑，合理速度必须满足一定比例的劳动力就业增长的需要，将待业率降到社会和民众心理所能承受的范围内。

7. 合理经济增长速度必须充分体现经济发展的阶段性。

经济发展的国际经验表明，经济发展是有阶段性的，在不同的经济发展阶段上有不同的经济增长状态。一般来说，当经济处于工业化数量扩张阶段时，经济增长存在着明显的加速趋势，而且由于该阶段的经济结构，特别是产业结构基础还不够雄厚，在我国又加上强劲的行政推动力的作用，因此往往会引致经济增长的剧烈波动。当经济进入持续高速增长阶段时，经济增长将同时依赖于新兴产业部门的数量扩张和结构优化两个方面，增长的势头一般不及工业化数量扩张阶段那样强劲，但却能持续、稳定地高速增长。所以，一般来说，不同的经济发展阶段上就有不同的合理经济增长速度，而没有一个永久不变的合理经济增长速度值。

第二节　合理经济增长速度的影响因素

合理经济增长速度是一种经济总量的增长速度，它既是经济总量的供给、需求以及供求关系变化和运动的结果，又是进一步影响经济总量的供给、需求以及供求关系变化和运动的原因，二者之间是相互影响的。所以，合理经济增长速度的影响因素也就是影响经济总量的供给、需求以及供求关系的因素。这些因素在很大程度上都与前述合理经济增长速度的客观标准有对应关系，具体来说包括：

一　自然资源的数量与开发利用

自然资源的数量多寡和质量优劣对于经济增长的影响是显著的。自然资源丰富，意味着可资利用的能源、原材料供应充足，可以更多地增加产出；反之，则意味着可资利用的原材料、能源供应不足，这就需要寻求替代资源或利用进口调剂，否则自然资源会成为严重制约经济增长的"瓶颈"。

无论自然资源是否丰富，都有一个有效开发和合理利用的问题。自然资源再有限，但只要开发和利用得当，依然可以取得良好的经济收益和较高的经济增长速度。反之，自然资源再丰富，但若开发条件不具备或开发以后不能有效地利用，则不仅不能取得应有的经济增长速度，还会加大生产成本，降低效益。只有在开发条件已经具备且开发以后又得以有效利用的前提下，丰富的自然资源才会比贫乏的自然资源产生更快的经济增长速度。

二　资本存量的增加和配置

一般来说，自然资源、劳动力和资本是生产的基本投入要素。这里资本是指广义的中间产品，如机器、设备和原材料等。自然条件中，气候因素主要制约农业的生产；自然资源的丰贫会给经济增长造成优、劣势，但并不能对经济增长起决定性的作用；劳动力是一般发展中国家比较充裕的投入要素，也不会成为经济增长的主要约束条件。所以，资本存量的多寡，特别是资本形成的快慢，就成为促进或限制经济增长的基本因素。

一般来说，资本存量的增加意味着积累率的提高，从而导致投资率提高，在投资效率不降低的前提下，就会增加经济产出。反之，如果资本存量减少，则积累率、投资率也要降低，在投资效率不变的前提下，经济总量的产出也要减少。而在投资效率降低的情况下，资本存量增加也不一定会增加经济产出，特别是当投资效率降低到一定程度以后，资本存量即使大幅度增加也难以增加经济产出；至于在投资效率和资本存量均减少的情况下，经济产出的降低则更是无疑的。当然，也有这样的情况，即资本存量减少，但投资效率大幅度提高，从而使经济产出增加。但这往往是就某个局部或某个时期而言的。从总体的、长远的观点看，资本的增加对经济增长的作用是肯定的。

在资本存量的增加与否和增加的幅度一定的情况下，资本的配置状况就成为决定经济增长的因素。所谓资本的配置状况是指资本在固定资本与流动资本之间、基础产业与一般加工工业之间、三次产业之间、各生产部门之间、城乡之间以及地区之间的分布情况。资本配置合理，意味着有限的资本存量由于资本在各个形态、产业、地区和生产单位之间保持了科学的比例关系而得以充分利用，获得了较高的投入产出比例和较高的经济增长速度。反之，若资本配置不合理，如在各个形态、产业（部门）、地区和生产单位之间产生短缺和积压并存的问题，则资本的利用就必然是低效的，就不可能获取较高的投入产出比例和较高的经济增长水平。

在投资效率不变甚至提高的前提下增加资本存量，同时又能合理地配置资本，提高资本利用效率，这将使经济增长速度得以最大幅度的提高。

三　劳动力数量的增长和质量的提高

劳动力数量的增长主要依赖于劳动力资源总量的增长，这通常是指达到法定就业年龄的劳动人口的增加。在其他资源总量、技术进步水平以及劳动力质量不变的前提下，劳动力数量的增长会引起经济总量如国民收入的不同幅度的增长：当劳动要素的边际报酬递增时，劳动数量的增加会引起国民收入按递增幅度增长；当劳动要素的边际报酬递减时，劳动数量的增加会引起国民收入按递减幅度增长；当劳动要素的边际报酬不变时，劳动数量的增加会使得国民收入按不变的幅度增长。

单纯劳动数量的增长对经济增长的作用是有限的，而劳动力质量的提高则可以突破这一限制。劳动力质量的提高包括劳动者工作态度的改善、工作技能的提高、劳动者产业结构和文化素质结构的合理化。一般来说，在其他条件不变的情况下，当由于精神和物质的种种激励而使劳动者工作态度得以改善；或通过各种形式的职业培训和技术培训而使劳动者的技能水平提高；或由于劳动力在产业之间重新配置，从而优化了整个劳动者产业结构，如劳动力从过剩产业向新兴产业、高效产业转移而使全社会劳动生产率提高；或由于"体力型"、"文化型"、"科技型"劳动者比例协调，即劳动者的文化素质结构合理，从而使全社会的劳动生产率提高时，则经济产出就会增长。

四　技术进步

这里的技术进步是指广义的技术进步，即不仅包括生产经营全过程以及经济发展诸方面的各种技术、方法、工艺的进步或现代化，而且包括生产经营管理水平的提高和管理方法的更新。技术进步可以突破自然资源、资本和劳动对于经济增长的界限，它是促进经济增长的长远的、根本性的途径。一般来说，通过开采设备、方法和工艺的技术进步，可以充分地开发既有的自然资源；通过冶炼、加工和制造设备、方法和工艺方面的技术进步，可以节约使用自然资源；通过发明新的能源、原材料的加工、制造或生产工艺、设备和方法，可以以替代能源和原材料来消除由于不可再生性资源的日渐短缺给经济增长带来的障碍；通过生产设备和原材料的更新改造，能够提高资本的质量，使得同样数量的资本能带来更多的产出；通过提高折旧率，可以加速固定资本的折旧过程，以求扩大资本重置投资规模，提高资本质量，从而迅速地增加资本的产出；通过操作方法、手段和工艺的改进，可以使劳动者的生理器官得以无形延伸，涉足更加广阔的劳动领域，使生产向更广阔的领域扩展；通过劳动技能的提高，可以使劳动生产率提高，节约劳动的使用，增加投入产出的比值。所以，技术进步对于经济增长的促进作用是十分显著的。

在经济增长理论中先后出现过马尔萨斯（Thomas Robert Malthus）的"土地报酬递减规律"和罗马俱乐部麦多斯（D. H. Meadows）等的"增长极限论"，都对经济增长持悲观态度，认为经济增长存在着极限。形成这种经济增长悲观理论的主要原因，就在于持悲观论者低估了技术进步对于经济增长的巨大促进作用。其实，技术进步不仅可以突破自然资源、资本、劳动等投入要素对经济增长的界限，而且可以把污染、人口增长等对经济增长的限制降低到足够小的程度，甚至还可以通过增加社会福利的数量和质量，优化人们的心理环境，把所谓人的精神危机减缓到最低限度。所以，经济增长悲观论是难以成立的，至少在未来的几个世纪是这样。

五 气候条件

气候条件对于农业生产的影响是显著的，从而影响到经济增长。气候变化影响日照、雨量和气流，导致不同程度的旱、涝、风、虫等灾害，使得农业生产丰歉轮回。而农业增长又直接影响轻工业生产，间接影响重工业、商业及建筑业等的发展，从而构成影响整个经济增长的重要因素。特别是在我国和山东省现阶段经济增长中，农业的贡献度和弹性值都是比较高的，因此气候变化对于农业生产，从而对于整个经济增长的影响是不容忽视的。

六　消费需求总量和结构

积累对国民收入影响的乘数原理告诉我们，积累对于国民收入的影响实际上分为两部分：一部分是积累对于国民收入的直接影响；另一部分是积累对于国民收入的间接影响。后者是指积累首先影响消费，进而影响国民收入。就是说，消费总量的增减或边际消费倾向的变化，必然引起国民收入的增减变化。于是，就存在着以下三种消费需求总量与经济增长的关系状态：一是消费需求合理或适度，经济合理增长；二是消费需求过旺，推动总需求的超前增长，结果拉动整个经济"过热"增长；三是消费需求不足，导致总需求疲软，结果使经济坠入增长的"低谷"。

消费结构变化对于经济增长的影响有两方面：一是当消费结构发生升级变化，而供给结构的变化相对滞后，从而使消费结构与供给结构出现"错位"时，常常会出现有效供给不足的问题。这时一些产品卖不出去而过剩；另一些产品供不应求而短缺，积压与短缺并存，这时经济增长的速度就会放慢甚至大幅度跌落。二是消费结构发生升级变化以后，会给供给结构的调整提供合理化的方向和有利时机，如果调整措施得当和时机捕捉得及时，则经济在经过短暂的低速增长以后很快就会恢复高速增长的势头，而且可能会更加持续、稳定、协调地高速增长。

七　市场的开发、培育和利用

现代经济增长是充分发挥市场机制对于资源配置和利用的积极调节作用的经济增长。通过市场的开发、培育和利用，扩大投资和消费需求，导向生产和供给，从而影响经济增长，这一点对于任何社会制度、任何经济发展阶段的经济增长都是相同的。尤其是对于处于工业化数量扩张阶段的发展中国家和地区来说，通过市场开发、培育和利用来促进经济的增长，常常会收到明显的加速效果。所以，一旦在市场的开发、培育和利用上真正地下了功夫，则市场机制很快就能够按照效益法则对既有的资源重新配置，使得各种资源得以充分利用，从而明显地加快经济增长的速度。随着经济的不断增长和进一步发展，社会总供给与总需求的关系将经常地表现为大致平衡的状态，这时市场机制对于资源配置和利用的积极调节作用将能够发挥得更加充分。因此，必须加快建立社会主义市场经济体制，进一步培育和完善市场体系，使市场机制在资源的配置和利用上起基础性的调节作用。

八 经济政策、发展战略和规划

一般来说，建立在科学预测、决策基础上的经济政策、发展战略和规划应当包括产业发展的方向或重点、经济增长与发展目标、生产力布局以及经济增长与发展的时序安排、经济增长与发展的保证措施选择等内容。所以，经济政策、发展战略和规划一经贯彻落实，就必然会对经济增长的速度、稳定性和分部门状况等产生重大作用。特别是在我国以往的经济增长与发展过程中，经济政策、发展战略和规划通过高度集中的经济管理体制加以贯彻落实，带有非常浓厚的行政指令性色彩，所以更是强有力地影响着经济的增长和发展。在这种情况下，经济增长速度常常超越既有的物质技术基础和结构基础所能够支撑的限度，而在很大程度上反映着行政领导的主观意愿。常常是，每个五年计划实施的开始，都是新一轮经济扩张的开始。这一扩张一旦使经济增长达到"过热"的状态时，便被接踵而至的紧缩、调整政策所抑制。经济增长速度在紧缩、调整之后便向着"低谷"下滑，直到新的五年计划开始实施引致新一轮经济扩张，再向"高峰"回升。如此循环往复，使经济增长周期与计划周期产生大致相同的波动，即每5年左右1次的周期性波动。也有人把以往我国的经济增长波动周期称为调整周期。

九 经济增长理论的选择

现实的经济增长都是在一定的理论指导下进行的。经济增长理论有什么样的选择，经济增长就会有什么样的类型。如果选择所谓"平衡增长理论"，则必然对国民经济各产业、各部门全面平衡地投资，而且更多地依赖于高度集中的经济管理体制，使各个经济部门平衡地增长以求所谓"规模经济"。对于发展中国家和地区来说，在工业化初期选择这一"平衡增长理论"的结果，常常是促使经济"过热"增长，加剧资源、技术和管理要素短缺的程度乃至形成所谓增长的"瓶颈"。如果选择所谓"不平衡增长理论"，则将把有限的资源、技术和管理要素集中投入某些重点的、主导的或支柱的产业部门，而不是不分主次地投入到所有部门，以使投资得到有效的利用。确定重点、主导或支柱产业部门的标准主要有："联系效应标准"，主张首先加快具有最大前瞻、后顾和旁侧联系效应的产业部门的增长；"收入弹性标准"，主张首先加快具有最大需求收入弹性的部门的增长；"生产率上升基准"，主张首先加快全要素生产率或综合要素生产率上升率高的部门的增长。对于发展中国家和地区来说，经常存在着各种资源稀缺的问题，相对"平衡增长理论"而言，"不平衡增长理论"更具有现实可能性，因而更具有吸引力。但是，选择"不平衡增长理论"常常低估产业部门间不平衡增长可能造成的不良后果，高估发展中国家和地区市场机制的作用，忽视其市场残缺不全、价格反应不灵敏的问题，最终可能导致部门结构的严重失衡，促使垄断部门的形成，等等，这些都是在选择决策中应当权衡、注意的问题。

十 人文社会环境

所谓人文社会环境是指由一切非经济因素所构成的人文社会环境，包括政治环境、文化环境、公众心理、人们的价值取向和社会舆论，等等。一般来说，国内和国际政治局势安宁，经济就具备了持续、稳定、高速发展的最基础的条件；当公众的消费、储蓄心理正常，消费倾向、储蓄倾向适度时，会引起经济的合理或适度增长；当人们的价值观念趋向于创新和改革时，就会加速旧的经济管理体制和发展模式的转轨，从而释放出更大的经济增长能量，使经济增长迈上一个新的台阶；当社会舆论给予企业以及整个国民经济的决策组织者以更多的肯定，对改革和发展加以导向宣传时，将有助于国民经济计划和经济改革的顺利实施，从而推动经济增长。所以，人文社会环境也是经济能否合理增长的重要影响因素。

权衡以上诸项，其决定性的影响因素从近期看主要是资本的存量和配置以及技术进步；而从长远看，则还要加上消费需求总量结构以及政策、战略和规划。市场的开发和利用也很重要，但似乎可以包含于政策、战略的实施中。

第三章　山东经济增长速度合理状态的经验分析

第一节　经济增长速度及其条件、基础和经济发展阶段

一　速度与经济增长的条件和基础

山东省经济增长的条件和基础的优势有：①自然条件良好；②地下矿藏种类繁多、储量丰富、分布广泛；③拥有占全国 1/6 的海岸线，十分有利于对外开放；④地理位置适中，交通方便；⑤文化历史悠久，旅游资源丰富；⑥劳动力资源量多、价廉；⑦人民具有勤劳、朴实和勇敢的传统，改革开放以来，这种传统与效率、效益、竞争和价值等一系列现代文明观念对接和融合，形成有利于经济增长和发展的人文社会条件或环境。其劣势有：①人口压力大；②土地资源少；③淡水资源比较贫乏；④劳动力文化素质低，高科技人力资本稀缺；⑤劳动就业压力大；⑥工业化的结构基础薄弱；⑦科技进步水平较低；⑧市场经济意识等现代观念落后于南方诸省。

上述经济增长的优、劣势因素在其对于经济增长状态影响的时效性上是有明显差异的。一般来说，大部分自然条件和人文社会条件都是影响经济增长的慢变量，在增长模型中常常可以视为常量或外生变量；而交通、劳动力资源、工业化的结构基础等相对来说变化较快，从而对于经济增长的影响变化也较快。随着经济的增长与发展，特别是随着经济模式由封闭型转变为开放型，其中一些消极因素将不复存在，有的甚至转化为积极因素。随着开放度的提高，山东经济逐步进入国际、国内两大市场，由此使经济增长影响因素的作用发生很大变化。例如，进口调剂使自然资源的限

制作用逐步减小。实际上，在开放型市场经济中，资源并不是经济发展的绝对优势，处理不好，丰富的自然资源在一定程度上会限制市场经济和社会的发展。近几年经济"起飞"较快的国家大都是资源贫乏而外向型经济发达的中小国家这一事实，就印证了这一点。再如，大规模利用外资不仅会缓和资本存量的短缺，而且迫使提高资金利用效率。随着国际市场的开发和利用，消费需求总量和结构也会发生很大变化。随着开放步伐的加快，必将加快技术进步包括管理现代化水平的提高，加速整个社会经济意识的市场化，等等。由此可见，影响山东经济增长的优势因素较多，而且将长期存在；劣势因素却不断减少，有的甚至可以转化为优势因素。因此，山东经济增长的总态势应该是，经济增长的总体水平高于全国，强劲的增长势头将保持较长一段时间，潜力较大。但由于工业化结构基础在较长时期内都是经济增长的劣势因素，加之改革前传统体制和政策力量比较强，所以山东经济增长的波动形态比较剧烈。近几年，新的经济体制和机制迅速成长，加之山东经济体系完整，供需市场潜力巨大，也就是说吸纳波动的"减震"条件较好，因此经济波动已经逐渐趋于平缓。山东1952～1995年经济增长的速度状态，恰与上述根据其经济增长的优、劣势所作出的推断相吻合。

二 速度与经济发展阶段

如前所述，从工业化结构基础来看，山东的经济尚处于工业化数量扩张阶段，经济增长常常可以出现短暂的高速阶段，而且存在着明显的加速趋势，但经济增长的波动程度在80年代中期以前却是比较剧烈的。同时，由于在工业化结构基础比较低的前提下，经济增长的行政推动力量却比较强劲，因而使波动的剧烈程度在80年代中期以前高于全国、上海、江苏和浙江。相应地，就经济增长速度的分部门状况而言，山东的工业国民收入增长对于国民收入增长的贡献或第二产业增加值的增长对于国内生产总值增长的贡献均趋于增长，但这一贡献份额山东与全国、上海、江苏和广东相比却比较低。这一较低状态不仅表现于1952～1995年经济发展的长时间区间内，而且在近十几年内仍无根本改变。所以，山东的经济增长速度状态比较充分地体现了其所处的经济发展阶段。

第二节　经济增长速度对社会需求和财政运转的满足程度

一　速度对社会需求的满足程度

1. 对投资需求的满足程度。从总体上看，40多年来山东经济增长的速度满足了很高程度的投资需求，如表3—1所示。

经济发展的国际经验表明，发展中国家和地区要摆脱传统的农业社会，开始工业化或实现初始的经济发展，投资率或资本积累率必须达到足够高的水平。这一水平在罗斯托看来是10%以上，而在诺贝尔经济学奖得主刘易斯（W. A. Lewis）看来则是12% ~ 15%以上。当然，投资率或资本积累率又不能过高，这是因为，投资率或资本积累率的变化在经济发展初期是随着人均收入的提高而提高的，一般来说，在高位中等收入水平达到顶点，然后下降形成一个山形。按照国际经验，人均国民生产总值在400美元左右时，积累率一般都在20%以下。

由表3—1可见，1952 ~ 1995年山东国民收入积累率在绝大多数年份都在20%以上，1984年以来一直在30%以上，1988年以后高达40%以上，总起来说，其水平之高不仅在国际上处于同样经济发展阶段的国家和地区中领先，而且在各种收入水平的国家和地区中也是鲜见的。尤其是1984年以后，山东国民收入积累率一直高于全国水平，与上海、江苏和浙江的差距甚微。联系到山东的工业化结构基础尚比较薄弱和人均国民生产总值水平低于上海、江苏、浙江和广东，在全国仅居第10位的事实，就不能不认为山东的高积累率基本是强行积累的结果。历史证明，强行积累，一方面可以集中资金，在短时期办几件大事，促使经济发展产生飞跃，维持较高的发展速度，因此有其积极作用和客观必然性。另一方面也往往导致，要么以积累挤消费，把消费率降到极限水平；要么出现国民收入超分配，这时或是挖了库存，或是出现能源、基础设施和原材料等投入要素的短缺，或是通过物价上涨使总供需相适应；要么带来进口或流入激增，而减少外汇或资金储备。显然，上述这三种结果都将制约积累、投资水平的进一步提高，更为经常的是不得不使积累、投资水平大幅度降低。于是，经济增长就在上述这种由强行积累所引致的投资由扩张到收缩，复又由收缩到扩张的循环中大起大落、剧烈波动。表3—1中1958 ~ 1962年

表3—1　山东的投资需求状态及其与全国、华东其他主要省（市）的比较　（%）

年度	积累率					积累增长速度					生产性积累增长速度					固定资产投资增长速度				
	山东	全国	上海	江苏	浙江	山东	全国	上海	江苏	浙江	山东	全国	上海	江苏	浙江	山东	全国	上海	江苏	浙江
1952	14.3	21.4	25.6	16.9	8.8	59.3					91.3					103.8				
1953	16.5	23.1	16.6	18.2	10.5	24.3	29.2	-30.5	14.4	31.0	8.4	25.7	-70.3	29.2	9.8	73.4				
1954	21.9	25.5	18.4	16.6	10.3	53.4	16.4	9.7	-8.7	1.7	37.7	18.1	155.9	-8.8	6.5	-2.5	12.1			
1955	23.0	22.9	20.1	20.8	8.4	12.2	-5.1	6.1	40.5	-13.	31.3	-3.1	-6.7	40.5	2.3	-10.4	2.5			
1956	21.9	24.4	23.8	21.1	10.0	3.3	17.3	-89.6	4.1	27.4	27.3	62.1	-8.1	4.1	66.4	110.2	52.8			
1957	22.0	24.9	34.6	20.2	16.9	-5.2	7.4	22.6	0.1	89.3	-14.6	-11.0	4.59	0.1	38.6	-5.4	-6.0			
1958	26.1	33.9	44.2	25.9	31.8	41.8	62.7	58.2	64.2	130.3	47.4	127.7	52.8	89.0	160.8	170.1	84.5			
1959	31.8	43.8	54.9	33.2	36.3	22.4	47.2	67.0	28.9	23.2	39.9	55.4	58.6	28.9	24.6	14.8	31.9			
1960	29.8	39.6	50.8	32.1	30.8	-11.4	-10.2	-12.8	8.2	-18.7	-11.3	6.2	-3.2	8.2	3.6	22.5	13.2			
1961	15.5	19.3	22.9	16.0	11.9	-53.8	-61.1	-71.4	-61.3	69.0	-61.9	-68.6	-72.7	-61.3	-72.3	-62.5				
1962	10.0	10.4	-18.6	8.3	8.4	-36.0	-49.2		-52.3	-23.3	-18.6	-58.8		-52.3	-78.4	-20.7	-44.1			
1963	13.3	17.5	23.4	17.1	13.1	39.1	84.8		137.5	70.4	-6.9	85.7		126.6	279.3	81.3	33.7			
1964	15.1	22.2	29.6	21.9	15.2	17.0	43.7	47.6	60.6	23.7	29.8	36.8	-2.5	60.7	33.3	9.9	42.2			
1965	22.6	27.1	12.4	23.8	17.0	82.0	38.8	-64.9	8.3	20.5	111.0	61.3	-81.0	8.3	20.9	-5.6	30.7			
1966	25.0	30.6	37.4	27.6		23.5	28.8	348.1	35.5		26.2	25.6	646.4	35.6		30.4	17.5			
1967	22.3	21.3	10.4	17.1		-12.0	-36.3	-80.5	-45.0		-9.5	-22.8	-82.8	-45.1		-22.5	-26.3			
1968	21.3	21.2	36.3	17.2		-4.5	-2.0	377.8	8.4		-10.8	-6.4	239.0	8.3		-11.2	-19.3			
1969	25.0	23.2	10.6	19.4		33.1	19.8	-78.1	16.2	36.6	16.2	-82.3	16.2		22.0	62.9				
1970	25.6	32.9	28.3	30.5		11.0	73.1	221.4	89.8		14.4	63.2	1228.2	89.9		46.4	49.1			
1971	26.3	34.1	37.2	31.7		4.7	10.7	57.7	20.3		1.6	17.3	-7.9	28.8		33.6	13.4			
1972	25.5	31.6	45.1	28.9		4.5	-5.3	43.9	-3.5		5.5	-2.1	33.1	19.8		11.7	-1.1			

续表

年度	积累率					积累增长速度					生产性积累增长速度					固定资产投资增长速度				
	山东	全国	上海	江苏	浙江	山东	全国	上海	江苏	浙江	山东	全国	上海	江苏	浙江	山东	全国	上海	江苏	浙江
1973	28.1	32.9	44.2	30.5		27.0	14.4	4.7	17.8		19.1	7.1	-22.5	17.8		16.9	6.1			
1974	19.0	32.3	45.2	29.9		-39.7	0.0	10.5	-2.1		-33.8	2.4	47.9	-2.1		-19.8	5.7			
1975	28.3	33.9	41.0	31.6	21.1	84.2	12.0	-9.7	13.7		86.3	8.9	23.7	13.7		46.6	17.6			
1976	28.3	30.9	30.8	30.0	20.1	8.1	-9.9	-32.8	2.7	-1.0	8.5	-2.6	-30.3	1.3	6.2	-1.6	-3.9			
1977	29.2	32.3	30.4	31.0	26.8	17.8	11.2	-0.8	5.9	52.3	26.6	40.3	-52.4	-0.3	54.1	-9.2	4.6			
1978	29.6	36.5	41.0	34.6	30.2	15.1	30.6	74.5	38.5	42.1	2.3	-6.1	170.0	33.2	51.4	61.0	22.0			
1979	27.3	34.6	32.8	32.4	27.8	0.4	6.8	-15.4	12.2	16.6	-23.7	-4.7	-13.8	2.4	9.9	8.0	4.6	34.6	23.3	6.4
1980	26.9	31.5	42.0	31.6	31.2	18.5	0.3	64.4	4.7	30.5	23.3	-18.7	64.0	-1.1	29.5	13.3	6.7	25.5	24.0	22.5
1981	25.1	28.3	43.8	29.2	30.3	0.8	-5.1	16.0	1.1	4.9	-20.0	-18.4	8.0	8.0	-29.0	-17.3	-10.1	11.7	-17.6	-5.4
1982	26.4	28.8	47.6	27.1	32.3	29.0	11.8	19.8	5.3	25.3	64.3	10.8	-0.3	2.9	33.3	46.1	26.6	36.9	36.4	37.1
1983	27.3	29.7	37.4	31.3	30.9	14.1	15.0	-27.6	32.1	0.7	8.2	30.0	-4.8	-8.5	14.8	13.5	12.6	5.5	31.5	2.6
1984	32.2	31.5	45.6	34.8	35.8	38.2	26.4	51.3	38.7	51.1	72.0	41.6	66.0	65.3	63.0	36.6	24.5	16.6	15.1	28.3
1985	36.8	35.0	54.2	38.2	41.2	38.9	46.3	101.9	36.4	55.7	19.2	55.3	41.1	50.0	68.1	49.7	41.8	26.5	49.4	44.8
1986	36.1	34.7	54.2	39.9	41.0	8.7	12.0	19.1	22.5	18.7	14.0	15.1	20.3	16.6	12.9	21.4	17.7	27.7	25.5	28.8
1987	39.6	34.1	52.0	42.7	43.3	36.2	12.0	2.0	27.3	28.2	49.3	13.8	-7.4	25.2	17.1	27.6	16.1	26.1	27.2	16.9
1988	41.7	34.5	54.7	41.6	41.6	36.7	28.3	43.3	23.6	22.3	37.7	26.7	71.4	22.0	21.6	23.5	20.2	28.6	19.9	17.3
1989	42.3	34.4	50.9	40.4	39.4	15.1	10.5	-3.9	5.6	0.0	12.4	15.4	-10.3	5.5	-13.5	-15.6	-8.2	-10.0	-19.4	-4.2
1990	41.3	32.8	45.6	41.0	32.6	7.6	2.8	-15.1	10.5	-19.0	9.5	-2.5	-8.6	0.7	-12.7	14.3	15.1	7.5	8.6	19.6
1991	40.4	32.0	41.2	41.4	36.9	12.4	8.9	0.6	11.9	54.3		8.0				26.2	24.3	8.2	27.6	22.5

注：均按当年价格计算；诸增长速度均系环比；固定资产投资增长速度系全民单位的。

资料来源：《中国统计年鉴（1991）》，第40、41、144、145页；《中国统计年鉴（1992）》，第40、41、146、147页；《全国各省、自治区、直辖市历史统计资料汇编（1949—1989）》，第7、21、314、330、346、362、378、394、497、512页；中国统计出版社。

和 1986～1988 年的情况都说明了这一点。当然，再进一步深入分析，1988 年以来山东的高积累率和高投资率又是与利用外资的大规模增加相联系的，因此有其特殊性和阶段性。

2. 对消费需求的满足程度。我们以国民收入中的消费额加非生产性积累与社会总产品（值）的比率，即所谓社会产品中消费资料占有率或社会产品最终使用率，来具体度量一定的经济增长速度所满足的消费需求的程度。

40 多年来山东的消费需求满足状态明显地分为两个不同性质的发展阶段（见表 3—2）：消费水平的增长，1978 年以前十分缓慢，许多年份都低于国民收入乃至社会总产值的增长速度；1978 年以后明显加快，在多数年份都快于国民收入的增长。但是，80 年代后期当社会产品中消费资料年增长速度已大大超过了同期的国民收入和社会总产值的增长速度时，就不能不承认消费膨胀问题的现实存在。实际上，虽然在多数年份都保持了偏高的积累率，但由于同时又都保持了偏高的非生产性积累增长速度，所以消费膨胀的现象依然存在。

一般地说，随着工业化的推进，社会产品中消费资料占用率水平存在着一个由高到低的发展阶段。表 3—2 所列情况正是如此。经济总量指标及其人均水平都较高的上海、江苏的社会产品中消费资料占用率一直较低，而山东在 1984 年以后明显低于全国，1987 年以后又低于浙江，这一点与经济增长速度的变化也是相应的。

二　速度对财政运转的满足程度

由于受中央与地方财政体制变化的影响，财政收支的年度变化往往没有可比性，省市之间的财政收支状况也不宜简单比较，特别是山东的石油化工、烟草、电力、煤炭等部门创造的财政收入陆续划归中央，地方财政收支的发展变化更难以分析。但为了回答经济增长速度对于财政运转的满足程度这一问题，我们只能从现有材料出发，主要从财政收入和支出的年增长速度以及财政收支差额三项指标，大致地考察一下财政运转状态。

表3—2　山东的消费需求满足状态及其与全国、华东其他主要省（市）的比较　　　　　　　　（%）

年度	社会产品中消费资料占用率					社会产品中消费资料增长速度					非生产性积累增长速度				
	山东	全国	上海	江苏	浙江	山东	全国	上海	江苏	浙江	山东	全国	上海	江苏	浙江
1952	50.0	53.3	29.0	45.2	55.6	17.9	19.0	16.7	3.3	9.4	13.3				
1953	51.3	51.9	24.6	411	53.1	7.8	19.0	16.7	1.6	3.9	63.0	32.8	−0.5	−18.8	63.9
1954	51.1	49.6	22.1	40.6	52.0	12.9	3.6	−6.1	7.7	6.7	78.8	14.1	−23.3	−8.4	−3.4
1955	49.9	50.3	22.5	40.9	52.9	3.8	6.7	−0.2	2.8	3.0	−11.7	−7.2	15.8	40.5	−31.6
1956	46.9	44.8	16.3	398	47.9	5.0	3.1	−12.6	5.4	30.3	−41.2	−30.0		3.8	−39.7
1957	46.5	49.7	20.0	39.1	46.4	−4.0	2.7	0.5	16.5	−10.1	32.7	52.4		0.0	329.8
1958	37.8	37.7	15.9	31.4	35.9	14.2	0.9	13.1	−8.2	−30.3	27.1	−30.2	78.9	−24.1	83.7
1959	28.8	31.0	14.0	24.8	31.5	−9.2	−0.2	22.2	3.3	−7.0	−15.0	94.6	29.0	20.2	
1960	29.2	29.0	11.2	27.3	28.8	−3.1	−1.6	−7.5	13.4	−1.3	−12.2	7.5	−38.5	8.0	−68.8
1961	46.3	43.5	15.4	36.0	36.9	6.4	10.8	−11.6	−6.2	−78.0	−4.7	33.6	−66.1	−661.4	−72.7
1962	48.4	49.2	16.238.3	43.6	1.3	2.9	−13.6	−0.5	18.7	1.3	−14.3		−52.6	407.9	
1963	49.0	47.6	14.6	37.7	1.4	5.9	5.1	−1.5	6.2	4.1	452.8	83.3		235.1	−23.8
1964	44.9	45.2	15.4	36.8	38.6	0.6	10.1	23.7	18.9	6.1	−2.4	56.1	11.3	60.5	2.0
1965	41.0	40.4	13.9	30.1	37.6	11.3	6.3	4.3	−2.3		23.8	−33.9	82.3	8.0	19.3
1966	38.0	39.6	14.3	28.8		8.7	11.2	14.2	12.4		14.1	36.4		35.3	
1967	36.3	42.9	14.3	33.3		0.8	−2.7	−12.4	−1.2		−21.5	−63.0	−75.9	−45.0	
1968	36.4	44.4	16.1	34.8		2.4	−0.3	23.9	7.7		23.0	18.5	579.9	8.8	
1969	37.3	39.7	12.2	31.1		8.9	7.7	−14.4	1.2		22.3	32.8	−73.5	16.1	
1970	32.0	37.7	9.1	27.3		7.0	62.1	−19.3	6.6		−0.8	104.7		89.6	
1971	29.8	35.4	11.5	25.4		1.7	62.1	−19.3	6.6		−0.8	104.7		89.6	
1972	30.6	35.1	12.2	25.9		8.5	3.7	13.1	9.9		1.1	−15.3	72.4	−3.4	

续表

年度	社会产品中消费资料占用率					社会产品中消费资料增长速度					非生产性积累增长速度				
	山东	全国	上海	江苏	浙江	山东	全国	上海	江苏	浙江	山东	全国	上海	江苏	浙江
1973	33.4	35.7	13.6	25.4		14.3	10,6	19.7	9.3		55.8	41.3	60.4	17.6	
1974	39.2	35.7	12.5		-5.1	1.5	-3.2	0.7		-56.4	-6.7	-26.7	-2.0		
1975	31.6	34.2	10.6	24.5	37.9	12.4	-6.4	-10.8	5.1	39	75.3	21.4	-76.5	13.6	
1976	30.1	33.7	10.6	25.1	37.8	80	-0.6	1.2	9.3	7.9	6.4	-29.9	59.2	19.2	-12.7
1977	29.8	33.0	12.0	23.7	34.7	10.8	8.3	22.3	5.4	20.6	-23.1	56.1	930.8	65.1	48.7
1978	31.6	32.1	11.3	24.6	33.6	17.0	10.6	16.9	20.5	31.0	113.0	26.4	-4.9	69.6	23.1
1979	32.3	34.2	11.8	26.3	35.3	19.0	19.1	19.7	26.9	13.5	89.0	36.3	-19.1	56.8	33.5
1980	34.1	35.9	12.8	25.4	33.8	19.5	17.2	17.6	9.8	35.0	11.3	27.1	65.4	21.8	32.5
1981	34.7	37.3	26.0	35.3	13.6	10.7	12.3	10.0	17.7	149	10.9	35.8	-15.7	73.4	18.8
1982	36.3	37.3	15.4	27.5	35.7	16.9	9.7	14.7	16.7	3.5	-5.2	12.6	59.7	12.9	87.6
1983	35.2	36.2	13.3	28.8	33.2	10.6	8.5	-9.2	19.7	24.0	23.9	2.0	-56.0	146.8	36.6
1984	30.8	35.3	14.0	27.4	32.1	6.5	15.2	16.6	17.1	26.3	-11.5	9.6	11.9	10.9	37.9
1985	30.9	35.4	20.1	24.7	29.3	22.7	26.3	73.8	17.3	21.7	95.3	33.5	343.8	15.2	28.8
1986	30.1	34.7	21.2	24.2	29.7	9.7	12.6	17.7	17.4	22.7	-0.5	7.0	17.6	34.4	45.5
1987	78.1	32.7	20.7	22.4	29.2	16.0	14.0	13.0	17.2	29.1	9.9	8.9	14.2	31.1	23.2
1988	76.8	32.0	21.1	21.7	28.7	28.7	26.7	23.7	28.5	11.3	39.1	31.3	13.9	26.3	16.7
1989	24.1	30.9	20.4	21.2	28.2	10.4	10.5	10.0	10.1	0.8	6.8	9.3	6.3	5.7	-24.6
1990	24.0	30.0	18.1	21.1	26.6	11.5	18.9	-3.9	-31.8		13.8	11.0	-23.8	15.0	
1991	2.0	29.6	17.9	40.6	23.9	12.6	12.6						10.4		

注：均按当年价格计算，增长速度均系环比。

资料来源：《全国各省、自治区、直辖市历史统计资料汇编（1949～1989）》，第7、314、346、378、497页；《中国统计年鉴（1991）》，第40、41页；《中国统计年鉴（1992）》，第40、41页；中国统计出版社。

40 余年来，山东的财政一直处于"紧运行"的状态，主要表现在：

1. 财政收入与国民收入增长的同步性较差，1979 年以来尤其如此。将表 3—3 与表 1—5、表 1—9 比较可见，1953 ~ 1995 年中山东财政收入年增长速度等于或大于国民收入年均增长速度的年份只有 18 个，1979 ~ 1995 年中这样的年份只有 5 个。经济发展的国际经验表明，对于一个国家来说，财政收入与经济增长一般是同步的，而且还往往表现为财政收入的增长快于经济增长。山东的状况却与此相悖。

2. 财政支出的增长快于财政收入的增长，1979 年以来更加明显。由表 3—3 可见，1953 ~ 1955 年，山东的财政支出增长速度大于收入增长速度的年份为 22 个；1979 ~ 1995 年中这样的年份为 9 个。

3. 支大于收的年份较多，有些年份出现赤字。

上述状况虽然在一定程度上符合经济发展的一般规律，即随着经济的不断增长和经济实力的日益增强，为了满足经济发展的需要，可以有一定的财政赤字。然而，山东在综合经济实力尚不及上海、江苏的情况下，却比这两个省（市）支大于收的年份多，虽然其中有不可比因素，但也不能不令人感到山东财政的拮据。究其原因，当然主要是因为高速度需要高投资，因此用于经济建设方面的支出持续猛增。而与此同时，企业的经济效益状况一直较差，在财政收入主要来源于各项税收和企业收入的前提下，财政收入增长势必缓慢，这也是山东某些年份出现财政赤字的重要原因。

第三节　经济增长速度与产业结构的合理化状态

评价与衡量产业结构合理化的状态可以从多方面进行，这里拟从产业结构的高级度、均衡度两方面来进行。所谓产业结构的高级度是指从纵向来看的产业结构的演进水平，即产业结构发展在其演进的等级序列中所处的位置；产业结构的均衡度是从横向来看的各个产业之间的协调水平或协调状态。

表3—3　　山东的财政运转状态及其与全国和华东其他主要省（市）的比较

年度	财政收入增长速度（%）						财政支出增长速度（%）						财政收支差额（亿元）					
	山东	全国	上海	江苏	浙江	广东	山东	全国	上海	江苏	浙江	广东	山东	全国	上海	江苏	浙江	广东
1952	9.0						99.4						44.4					
1953	4.6	21.3	-22.0	14.4	5.7		1.3	25.1	-11.0	18.5	29.1		4.75	2.8	0.12	5.28	2.68	
1954	10.8	17.7	36.7	11.4	13.4		4.3	11,9	85.1	15.2	9.2		5.47	16.1	0.38	5.79	3.10	
1955	1.0	3.7	-6.6	-2.3	3.9		-7.7	9.3	-19.7	0.3	1.3		5.82	2.7	0.66	5.58	3.26	
1956	15.5	5.7	20.5	14.0	10.1		51.8	13.5	28.2	41.2	49.0		5.59	-18.3	0.65	5.58	2.98	
1957	4.1	7.9	51.0	4.6	22.0		4.2	-0.5	55.0	17.6	10.3		5.81	6.00	0.87	5.30	3.94	
1958	96.6	25.0	201.7	76.4	83.0		145.3	34.6	230.7	134.8	213,6		9.03	-21.8	1.54	0.55	3.84	
1959	17.3	25.7	510.7	40.0	31.1		31.6	35.1	32.4	27.4	9.9		8.86	-65.8	68.71	10.58	6.75	
1960	6.6	17.5	18.9	5.0	8.1		50.6	18.3	17.2	22.0	37.5		2.45	-81.8	82.01	8.67	4.68	
1961	-37.2	37.8	-41.2	-33.4	-36.4		-43.2	-43.9	-54.0	-50.6	46.6		2.97	-10.9	50.73	8.79	4.23	
1962	-24.3	-11.9	-25.5	-23.7	-3.6		-53.2	-16.8	-56.3	-28.1	-34.8		6.19	8.3	40.5	7.08	6.11	
1963	20.4	9.2	16.6	2.9	6.3		25.3	11.2	27.1	6.4	6.4		7.14	2.7	46.81	7.07	6.49	
1964	2.8	16.7	11.9	25.8	12.4		12.4	17.5	37.6	13.1	5.5		6.58	0.5	51.11	9.74	7.61	
1965	6.0	18.5	8.7	12.5	6.6		6.5	16.9	12.1	6.4	3.1		6.94	7.0	55.31	11.42	8.28	
1966	13.9	18.0	12.6	18.0	6.4		9.1	16.1	-4.6	13.4	10.4		8.36	17.16	3.59	13.84	8.61	
1967	1.5	-24.9	-20.9	-25.6	-22.3		-2.0	-18.4	-17.3	-12.4	17.5		8.85	-22.5	50.05	9.09	6.43	

续表

年度	财政收入增长速度（%）						财政支出增长速度（%）						财政收支差额（亿元）					
	山东	全国	上海	江苏	浙江	广东	山东	全国	上海	江苏	浙江	广东	山东	全国	上海	江苏	浙江	广东
1968	5.4	-13.9	11.4	-4.8	-13.5		12.9	-18.6	-19.4	-22.6	-16.1		11.19	1.5	57.60	10.06	5.68	
1969	-1.2	45.8	36.1	34.3	32.2		28.4	46.2	75.4	39.7	48.7		8.43	0.9	76.52	13.17	6.89	
1970	56.0	25.8	17.6	31.8	23.6		25.0	23.5	52.1	32.1	29.0		16.69	13.5	87.03	17.33	8.21	
1971	32.9	12.3	14.2	19.1	3.4		11.6	12.8	-10.0	10.4		10.4	25.20	12.5	102.54	21.61	7.98	
1972	4.7	2.9	6.2	10.9	12.3		18.7	4.7	-3.4	19.7	14.6		24.15	0.2	109.95	22.87	8.78	
1973	4.4	5.6	7.0	11.6	12.7		3.2	5.6	37.5	9.0	4.5		25.43	0.4	114.18	25.91	10.65	
1974	-40.0	-3.3	2.4	-6.4	-23.5		-1.9	-2.3	43.2	9.7	12.8		7.84	-7.7	110.69	21.62	4.68	
1975	70.6	4.2	2.6	9.9	-13.4		11.3	3.8	20.3	-1.1		-7.2	24.71	-5.3	109.53	25.71	3.39	
1976	8.0	-4.8	-2.2	1.4	2.6		0.8	-1.8	-17.6	5.7	9.8		28.25	-29.6	111.36	25.31	2.76	
1977	12.7	12.6	10.9	17,3	43.1		5.6	4.6	-21.4	6.7	11.7		33,35	31.0	130.51	31.69	7.4	
1978	14.6	28.2	14.6	18.3	39.8		41.1	31.7	42.2	42.4		32.23	10.1	143.121	32.71	10.0	12.43	
1979	-11.1	-1.6	2.1	-3.0	-5.8	-13.1	-0.9	14.7	4.0	13.0	1.8	3.7	25.37	-170.6	145.63	27.22	8.13	6.25
1980	-15.6	-1.6	1.2	5.3	20.3	5.3	-4.9	-4.8	-29.1	-9.7	-2.3	-11.1	18.04	-127.5	155.55	33.50	13.79	11.17
1981	6.4	0.4	-0.2	0.9	103	9.3	-15.1	-8.1	-0.6	-17.8	-1.3	9.0	25.66	-25.4	155.29	39.25	17.22	12.27
1982	-3.7	3.2	-3.6	5.7	6.7	2.7	15.4	3.4	8.5	2.8	10.3	13.1	19.84	-29.3	147.31	41.98	17.76	9.78
1983	2.3	11.1	-6.9	9.7	14.1	4.3	10.1	12.1	8.3	31.1	16.2	11.4	18.00	-43.5	134.00	40,78	19.85	8.01

续表

年度	财政收入增长速度（%）						财政支出增长速度（%）						财政收支差额（亿元）					
	山东	全国	上海	江苏	浙江	广东	山东	全国	上海	江苏	浙江	广东	山东	全国	上海	江苏	浙江	广东
1984	6.3	20.2	4.8	3.1	11.7	6.8	20.3	19.6	35.4	21.2	31.3	24.5	14.62	-44.5	133.64	36.19	17.87	2.52
1985	26.0	24.3	12.4	16.6	24.8	44.9	31.6	19.3	51.9	29.1	29.9	42.6	16.23	21.6	138.16	37.28	20.85	4.62
1986	-8	21.1	-2.6	12.4	17.8	21.9	32.4	26.3	28.2	30.9	363	36.3	-5.79	-70.5	120.38	32.57	17.65	-3.09
1987	17.1	4.8	-5.8	8.6	11.3	16.4	10.7	5.0	-8.9	-2.8	0.5	8.4	-2.43	-79.6	-115.12	39.17	25.12	3.05
1988	13.5	10.9	-18.8	7.8	12.0	12.6	25.1	10.5	22.3	16.2	23.2	28.2	-11.39	-78.6	95.74	36.51	22.42	-10.59
1989	22.1	11.1	3.1	7.4	14.8	30.8	20.8	11.4	11.3	13.8	18.4	22.5	-12.73	-91.3	93.25	34.14	23.44	-4.29
1990	8.1	12.4	-2.3	8.3	3.4	-4.3	13.6	-1.5	10.3	7.3	6.8	-14.74	-139.6	90.51	35.23	21.36	-19.67	
1991	30.1	9.0	1.4	-6.6	7.2	35.4	14.6	10.5	7.2	11.5	5.9	21.1	1.02	-202.7	87.67	14.92	24.01	-5.13
1992	8.4	10.6	5.7	21.4	8.6	25.5	10.3	10.5	10.4	13.9	12.2	20.3	-6	-258.8	90.57	26.45	23.05	3.03
1993	39.5	24.8	30.6	45.3	40.8	55.7	29.3	24.1	36.1	30.2	31.2	50.8	6.04	-293.3	113.08	57.43	41.60	15.29
1994	-30.7	20.0	-27.7	-38.3	25.7	-13.8	16.1	24.8	52.3	22.2	22.4	25.8	-84.11	-574.5	-21.59	-63.55	56.36	-118.13
1995	32.9	19.6	29.6	30.0	18.7	28.0	26.1	26.1	17.8	36.0	26.6	17.8	26.1	-96.87	-581.5	-40.59	-75.85	-68.21

注：均按当年价格计算；均系预算内数据。

资料来源：《全国各省、自治区、直辖市历史统计资料汇编（1949—1989）》，第30、336、368、400、518、636页；《改革开放十七年的中国地区经济》，第137、413、436、459、551、643页；中国统计出版社。

一　产业结构的高级度

根据我国经济学家的研究成果，目前我国按三次产业划分的产业结构在增加值结构方面大约相当于西方发达国家在 19 世纪 20 年代的水平；而在劳动力结构方面大约相当于西方发达国家 19 世纪 70 年代的水平。

1. 产业增加值结构高级度水平随着经济增长速度的提高而有所提高，但提高得比较缓慢。

产业结构演进的一般规律表明：在经济增长和发展过程中，第一、二、三产业比重按由高到低顺序排列，其排序由一、二、三变为二、一、三，最后达到三、二、一。由表 3—4 可见，1978～1990 年山东三次产业增加值的比重变化不大，排序一直为二、一、三，其间第一产业比重反而时有上升，第三产业比重仅略有提高。而与此同时，全国第一产业比重降了 1.8 个百分点，第三产业比重提高 4.2 个百分点；江苏、特别是浙江的第一产业比重明显下降，分别下降了 3.8 个和 13.5 个百分点，第三产业比重明显提高，分别提高了 1.6 个和 7.1 个百分点。如果说 1978 年山东三次产业增加值结构高级度水平与全国和江、浙相似，那么到 1991 年，山东则落后于全国，更不用说江苏和浙江了。这说明山东不仅结构高级度水平低，而且演进速度比较缓慢。"八五"期间，这一状态发生了质的变化，山东的三次产业比重排序由二、一、三转变为二、三、一，第三产业比重终于超过了第一产业比重，但与江、浙、粤相比，山东的第三产业发展仍然较慢。第三产业比重和第一产业比重之差，1995 年山东只有 12.2 个百分点，而江、浙、粤分别高达 29.4 个、16.2 个和 16.0 个百分点。另外，就工农业产值结构这一体现工业化结构基础的主要指标而言，由表 3—5 可见，1952～1995 年山东的工业产值比重上升较快，但与全国、江苏相比，工业产值比重一直较低；1980 年以后也低于浙江。所有这一切是与山东较高的经济增长速度不相称的，速度高而结构水平低、演进缓慢，这从一个侧面说明了这种高速度的质量。

表3—4　　山东国内生产总值结构及其与全国和华东其他主要省（市）比较

（%）

年度	山东			全国			上海			江苏			浙江			广东		
	第一产业	第二产业	第三产业	第一产业	第二产业	第三产业	第一产业	第二产业	第三产业	第一产业	第二产业	第三产业	第一产业	第二产业	第三产业	第一产业	第二产业	第三产业
1978	32.8	50.0	17.2	28.4	48.6	23.0	4.0	77.4	18.6	27.6	52.6	19.8	38.4	43.7	17.9	29.9	46.4	23.7
1980	36.2	47.5	16.3	30.4	49.0	20.6	3.2	75.7	21.1	29.3	52.0	18.7	36.2	47.1	16.7	33.8	41.1	25.1
1985	37.4	44.8	17.8	29.7	45.2	24.8	4.2	69.8	26.0	30.0	51.3	18.7	30.0	48.3	21.7	31.1	40.8	28.1
1990	31.9	47.7	20.4	28.4	43.6	28.0	4.4	64.8	30.8	27.0	52.7	20.3	26.9	48.6	24.5	26.1	39.9	34.0
1995	20.2	47.4	32.4	20.9	49.2	31.6	2.5	57.3	40.2	16.5	52.7	30.9	15.9	52.0	32.1	16.1	51.8	32.1

注：均以当年价格计算；全国为国民生产总值（民）生产总值；以国内（民）生产总值为100。

资料来源：《改革开放十七年的中国地区经济》，中国统计出版社1996年版，第132、408、431、454、546、638页。

表3—5　　　　　　　山东工农业产值结构及其与全国和

华东其他主要省（市）比较　　　　　　　（％）

年度	山东		全国		上海		江苏		浙江		广东	
	农业	工业	农业	工业	农业	工业	农业	工业	农业	工业	农业	工业
1952	66.6	33.4	56.9	43.1	3.9	96.1	55.5	44.5	72.5	27.5	55.2	44.8
1965	41.4	58.6	37.3	62.7	4.4	95.6	39.4	60.6	46.0	54.0	41.3	58.7
1978	25.6	74.4	24.8	75.2	3.4	96.6	23.9	76.1	33.2	66.8	30.0	70.0
1980	32.1	67.9	27.2	72.8	3.1	96.9	22.8	77.2	31.5	68.5	36.1	63.9
1985	32.9	67.1	27.1	72.9	3.5	96.5	21.8	78.2	24.0	76.0	30.9	69.1
1990	22.7	77.3	24.3	75.7	4.0	96.0	17.4	82.6	19.0	81.0	24.0	76.0
1995	17.3	82.7	18.1	81.9	3.2	96.7	11.8	88.2	9.8	90.2	12.9	87.1

注：均按当年价格计算；以工农业总产值为100。

资料来源：《全国各省、自治区、直辖市历史统计资料汇编（1949～1989）》，第10、315、347、379、498、623页；《改革开放十七年的中国地区经济》，第143、145、188、200页；中国统计出版社。

2. 社会劳动者结构的高级度水平随着经济增长速度的提高而不断提高，但同样提高得不快。

表3—6　　　　　　　山东社会劳动者结构及其与

全国、华东其他主要省（市）的比较　　　　　　　（％）

年度	山东			全国			上海			江苏			浙江			广东		
	第一产业	第二产业	第三产业	第一产业	第二产业	第三产业	第一产业	第二产业	第三产业	第一产业	第二产业	第三产业	第一产业	第二产业	第三产业	第一产业	第二产业	第三产业
1978	79.0	12.6	9.4	70.5	17.4	12.1	34.5	44.1	21.4	69.9	19.6	10.5	74.8	17.1	8.1	73.7	13.7	12.6
1980	78.7	12.1	9.3	68.7	18.3	13.0	29.2	48.7	22.1	70.6	19.4	9.1				70.7	17.1	12.2
1985	68.5	19.8	11.7	62.4	20.9	16.7	16.6	57.9	23.5	53.4	32.7	13.9	54.9	31.7	13.4	60.3	22.5	17.2
1990	64.0	22.9	13.2	60.0	21.4	18.6	11.4	60.2	28.4	49.1	33.8	17.1	53.2	29.8	17.0	53.0	27.2	19.8
1995	54.4	25.1	20.5	52.9	23.0	24.1	9.2	51.4	39.3	41.7	33.8	24.6	42.7	31.4	25.9	37.5	28.6	33.9

注：均为年底数；以社会劳动者人数为100。

资料来源：《改革开放十七年的中国地区经济》，中国统计出版社1996年版，第123、159、160、161、162页；《中国统计年鉴（1992）》，第99页。

由表3—6可见，随着经济的发展，山东第一产业社会劳动者比重呈现下降趋势，1978～1995年下降了24.6个百分点；第二、三产业社会劳动者比重则呈上升趋势，分别上升了13.5个和11.1个百分点。但是与全国和江、浙、粤相比，山东第一产业劳动者比重仍位居首位，而第三产业劳动者比重却一直较低。从变化幅度看，1978～1995年全国和江苏第一产业劳动者比重分别下降17.6个和28.8个百分点，而第三产业劳动者比重分别提高12.0和14.1个百分点，广东则提高了21.3个百分点，山东变化最小。从结构排序看，1995年，全国和广东已成为一、三、二的格局，而山东和江、浙仍未改变一、二、三的格局。但山东和江、浙的差距逐步缩小，1990年，山东第一产业劳动者比重比江、浙分别高14.9个和10.8个百分点，第二产业劳动者比重比江、浙分别低10.95个和6.9个百分点；1995年，第一产业的差距缩小至12.7个和11.7个百分点，第二产业的差距缩小至8.7个和6.3个百分点。上述分析充分说明，山东社会劳动者结构的高级度水平虽有明显提高，但提高速度较为缓慢，与同期经济总量增长速度的迅速提高严重不相符。

3. 工业结构的演进水平

工业结构的演进对于工业化过程中产业结构的演进来说，有着决定性的意义，因此，它能在更深层次上揭示产业结构的高级度水平。衡量工业结构演进水平的标志主要有重工业化程度和加工高度化程度两个方面。产业结构演进的一般规律是：随着工业化的进展，轻工业的比重逐步下降，重工业的比重逐步上升，重工业比重逐步超过轻工业，即重工业化程度越来越高；原材料工业与传统工业的比重逐步下降，机械工业与现代工业的比重逐步上升，即高加工度化程度越来越高。

德国经济学家霍夫曼（W. G. Hoffman）曾用消费资料工业的净产值与生产资料工业的净产值之比来划分工业化的四个阶段：第一阶段，霍夫曼比例＝5（±1）；第二阶段，霍夫曼比例＝2.5（±1）；第三阶段，霍夫曼比例＝1（±0.5）；第四阶段，霍夫曼比例＜1。霍夫曼认为，20世纪20年代处在前三个阶段的国家主要是：第一阶段上有巴西、智利、印度等；第二阶段上有日本、荷兰、丹麦、加拿大等；第三阶段上有英国、瑞士、美国、法国等；第四阶段上的国家当时还没有出现。我国由于在50年代全盘接受苏联的生产资料优先增长的经济战略，因此，1958年以后霍夫曼比例就已小于 1，达到了霍夫曼提出的经济发展第四阶段，也就是最高阶段的水平。而且到七八十年代，该比例已与日本相差无几。

由于统计资料的限制，在实际运用中，往往以轻、重工业总产值之比，即所谓 LH 系数来替代霍夫曼比例以反映重工业化程度。由表 3—7 可知，1952 年山东的 LH 系数曾高达 7.96，而当时全国仅为 1.81，二者相差 6.15；进入 70 年代以后，山东与全国的 LH 系数均在 1 上下变化，二者的差距已明显缩小。可见山东的重工业化速度要大大快于全国。1985 年以来其增势也明显比江苏和浙江强劲。由表 3—8 可见，1952 年山东与全国轻、重工业结构的相似系数为 0.93，1978 年以后高达 0.99，近几年甚至为 1。因此，如果说全国的重工业化程度已经达到发达国家 20 世纪七八十年代的水平，则可以肯定山东也基本达到了这一水平。

表 3—7   山东的 LH 系数及其与全国的比较

年度	山东	全国	年度	山东	全国	年度	山东	全国
1952	7.96	1.81	1967	1.96	1.13	1982	1.46	1.01
1953	7.28	1.68	1968	1.79	1.16	1983	1.44	0.94
1954	6.25	1.60	1969	2.20	1.01	1984	1.46	0.90
1955	5.35	1.45	1970	1.38	0.86	1985	1.19	0.89
1956	4.47	1.36	1971	1.14	0.75	1986	1.15	0.91
1957	4.43	1.22	1972	1.08	0.75	1987	1.07	0.93
1958	2.13	0.87	1973	1.07	0.77	1988	1.07	0.97
1959	2.11	0.71	1974	1.25	0.80	1989	1.05	0.96
1960	1.01	0.50	1975	1.04	0.79	1990	1.03	0.98
1961	1.58	0.74	1976	0.95	0.79	1991	1.04	0.96
1962	2.16	0.89	1977	0.95	0.78	1992	0.94	0.80
1963	2.32	0.81	1978	0.95	0.76	1993	0.82	0.68
1964	2.18	0.80	1979	1.00	0.78	1994	0.87	0.75
1965	2.08	1.06	1980	1.17	0.89	1995	0.88	0.79
1966	1.86	0.96	1981	1.45	1.06			

注：LH = 轻工业产值/重工业产值，按当年价格计算。

资料来源：《山东统计年鉴（1992）》，第 23 页；《中国统计年鉴（1992）》，第 57 页；中国统计出版社。

表 3—8 山东轻、重工业结构与全国的相似系数

		山 东						
		1952	1965	1978	1980	1985	1990	1995
全国	1952	0.93						
	1965		0.95					
	1978			0.99				
	1980				0.99			
	1985					0.99		
	1990						1.00	
	1995							1.00

注：结构相似系数 $S_{ij} = \dfrac{\sum_n X_{in} X_{jn}}{\left(\sum_n X_{in}^2 X_{jn}^2 \right)^{1/2}}$，式中 S_{ij} 为两种结构（i，j）的相似系数；X_{in} 为 n 部门在 i 种结构中所占比重；X_{jn} 为 n 部门在 j 种结构中所占比重。

资料来源：同表 3—7。

山东乃至全国之所以能在这么短的时间内达到如此高的重工业化水平，主要是由于我国实行生产资料优先增长的经济政策和高度集中统一的体制，以至于可以运用行政力量强行高积累以投入重工业的缘故。1978~1984 年轻工业比重的回升体现出经济一旦放开，行政推动力一旦削弱，经济结构仍旧依照固有规律回归，说明了结构演进规律的不可逆转、不可超越性，也说明了以往我国工业结构高度化的片面性。

与重工业化程度高，而且提高得较快的状态相适应，山东的工业结构也呈现出高加工度化以及高加工度化进程较快的状态。据统计，1955~1988 年，山东机械工业的比重由 10.3% 提高到 21.5%，提高了 11.2 个百分点；化学工业的比重由 6.7% 上升到 10.9%，提高了 4.2 个百分点；作为原材料工业主体的冶金工业的比重则由 2.2% 上升到 3.7%，仅提高 1.5 个百分点；作为传统工业主体的食品、纺织（含缝纫、皮革工业），分别由 25.3% 和 38.0% 下降到 14.5% 和 17.3%，分别下降 10.8 个和 20.7 个百分点。可见，山东工业结构的高加工度化的进程是比较迅速的。研究结果表明，机械、

化学、冶金、食品和纺织五大工业部门结构，我国与发达国家的相似系数
1984 年已经高达 0.99，而山东与全国的结构相似系数也一直在 0.90 以上，
这说明山东工业结构的高加工度化已接近 20 世纪 70 年代发达国家的水平。

　　山东目前比较高的重工业化程度、工业结构高加工度化水平及其 40
多年来迅速提高的状态，与经济增长速度的高水平及加速提高的状态是相
应的。如果没有足够高的经济增长速度，就难以有足够高的积累率，资金
密集型重工业的生产规模就难以扩大；同样，资金密集型加工工业生产规
模的扩大也会受到限制。如果没有重工业的大规模迅速发展，则不仅经济
增长的现实水平不会太高，而且也难以持续地高速增长；同样，如果没有
加工业的大规模迅速发展，则经济增长的现实高水平以及持久的高速增长
是不可能的。问题是，在整个工业化结构基础比较薄弱，而其合理化进程也
比较慢的情况下，单靠经济增长的高速度与高水平的重工业化程度和工业结
构的高加工度化之间的相互促进，虽然可以反复维持经济增长高速度，但其
持续的时间必然十分短暂，而难以实现真正意义上的经济持续高速增长。

二　产业结构的均衡度

　　这里把某一产业中劳动力在劳动力总数中的比重与其增加值在总增加
值中的比重之差称为该产业的偏离数，前者大于后者的称正向偏离，反
之，则称负向偏离；各个产业的偏离数绝对值之和称为由所有产业相互联
系而成的产业结构的偏离度。

　　根据上述定义，偏离度越大则产业结构就越不均衡。产业结构的演进规
律表明，产业结构的偏离度将随着经济的增长而不断降低。但是，在经济发
展中，绝对的均衡状态是不可能出现的。只要各个产业之间的技术进步率不
同，一定程度的偏离现象就必然发生。一般地，工业化时期第二产业的技术
进步明显地快于第一产业，所以，第一产业中一定程度上的正向偏离和第二
产业中一定程度上的负向偏离是一种正常现象，甚至是产业进步的必要条件。
因此，产业结构偏离度可以包括正常与非正常两部分，应当从中把正常偏离
度分离出来，而仅以剩下的非正常偏离度作为产业畸形的标志。由于我国现
阶段的第三产业结构高级度大体相当于西方经济发达国家 19 世纪末至 20 世纪
20 年代的水平，所以可将西方经济发达国家该时期产业结构偏离度的算术平
均值作为假设的正常偏离度。这一假设的正常偏离度为 46.54，三大产业的正

常偏离度分别为 23.81、- 9.81 和 - 12.92。由此可计算出我国现阶段产业结构的非正常偏离度。由于山东与全国产业结构的同构化，因此，上述假设正常偏离度也可以为分析山东产业结构所用。

表 3—9 和表 3—10 显示，山东产业结构的偏离度和非正常偏离度随着经济增长速度的不断提高而呈现下降的趋势，但迄今依然保持着较高的水平，下降的速度不够快。与上海、江苏、浙江和广东相比，山东的产业结构偏离度和非正常偏离度明显处于最高水平；与全国相比，1978 年、1980 年以及 1990 年也明显较高。对照山东在同时期内经济增长速度高于全国和上海，与江苏也十分接近的事实，进一步说明了这些年的高速增长对产业结构的均衡度有所改善，但比较而言，山东产业结构均衡度依旧较低，并且均衡化的速度也不够快。

表 3—9　　　　　　　　　山东劳动力与产值结构偏离度及与

全东、华东其他主要省（市）比较　　　　　　　　（%）

	年度	1978	1980	1985	1990	1995
山东	第一产业	45.7	42.3	33.8	35.9	34.2
	第二产业	- 41.3	- 37.9	- 23.3	- 19.2	- 22.3
	第三产业	- 4.1	- 7.7	- 10.6	- 16.8	- 11.9
	总计	91.4	87.9	67.7	71.9	68.4
全国	第一产业	42.4	38.6	34.0	32.9	32.3
	第二产业	- 30.8	- 30.2	- 22.2	- 20.2	- 25.4
	第三产业	- 11.6	- 8.7	- 11.8	- 12.7	- 7.0
	总计	84.8	- 77.5	68.0	65.8	64.7
上海	第一产业	30.5	26.0	12.4	7.1	6.7
	第二产业	- 33.3	- 27.0	- 11.9	- 3.6	- 5.9
	第三产业	2.8	1.0	- 0.5	- 3.5	- 0.9
	总计	66.6	54.0	24.8	14.2	13.5
江苏	第一产业	42.3	41.3	23.4	24.0	25.2
	第二产业	- 33.0	- 32.9	- 19.4	- 15.1	- 18.9
	第三产业	- 9.3	- 9.1	- 4.0	- 8.9	- 6.3
	总计	84.6	83.3	46.4	48.0	50.4

年度		1978	1980	1985	1990	1995
浙江	第一产业	36.7	—	25.9	28.1	26.8
	第二产业	−26.2	—	−14.8	−15.7	−20.6
	第三产业	−10.6	—	−11.1	−12.5	−6.2
	总计	73.5	—	51.8	56.3	53.6
广东	第一产业	43.8	36.9	29.2	26.9	21.4
	第二产业	−32.7	−23.4	−18.3	−12.7	−23.2
	第三产业	−11.1	−13.0	−10.9	−14.2	1.8
	总计	87.6	73.3	58.4	53.8	0.0

注：价值指标按当年价格计算；全国产值构成为国民生产总值构成，其余均为国内生产总值构成。

资料来源：《改革开放十七年的中国地区经济》，第132、408、431、454、546、638页；《中国统计年鉴（1992）》，第101页。

表3—10　　　　　　　山东的产业结构非正常偏离度及与
全国、华东其他主要省（市）比较　　　　　　（％）

年度		1978	1980	1985	1990	1995
山东	第一产业	21.9	18.5	10.0	12.1	10.4
	第二产业	−31.5	−28.1	−13.5	−9.4	−12.5
	第三产业	—	—	—	−3.9	—
	总计	53.4	46.6	23.5	25.4	22.9
全国	第一产业	18.6	14.8	10.2	9.1	8.5
	第二产业	−21.0	−20.4	−12.4	−10.4	−15.6
	第三产业	—	—	—	—	—
	总计	39.6	35.2	22.6	19.5	24.1
上海	第一产业	6.7	2.2	—	—	—
	第二产业	−23.5	−17.2	−2.1	—	—
	第三产业	—	—	—	—	—
	总计	30.2	19.4	2.1	—	—

续表

	年度	1978	1980	1985	1990	1995
江苏	第一产业	18.4	17.5	—	0.2	1.4
	第二产业	-23.2	-23.1	-9.6	-5.3	-9.1
	第三产业	—	—	—	—	—
	总计	41.6	40.6	9.6	5.5	10.5
浙江	第一产业	12.9		2.1	4.3	3.0
	第二产业	-16.4		-5.0	-5.9	-10.8
	第三产业	—		—	—	—
	总计	39.3		7.1	10.2	13.8
广东	第一产业	20.0	13.1	5.4	3.1	
	第二产业	-22.9	-13.6	-8.5	-2.9	-13.4
	第三产业	—	—		—	—
	总计	42.9	26.7	13.9	60	13.4

注:"—"表示无非正常偏离度,空格表示无数据。

资料来源:根据表 3—9 以及文中所述"假设的正常偏离度"计算而得。

第四节 经济增长速度与技术进步和宏观经济效益水平

一 速度与技术进步

据专题分析研究成果介绍,1981～1995 年,山东省全部独立核算工业增加值年均增长 15.3%,全国年均增长 13.3%,山东快于全国。但是,技术进步对于增加值年均递增速度的贡献率,山东是 25.3%,全国则是 25.8%,山东低于全国水平。1981～1995 年,工业资金年均增长率山东是 26.2%,全国则是 20.9%;劳动力年均增长率山东是 7.5%,全国则是 4.2%;综合要素投入年均增长率山东是 17.9%,全国则是 13.6%。显然,无论是单项要素还是综合要素投入的增长,山东都快于全国。由于外延增长过快,工业增加值综合要素生产率 1980 年山东是 0.4241,全国是 0.3966,山东比全国高出 6.93%,但至 1995

年，山东是 0.4481，全国是 0.4467，山东比全国仅高 0.31%。上述事实说明，山东经济的技术水平在 1989 年以前低于全国平均水平；近几年，山东经济技术水平有所提高，特别是对外开放促使高技术产业加快发展。但总的说来，山东经济技术水平仍低于江苏、浙江、上海和广东等省市，与全国平均水平大致持平。由表 1—5 可见，1979～1995 年经济总量年均增长速度山东明显高于全国。将上述技术进步与经济总量增长速度状态相比较可见，山东经济总量增长更多地依靠了外延扩大或要素投入的增长。

二　速度与宏观经济效益

根据评价宏观经济效益必须全面、系统地反映社会再生产过程主要环节和方面经济效益的原则，并注意所选指标应分别从不同方面反映经济效益，还要具有统计核算体系、统计数据支持的可能性，我们选取了社会生产物质消耗率〔（社会总产值－国民收入）÷社会总产值×100%〕、积累效果系数（新增国民收入÷积累基金）、全民所有制单位基本建设固定资产交付使用率（新增固定资产÷固定资产总投资×100%）、人均国民收入（1991 年以后用人均国内生产总值）和社会产品中消费资料占用率〔（国民收入中消费额＋国民收入非生产性积累）÷社会总产值×100%〕等五项指标组成评价宏观经济效益水平的指标体系，并且运用聚类分析法分别计算出以时间为样本的山东各历史时期的综合经济效益指数及其重要性指数（见表 3—11、表 3—12），以及以地区或全国为样本的山东与全国、华东主要省（市）各历史时期的综合经济效益指数及其重要性指数（见表 3—13、表 3—14）。

表 3—11　　　　　　山东各历史时期综合经济效益指数
（以时间为样本）

时期	一五	二五	1963～1965	三五	四五	五五	六五	七五	八五
综合经济效益指数	80.29	49.53	85.60	53.78	53.51	49.87	69.17	60.16	79.86

资料来源：《全国各省、自治区、直辖市历史统计资料汇编（1949～1989）》；《改革开放十七年的中国地区经济》，中国统计出版社。

表 3—12　　　　　　　　山东经济效益指标的重要性指数

指标	社会生产物质消耗率	积累效果系数	固定资产交付使用率	人均国民收入	社会产品中消费资料占用率
重要性指数	0.1735	0.1475	0.0868	0.4178	0.1745

注：综合经济效益指数 $E_i = \left[\dfrac{1}{D(F_i, F_o)}\right] \times 100$（$i = 1, 2, \cdots, n$），式中 D

$(F_i, F_o) = \displaystyle\sum_{j=1}^{m} |h_{ij} - 1|$　　　（$j = 1, 2, \cdots, m$），系第 i 个样本 F_i（时期、

地区或全国）与最优经济效益点 F_o 的距离，h_{ij} 是第 i 个样本（时期、地

区或全国）第 j 个经济效益指标规格化后的值；经济效益指标的重要性指

数 $l_j = \displaystyle\sum_{i=1}^{n} |h_{ij} - 1| \Big/ \sum_{i=1}^{n} D(F_i, F_o)$。

资料来源：同表 3—11。

表 3—13　　　　山东与全国、华东其他主要省（市）各历史

时期综合经济效益指数（以地区为样本）

时期	山东	全国	上海	江苏	浙江
一五	54.70	52.44	95.18	47.58	58.83
二五	53.72	56.99	127.70	50.45	56.85
1963~1965	67.04	67.01	97.59	57.36	69.24
三五	60.35	38.59	96.27	55.09	
四五	103.66	63.48	64.90	63.62	
五五	70.13	68.19	150.33	60.97	94.30
六五	100.46	78.74	57.95	60.15	96.76
七五	85.37	107.92	97.48	78.66	84.46
八五	98.72	79.53	130.23	86.34	96.23

资料来源：同表 3—11。

表 3—14　　　　山东与全国、华东其他主要省（市）各历史

时期经济效益指标的重要性指数

时期	社会生产物质消耗率	积累效果系数	固定资产交付使用率	人均国民收入	社会产品中消费资料占用率
一五	0.0892	0.4163	0.0249	0.3725	0.0971

时期	社会生产物质消耗率	积累效果系数	固定资产交付使用率	人均国民收入	社会产品中消费资料占用率
二五	0.0472	0.3621	0.0619	0.4226	0.1062
1963～1965	0.0599	0.3047	0.0323	0.4587	0.1445
三五	0.0683	0.2978	0.0375	0.3531	0.2434
四五	0.0583	0.2397	0.0553	0.4519	0.1772
五五	0.0638	0.1936	0.0455	0.5452	0.1723
六五	0.0476	0.2245	0.1144	0.4715	0.1912
七五	0.0468	0.1639	0.1105	0.5063	0.1725
八五	0.0499	0.1687	0.0428	0.4203	0.1681

资料来源：同表3—11。

从纵向上看，山东各历史时期的综合经济效益指数的变化状态与经济总量年均增长速度的变化状态基本上是相对应的。将表1—1与表3—11对比可见，"一五"时期，总量速度适中，效益指数也较大；"二五"时期，年均速度为负值，效益指数成为历史上的最小值；调整时期，总量速度和效益指数同时成为历史上的最高和最大值；"三五"、"四五"时期总量速度均大幅度下降；"五五"时期稍有反弹，相应地，效益指数也逐渐减少；"六五"、"七五"时期总量速度持续提高，效益指数也一直保持较大值，但已出现下降的趋势。1991年是个拐点，速度和效益在前两年持续下滑的基础上均发生较大幅度提高。"八五"时期，这一下滑趋势基本得到遏制，但经济效益状况仍不容乐观。

从横向上看，各历史时期山东与全国、浙江及上海的综合经济效益指数的变化状态与经济总量年均增长速度的变化状态也是基本一致的，而江苏这种关系不太明显。与全国相比，"一五"、"二五"时期，山东经济总量增长速度和效益指数均低于全国；"三五"、"四五"、"五五"、"六五"时期，山东总量速度和效益指数均高于全国；"七五"时期山东总量速度虽明显高于全国，但效益指数却明显低于全国；"八五"时期，效益指数已高于全国、浙江和江苏，但仍低于上海。有趣的是，与江苏相比，在各个历史时期，山东的效益指数都高于江苏，这大概是由于江苏历年五项效益指数都普遍不够理想的缘故。

将以上纵、横两方面的分析结合起来不难看出，山东与全国一样，现阶段的宏观经济效益主要是一种"速度效益"，即宏观经济效益水平的变化主要取决于经济总量增长速度的变化，二者具有紧密正相关关系。为了取得较高的宏观经济效益，必须保持足够高的总量速度，当速度下滑时，效益必将以更大的比例下降。但是，速度与效益的这种正相关关系并不是绝对的、无限的，而是在不同阶段定位于不同区间内的，当总量速度过高时，宏观效益水平反而会降低，山东"七五"时期的状况正是如此。即便在正相关的区间内，随着速度的提高，效益上升所需要的速度边际成本越来越大，即速度效益弹性值越来越小，当这一弹性值成为负数时，速度和效益就会出现反向变化。从以上各表中还可以看出，上海在经济增长速度比较稳定的情况下一直保持着较高的宏观效益水平。其原因正在于上海不再是单纯的"速度效益"，其宏观经济效益已经不仅取决于一定的总量速度，而且与经济结构的不断优化、技术的不断进步、经济管理水平的不断提高等因素密切相关。

表3—12和表3—14显示，不论以时间为样本还是以地区为样本，结论都是一致的，即人均国民收入指数的重要性指数一直最大，次之为积累效果系数以及"七五"以后的社会产品中消费资料占用率。这说明，提高国民收入产出水平，控制人口生产规模，适度提高国民收入使用额中的消费额，是山东乃至全国保持综合经济效益较高水平的重要途径。

第五节　经济增长速度与物价总水平

由于统计资料的限制，本节暂不考察由强制储蓄和手持现金等因素所造成的隐蔽性通货膨胀，而只是对于价格通货膨胀进行具体考察。所以，这里所反映的通货膨胀水平是偏低或偏于保守的。为了能以批发和零售、中间产品和最终产品、生产资料产品和消费品等各个环节和方面来反映整个国民经济的价格变动，以下将同时考察国民收入缩减指数、零售物价总指数、职工生活费用价格指数三种具体反映物价总水平的指标，见表3—15；国民收入价、零售物价和职工生活费用三种主要价格在各个历史时期的年均上涨率，如表3—16。

表3—15　1952～1991年山东与全国、华东其他主要省（市）三种主要价格指数

（％）

年度	国民收入缩减指数					零售物价总指数					城镇居民消费价格指数				
	山东	全国	上海	江苏	浙江	山东	全国	上海	江苏	浙江	山东	全国	上海	江苏	浙江
1952	99.1				100.1	100.5	99.6			102.2	102.7				
1953	102.2	105.6	101.7	103.6	100.8	103.7	103.4	106.9		104.2	103.3	105.1	105.8		106.8
1954	101.7	99.7	102.2	100.5	99.6	103.8	102.3	101.8		101.1	103.4	101.4	101.9		101.3
1955	99.5	99.0	98.3	98.7	97.4	99.6	101.0	101.6		100.2	99.9	100.3	101.4		100.9
1956	98.1	98.1	95.6	102.9	101.7	100.6	100.0	100.8		100.0	100.7	99.9	100.4		100.1
1957	101.5	98.5	102.0	105.2	99.0	101.5	101.5	100.9		102.1	101.0	102.6	100.8		102.1
1958	100.1	100.9	104.0	117.3	100.2	99.6	100.2	100.0		100.5	99.6	98.9	100.0		100.2
1959	100.3	101.2	97.8	106.7	101.7	100.8	100.9	100.2		100.5	100.6	100.3	100.2		100.6
1960	107.0	101.3	96.0	106.5	102.8	100.6	103.1	100.4		100.2	100.5	102.5	100.4		100.1
1961	113.4	116.1	101.4	92.5	108.3	105.9	116.2	106.4		118.4	107.0	116.1	105.1		122.0
1962	105.7	99.2	114.1	102.1	106.8	100.2	103.8	99.1		90.8	100.5	103.8	99.4		99.2
1963	95.0	97.8	95.0	95.6	97.9	99.8	94.1	92.9		87.6	98.7	94.1	93.9		98.8
1964	95.3	100.1	96.2	102.6	96.7	98.2	96.3	97.4		95.3	97.8	96.3	97.8		99.1
1965	98.8	101.7	93.7	98.0	106.8	97.5	97.3	101.0		97.8	97.8	98.8	100.6		99.3
1966	96.8	97.7	95.2	100.3	93.5	99.2	99.7	96.4		98.9	98.7	98.8	96.9		
1967	98.8	101.1	95.4	98.2	100.2	99.3	99.3	101.1		99.8	100.1	99.4	100.9		

续表

年度	国民收入缩减指数					零售物价总指数					城镇居民消费价格指数				
	山东	全国	上海	江苏	浙江	山东	全国	上海	江苏	浙江	山东	全国	上海	江苏	浙江
1968	101.2	101.8	99.0	101.0	101.4	99.9	100.1	99.9		100.0	99.8	100.1	99.9		
1969	100.9	95.8	100.9	101.6	99.5	99.5	98.9	100.5		99.6	99.9	101.0	100.4		
1970	101.2	96.6	98.3	100.7	99.9	99.3	99.8	99.5		99.0	98.9	100.0	99.6		98.5
1971	95.1	100.8	99.2	101.4	95.5	99.1	99.3	100.0		99.1	99.9	99.9	100.0		
1972	96.9	100.0	101.1	101.0	102.1	99.6	99.8	99.9		99.7	100.0	100.2	99.9		99.9
1973	99.9	97.9	98.5	91.5	100.6	99.8	100.6	100.2		99.7	99.8	100.1	100.2		99.7
1974	101.1	100.2	95.6	99.6	100.4	99.8	100.5	99.8		100.0	99.9	100.7	99.8		100.0
1975	97.9	98.4	101.1	101.0	100.9	100.1	100.2	100.1		100.1	100.2	100.4	100.1		100.2
1976	102.6	97.0	99.1	101.5	99.6	100.1	100.3	99.8		100.0	100.2	100.3	99.4		99.8
1977	102.5	101.1	102.8	101.6	99.6	100.0	102.0	100.4		100.1	99.8	102.7	100.3		100.1
1978	88.9	101.4	102.4	98.2	100.6	100.0	100.7	100.5		100.1	100.3	100.7	100.5		100.0
1979	109.8	104.0	95.7	108.2	113.3	101.3	102.0	101.0	102.0	102.1	100.7	101.9	100.9	101.0	102.6
1980	103.9	103.4	102.0	100.9	97.3	103.0	106.0	106.5	104.8	108.0	105.0	107.5	105.9	105.7	108.8
1981	109.6	101.9	98.3	99.7	101.5	101.8	102.4	101.5	101.1	101.5	101.8	102.5	101.4	101.1	101.7
1982	103.1	99.9	95.6	102.1	101.9	100.9	101.9	100.3	101.1	100.7	100.3	102.0	100.3	100.9	101.9
1983	102.6	101.1	96.5	100.2	101.0	100.5	101.5	100.1	100.8	102.0	102.4	102.0	100.2	100.5	102.8

续表

年度	国民收入缩减指数					零售物价总指数					城镇居民消费价格指数				
	山东	全国	上海	江苏	浙江	山东	全国	上海	江苏	浙江	山东	全国	上海	江苏	浙江
1984	106.2	105.0	99.3	102.9	102.7	102.6	102.8	102.2	103.5	103.4	101.6	102.7	102.2	104.1	103.7
1985	104.8	109.4	106.1	106.1	107.7	107.1	108.8	116.4	109.2	114.0	108.8	111.9	115.2	109.6	115.1
1986	100.4	104.0	100.2	104.2	103.2	104.2	106.0	106.7	106.5	106.0	105.0	107.0	106.3	106.4	106.3
1987	105.7	107.5	104.1	107.7	108.9	108.0	107.3	108.8	109.3	109.5	109.1	108.8	108.1	110.5	110.9
1988	109.4	113.2	107.9	108.8	112.4	108.3	118.5	121.3	121.7	122.1	120.6	120.7	120.1	122.6	123.4
1989	111.2	108.3	100.5	108.5	108.9	117.1	117.8	116.7	118.0	117.8	115.7	116.3	115.9	116.0	116.8
1990	103.2	103.8	102.3	102.4	101.1	101.8	102.1	104.8	102.3	101.6	102.6	101.3	106.3	103.4	102.1
1991	104.8	104.1	104.7	101.9	101.3	104.7	102.9	109.5	104.4	103.0	106.2	105.1	110.5	107.7	105.6
1992	103.8	107.8	108.6	105.9	106.0	105.0	105.4	109.7	104.8	106.0	109.2	108.6	110.0	108.8	109.2
1993	103.8	114.7	118.1	117.2	114.7	110.7	113.2	117.5	115.4	116.7	115.5	116.1	120.2	118.7	121.4
1994	119.8	119.6	114.1	116.2	116.4	120.3	121.7	117.5	123.4	121.7	125.4	125.0	123.9	125.3	124.7
1995	113.2	116.1	109.4	110.1	113.3	111.2	114.8	113.0	114.9	113.5	116.8	116.8	118.7	116.2	117.0

注：①国民收入缩减指数＝按当年价格计算的国民收入年增长率（环比）／按不变价格计算的国民收入年增长率（环比）；1992～1995年该指数用国民（内）生产总值相应指标计算。②零售物价总指数、城镇居民消费价格指数是包括集市、议价和市价的指数。③以上三种指数均以上年为100计算。

资料来源：《全国各省、自治区、直辖市历史统计资料汇编（1949～1989）》；《改革开放十七年的中国地区经济》。

一　纵向比较

纵向看，1952～1995 年，伴随经济增长速度的大幅度提高，物价总水平大幅度上涨的情况屡有发生。由表 3—15 及表 3—16 可见，国民收入价格年均上涨率超过 5% 的历史时期有四个，即"二五"、"六五"、"七五"和"八五"，这也正是经济总量速度比较高的四个时期。其中，1960～1962 年持续 3 年在 5% 以上，1961 年高达 13.4%，显然，这主要是由于该时期的"大跃进"、"高速度"所致。"六五"时期，经济持续高速增长，但均在 11% 左右，所以国民收入价格平均上涨率虽达到 5.2%，但比较均衡，没有畸高年份。"七五"时期，总量速度大幅度提高，达 14% 以上，国民收入价格年均上涨率高达 5.9%。"八五"时期，通货膨胀加剧，致使国民收入价格指数上涨至历史最高水平，达 8.9%。

表 3—16　　　　各历史时期山东与全国、华东其他主要省（市）

三种主要价格年均上涨率　　　　　　　　（%）

年度	国民收入价格				零售物价				职工生活费用价格				
	山东	全国	上海	江苏	浙江	山东	全国	上海	江苏	浙江	山东	全国	上海	江苏	浙江
一五	0.6	0.1	-0.1	2.2	-0.3	1.8	1.6	2.4		1.5	1.7	1.8	2.0		2.2
二五	5.2	3.6	2.5	4.7	3.9	1.4	4.7	1.2		1.7	1.6	4.1	1.0		4.1
1963～1965	-3.6	-0.1	-5.0	-1.3	0.4	-2.2	-4.1	-3.0		-6.5	-1.9	-3.6	-2.6		-0.9
三五	-0.2	-1.4	-2.3	0.4	-1.1	-0.6	-0.4	-0.5		-0.5	-0.5	0.1	-0.5		
四五	-1.8	-0.5	-0.9	-1.2	-0.1	-0.3	-0.1	0.0		-0.3	0.0	0.3	0.0		
五五	1.3	1.4	0.4	2.0	1.9	0.9	2.2	1.6		2.0	1.2	2.6	14		2.2
六五	5.2	3.4	-0.9	2.2	2.9	2.6	3.4	3.9	3.1	4.3	3.1	4.2	3.7	3.2	4.9
七五	5.9	7.3	3.0	6.3	6.4	7.8	10.1	11.5	11.3	11.1	10.4	10.6	11.2	11.6	11.6
八五	8.9	12.3	10.9	9.7	10.2	11.0	11.4	13.4	12.4	12.0	14.4	14.1	16.5	15.2	15.4

注：系按几何平均法计算。

资料来源：根据表 3—15 计算。

由表 3—15 及表 3—16 可见，零售物价、职工生活费用价格年上涨率与速度之间亦有上述关系，但由于价格放开是逐步实施的，所以这种相关关系在"七五"以前并不明显。"八五"时期零售物价和职工生活费用价格年均上涨率分别高达 11.0% 和 14.1%，其中 1989 年则分别高达 17.1% 和 15.7%，1994 年分别高达 20.3% 和 25.4%，这说明总量速度的大幅度提高引发了零售价格和城市居民生活费用价格的大幅度上涨。

二 横向比较

横向看，经济总量年均增长速度与物价总水平似乎并不存在相关关系。由表 3—15 及表 3—16 可见，就国民收入价格而言，"二五"时期山东的国民收入价格年均上涨率为最高，速度却最低；"六五"时期山东的国民收入价格年均上涨率再度成为最高水平，而同期速度也高于全国和上海，只低于江苏和浙江。1991 年，山东的国民收入价格年上涨率也是最高的，同时速度高于全国、上海和江苏，仅低于浙江。就零售物价和职工生活费用价格而言，山东的水平一直比较低，"二五"时期在国民收入价格年均上涨率最高的情况下，零售物价和职工生活费用价格年均上涨率却低于全国和浙江；"六五"时期在国民收入价格年均上涨率最高的情况下，零售物价和职工生活费用价格均低于全国，也低于上海、江苏和浙江。上述事实说明，山东的国民收入价格年均上涨率一向较高的主要原因在于生产资料价格的年均上涨率较高，或者说山东的生产资料价格的年均上涨率一向高于消费品价格的年均上涨率。

综上所述，40 多年来山东的经济增长速度合理的方面是主要的，但也有颇多不合理的方面。之所以合理，是因为：（1）比较充分地体现了作为经济增长前提的物质技术基础和人文社会条件；（2）在一定程度上满足了包括投资需求和消费需求在内的社会需求；（3）促使产业结构渐趋合理；（4）技术的不断进步和宏观经济效益的不断获得，说明是一种有效益的速度，而且在一定的速度限度内，宏观经济效益水平随速度的提高而提高；（5）充分体现了经济发展的阶段性特征。不合理方面有：（1）虽有较高的经济增长速度，但工业化结构这一非自然的物质技术基础迄今仍比较薄弱；（2）高速度支撑着"强行高积累"，而高积累又引致投资膨胀，加上需求膨胀，二者与高速度相互促进，使得经济增长往往出现剧烈波动；（3）在这一经济增长速度之下，财政长期处于"紧运行"状态，有些年份出现赤字；（4）伴随这一经济增长速度的产业结构的合理化进程缓慢，已经成为经济持续、稳定、高速增长与发展的根本性制约因素；

（5）尤其令人担忧的是，在总体水平较高但又波动甚大的经济增长速度下，技术进步以及宏观经济效益状况并不理想，随着速度的提高，单位产出的成本愈来愈高，已经突破了速度与效益正相关的最高临界点；

（6）物价总水平大幅度上涨，在速度和积累率都大大高于全国，而人均国民收入仅略高于全国，仍低于江苏、浙江和广东的情况下，物价总水平上涨率却经常出现较高水平的现象，又说明伴随着高速度，山东人民的消费水平提高的却比较慢。

第四章　合理经济增长速度的
确定及其保证措施

第一节　合理经济增长速度的确定

1995～2005 年，山东的合理经济增长速度究竟如何确定呢？以下将根据上述合理经济增长速度的含义、客观标准以及对 40 多年来山东省经济增长速度合理化状态的经济分析，作出理性的预测。

一　1995～2005 年合理经济增长速度的测算

1. 几种可供选择的测算方法

目前，关于合理经济增长速度的测算方法有多种多样，每一种方法与其对合理经济增长速度含义的认识密切相关，我们应全面了解、综合分析各种方法，从中选择较佳者。

第一种方法认为，合理经济增长率即为潜在的国民产出增长率，而潜在国民产出增长率是一种决定于技术进步、劳动力的自然增长、资产存量的长期增长趋势等因素的长期、适中的经济增长率。其测算方法有三种：①根据哈罗德（R. F. Harrod）的国民生产总值增长率等于储蓄率与资金—产出率之比的模型，可以用长期平均积累率与长期平均资金—产出率之比求得合理的国民生产总值增长率；②利用较长一段时期内国民生产总值增长率各次周期波动的波峰增长率的平均值和波谷增长率的平均值进行估计，即把合理的国民生产总值增长率视为波峰时期增长率的平均值与波谷时期增长率的平均值的简单算术平均值；③由于我国潜在国民生产总值的长期增长趋势呈现出指型增长趋势，故可用指数方程表示潜在国民生产总值的长期增长趋势。若设 Y 表示潜在国民生产总值，b 表示潜在国民生产

总值增长率，则有

$$Y = ae^{bt}$$

式中 a 为常数，t 为年度。

第二种方法认为，合理经济增长率是指波动周期较长、波幅较小和社会总供求大体平衡基础上的增长率；是能够实现产业结构动态协调和基本平衡的增长率；是国民生产总值的创造与分配，从而积累与消费保持合理比例的增长率；是能够促进经济效益提高，人民生活逐步得到改善的增长率。这种观点认为，在过去条件下实际增长率的平均值只能大体反映经济增长的一般趋向，难以反映未来经济在条件或影响因素变化，特别是发生了很大变化时的实际增长率。这种观点还认为，由于能够比较确切地反映潜在经济增长率的实际增长率似乎只可能是实际发生的最高增长率（波峰），而实际最高的经济增长率往往以破坏合理的经济结构和以经济增长的社会边际成本不断上升为代价的，所以，也不能把合理经济增长率等同于潜在国民生产总值增长率。这种观点的结论是，合理经济增长率将分布在一个有某种弹性的"带"之间。在我国目前已经进入了结构变动的高产出率时期和技术创新、制度创新的高发生时期的情况下，应该把过去一个时期（比如改革以来）实际经济增长率的平均值作为今后我国合理经济增长率的下限，而把在非常规扰动情况下长期内实际发生的，为总供求关系和资源条件、技术条件以及制度条件所允许的最大可能增长率的平均值，作为合理经济增长率的上限。

第三种方法认为，合理经济增长率的最低限必须保证包括新增人口在内的全体人民的生活水平按一定幅度不断提高，而其最高限则由投资能力和效益所决定。

第四种方法认为，确定合理经济增长率的上限，可以根据以往经验、现实基础和未来供给条件和市场需求的变动状况，对国民经济各部门或产业的增长率逐一加以预测，再根据以往国民生产总值年均增长速度与各产业增加值年均增长速度的比例关系，推断出未来较长一段时期内国民生产总值的年均增长速度。

2. 关于测算方法的评价与选择

上述第一种测算方法，用以往长期平均经济增长率作为未来一段较长时期内的合理增长率，在未来经济增长的条件和影响因素发生了很大变化，特别是经济增长与发展步入了一个崭新阶段以后，其不合理之处就十分明显了；同时，这一测算方法实际上是一种对经济增长速度的"点估计"方法。而据我们的定义，合理的经济增长速度实际上应该是一个具有上、下限的值域。另外，这一方法毕竟是从长期趋势的角度对未来应有的经济增长速度有明确指向，而且正由于这是一种"点估计"，所以其量化程度比较高，故完全可以将据此计算出来的经济增长速度，作为合理经济增长速度的数量规定的参考或依据。

上述第二种测算方法对于界定现阶段山东合理经济增长速度的数量范围比较实用。当前，山东经济正处于从工业化数量扩张阶段向持续高速增长阶段迅速转变的时期，经济增长的加速趋势十分明显，而且将一直维持到步入持续高速增长阶段为止。根据经济增长的一般规律，从工业化数量扩张阶段的明显加速时期到持续高速增长阶段的结束，前后要经历 10～20 年以上的时间。在这一历程中的经济年均增长速度将高于以往整个工业化历程中任何一个正常发展时期的平均增长速度。所以，像第二种测算方法那样，将改革开放以来实际经济增长率的平均值作为1995～2005 年山东合理经济增长速度的下限无疑是十分合理的；而把上限选择为改革开放以来由总供求关系和资源条件、技术条件以及制度条件所允许的最大可能增长率的平均值也是科学的。这种测算方法进一步具体指出，这一最大可能增长率平均值就是正常情况下，在长期经济发展中若干短期最大可能增长率的平均值。但长期实际经济增长率的峰值很多，究竟哪一个峰值可以作为相应短期中的最大可能增长率呢？因为判断经济的明显"过热"增长与通货膨胀现象并不十分困难，所以这里把不引致经济明显"过热"增长或造成通货膨胀的最大峰值作为最大可能增长率。

上述第三种方法对于现阶段山东合理经济增长速度来说，其最低限的确定结果往往偏低，而其最高限的确定结果又往往偏高。这是因为该方法最低限的确定是以过去实际发生的生活水平为基准的，即使以过去实际发生的最高生活水平为基准，并考虑到未来生活水平会有一定幅度的提高，也难以对于未来伴随经济增长与发展阶段变化而不断变化的人民生活水平有充分的估计；况且在实际运用这一方法时，人们常常以"人民的生活水平至少不降低"为水准界定最低限。最高限的确定是以过去实际发生的投资能力和投资效益为依据的。如果以过去长期平均积累率与长期平均资金—产出系数的比例来作为这一最高限，由于以往长期存在的"强行积累"过程使得长期平均积累率已达到了一个极高的水平，结果据此估计出来的增长上限明显偏高。

上述第四种确定上限的方法，对于经济总量合理增长速度的确定来说，模型性或整体性、直接性差，量化程度低。

鉴于以上分析，我们选择第二种测算方法，同时辅之以第一种测算方法，对 1995～2005 年山东合理经济增长速度进行数量规定。

表4—1　　　　　山东省国内生产总值及三次产业年增长速度　　　　（%）

周期	年度	国内生产总值	第一产业	第二产业	第三产业
	1978	—	—	—	—
6	1979	6.6	8.2	6.3	4.1
	1980	12.2	9.8	12.0	18.9
	1981	5.8	6.5	3.2	11.7
	1982	11.3	10.8	5.6	27.2
7	1983	13.9	16.0	7.6	23.7
	1984	17.4	18.3	17.7	15.3
	1985	11.4	2.2	18.5	14.9
	1986	6.3	−0.6	10.7	8.7
	1987	13.8	7.4	17.1	17.0
8	1988	12.5	−0.2	22.7	9.6
	1989	4.0	−0.6	7.1	2.8
	1990	5.3	5.4	7.2	0.7
	1991	14.6	14.2	14.0	16.0
	1992	16.9	0.2	28.6	16.3
9	1993	21.9	6.1	30.6	21.2
	1994	16.3	7.3	17.5	20.6
	1995	14.2	8.9	15.1	15.9

资料来源：《改革开放十七年的中国地区经济》，第547页。

3. 具体测算

下限：以 $Y = ae^{bt}$ 为模型同归计算的结果是，1979～1993 年山东国内生产总值的平均增长速度值为 10.3%，这可以作为 1995～2005 年山东合理国内生产总值年均增长速度的下限值。

上限：上限的确定是以经济增长的周期性波动分析为前提的。1978～1990 年山东国内生产总值年增长速度共经历了三个完整的波动周期，即第六、七、八周期（1978～1981、1982～1986 和 1987～1990 年，见表 4—1）。在第六周期中，最大峰值是 1980 年的 12.2%。由表 3—15 可以看出，1980 年当年国民收入价格、零售物价和职工生活费用价格等三种主要价格的年上涨率均不高于 5%。由于价格上涨的"时滞"特点，1981 年国民收入价格上涨了 9.6%，但其中包括了因 1979 年以后大幅度调高农副产品价格所产生的"翘尾巴"因素，而且即使如此，当时人们也没有感觉到有什么明显的通货膨胀，所以，12.2% 可以作为这一时期最大可能增长率。在第七周期中，峰值只有 1 个，就是 1984 年的 17.4%。由表 3—15 可见，1984 年当年国民收入价格的上涨率达到了 6.2%，虽然这一上涨率低于 1981 年的 9.6%，但这却主要是由经济增长的高速度所引起的，当时人们也感觉到经济增长的"过热"，所以这一最大峰值不能作为最大可能增长率，应予以剔除，而取其次峰值 13.9% 作为这一时期最大可能增长率。第八周期中，最大峰值是 1987 年的 13.8%。据统计，1987 年当年的三种主要价格上涨率均略超过 5%，这主要是加大价格改革力度、全年共放开 1024 种商品价格，尤其是服务价格大幅度上涨的结果，从人们的感觉来看，三种价格上涨率还维持在可以承受的水平上，所以13.8% 可以作为这一时期最大可能增长率。在尚未结束的第九周期中，已经显现的最大峰值是 1993 年的 21.9%。这一数值是在经济过热的背景下产生的，也应予以剔除，而取其次峰值 16.9% 作为这一短期最大可能增长率。于是，1979～1995 年这一较长时期中的最大可能增长率的平均值是

$$\frac{12.2\% + 13.9\% + 13.8\% + 16.9\%}{4} \approx 14.2\%$$

这可以作为 1995～2005 年山东合理国内生产总值年均增长速度的上限值。

据现有的统计资料进行计算，1952～1992 年山东积累率的平均值为

27.0；1953～1992 年积累效果系数的平均值为 0.4392，其倒数即资金—产出系数，为 2.28，据第一种测算方法中的①方法或哈罗德模型，1995～2005 年合理国民收入年均增长速度值应为 11.8%。1952～1993 年山东国民收入年增长率共经历了 8 次完整的周期波动，各次周期波动中的最高峰值的平均值为 19.6，最低谷值的平均值为 -3.7。按第一种测算方法中的②方法，平均国民收入年增长率为：

$$\frac{19.6 + (-3.7)}{2} \times 100\% = 8.0\%$$

又据统计，按几何平均值计算，即按第一种测算方法中的③方法，1953～1993 年山东国民收入年均增长速度值为 17.4%。由于国民收入与国内生产总值的年均增长速度之比大致上为 1:1，所以以上运用①、②、③方法所得的测算结果均可以作为 1995～2005 年山东合理国内生产总值年均增长速度的参考值。很明显，按①方法所得测算值 11.8% 比较接近于前述测算结果的上限值，按②方法所得测算值 8.0% 则比较接近于前述测算结果的下限值。这说明前述按第二种测算方法测得的 1995～2005 年山东合理经济增长速度的值域是合理和可信的。

但是，考虑到以往经济增长中存在的"强行积累"以及由此所引致的投资膨胀与"过热"增长问题，而且在测取上限值时，作为最大可能增长率之一，即 1992 年的国内生产总值年增长率 16.9%，毕竟是在邓小平视察南方重要讲话的强力推动下，投资和实际利用外资大幅度增长，职工生活费用价格超过 5% 限值 3.6 个百分点，社会商品零售物价上涨率也已超过 5% 的情况下取得的，带有明显的阶段性和超常增长的性质。所以，即使从具体测算本身来考虑，也应当对前述测算结果的上、下限适当向下调整：根据按①、②、③方法测得的合理速度的参考值，下限值可以取 8.0%～10.3% 之间的值，取整为 9%；上限值则应当取 11.8%～14.2% 之间的值，取整为 12%。

综合以上分析测算，1995～2005 年山东合理国内生产总值年均增长速度应为 9%～12%。

据此测算结果，进一步求取 1995～2005 年山东第一、二、三产业增加值的年均增长速度值。据统计和以 $Y = ae^{bt}$ 为模型进行的同归计算，1979～1993 年山东第一、二、三产业增加值的年均增长速度分别为

6.3% 、12.5% 和 11.3% ，三者之比（以第一产业为 1）为 1∶1.98∶1.79；又根据统计和以

$$\frac{\Delta Y}{Y} = \sum_{j=1}^{3} W_j \frac{\Delta Y_j}{Y_j} \quad \left(\sum_{j=1}^{3} W_j = 1 \right)$$

为计算模型进行回归计算，1979～1993 年国内生产总值第一、二、三产业的弹性系数 W1、W2 和 W3 分别是 0.4532、0.4664 和 0.0993。现设 1995～2005 年山东第一产业增加值年均增长速度为 X，在上述速度比保持不变的情况下，第二、三产业增加值的年均增长速度分别为 1.98x 和 1.79x，将这一结果连同前述 1995～2005 年山东合理国内生产总值年均增长速度 9%～12% 的限定值，以及 1979～1993 年国内生产总值各产业弹性系数代入数学式

$$\frac{\Delta Y}{Y} = \sum_{j=1}^{3} W_j \frac{\Delta Y_j}{Y_j} \quad \left(\sum_{j=1}^{3} W_j = 1 \right)$$

得到 1995～2005 年山东第一、二、三产业增加值年均增长速度分别是：5.8%～7.4% 、11.5%～14.8% 和 10.4%～13.4% 。

以上是静态分析的结果，但实际上经济结构是动态变化的。根据三次产业的发展变化趋势预测，今后第三产业的发展速度将明显加快，第二产业的增长速度也不会降低，到 21 世纪初，山东三大产业结构将由"八五"末的 20∶47∶31 发展为 16∶48∶36。对照前述现阶段第一产业对国内生产总值增长速度的贡献明显趋于缩小，而第二、三产业对国内生产总值增长速度的贡献明显趋于增大，特别是第三产业对于国内生产总值增长的贡献近二、三年来符合规律地迅速增大这一事实，可将上述第一、二、三产业增加值年均增长速度分别调整为 4%～6% 、12%～15% 和 15%～18% 。

综合以上分析，1995～2005 年山东合理经济年均增长速度的数量规定为：

国内生产总值：9%～12% ；

第一产业增加值：4%～6% ；

第二产业增加值：12%～15% ；

第三产业增加值：15%～18% 。

需要强调的是，上述测算结果是 1995～2005 年之间的年平均增长速

度值域，至于具体各年的增长率，一般应处于这个值域之内。其根据：一是 1978～1990 年的三个周期中，最高速度与平均速度的差的平均值为 5.42，最低速度与平均速度的差的平均值为 5.40；二是经济健康发展的趋势是波动幅度越来越小，比较好的第六周期，波动幅度只有 2.85 个百分点左右。因此，可以推论，为保证经济长期、稳定、健康的发展，各年增长速度以处于上述值域之内或不超过这个值域的 ±1 个百分点为宜。当然，这里指的是没有水分的真正的国内生产总值增长速度。

二　测算结果的具体分析

上述测算方法或数量模型是在对实际因素进行了高度抽象以后建立起来的，其测算结果的最终取舍，还有赖于对经济总量年均增长的未来趋势、以往经济总量年均增长速度的合理化状态、物质技术基础和人文社会条件对于上述预测值的支持或约束情况等一系列具体方面的分析。

1. 从经济总量年均增长的未来趋势分析。

如前所述，山东经济目前正处于由工业化数量扩张阶段向持续高速增长阶段转化的时期，经济增长呈现出强劲的加速趋势。由经济发展的一般规律所决定，假设伴随这一加速趋势的经济增长状态的各个方面或环节都是合理的，又假设维持这一加速趋势的一系列物质技术基础和人文社会条件不变或得以优化，那么这一加速趋势将一直延续到经济进入持续高速增长阶段。日本经济是从 20 世纪 50 年代初才开始进入持续高速增长阶段的，如果以此为参考，则山东目前按一、二、三产业划分的社会劳动者结构与"刘易斯转折点"之间尚有半个多世纪的差距。当然，山东与日本的劳动者结构的高级化进程之间由于国情、体制、具体途径等的差异，在许多方面有不可比之处。但是，劳动者结构的变化毕竟是慢变量，根据上述对比，山东劳动者结构达到"刘易斯转折点"至少还需要一二十年的时间。所以，山东长期经济增长的加速趋势是完全可以持续到 21 世纪初的。况且，经济增长达到"刘易斯转折点"以后，还要在持续高速增长阶段经历 10～20 年的时间。因此，山东国内生产总值年均增长 9%—12% 的速度，从经济总量年均增长的未来趋势看，将可能保持 10 年以上的时间。

　　2. 从以往经济总量年均增长速度的合理化状态分析。

　　根据前面对山东经济增长速度合理化状态的经验分析，以往山东经济增长速度状态中的种种不合理之处集中反映了经济效益不高、产业结构合理化进程缓慢和周期波动幅度过大的问题。因此，需要将按抽象的测量方法或模型测得的年均增长速度的上下限值适当调整。同时必须指出，所述几种测算方法或计量模型尽管高度抽象，然而又都尽可能地对以往经济增长速度状态的不合理因素进行了剔除。但是，由于主观认识能力的局限，也由于经济增长过程本身的复杂性，目前任何一种有关合理经济增长速度的测算方法或计量模型对于以往经济增长速度状态的不合理因素的剔除都还是不全面、不彻底的。特别是对于经济结构不合理这一深层次问题对经济增长的影响很难量化，上述各种测算方法或计量模型只可能对这一问题的总量表现予以估计，却不能消除这一问题本身。总的来看，上述各种问题的解决要求经济增长中的各种关系不能绷得太紧，所以，适当调低合理速度测算值的上下限值是十分必要的。

　　3. 从物质技术基础和人文社会条件对于测算值的支持或约束方面分析。

　　经济增长经验表明，制约经济增长的物质技术基础和人文社会条件因素很多，但其中最主要的是对于整个经济增长贡献和影响较大的物质生产部门增长所需要的自然资源、生产条件、基础产业和设施，以及对整个经济增长起着重大影响的经济管理体制、经济和社会发展战略、产业政策、经济发展的空间格局、政治环境和人们的心理预期状态等。

　　根据前述分析，现阶段对于山东整个经济增长贡献和影响较大的物质生产部门依然是农业和工业。现依据速度测算值，重点对农业、工业增长所需要的自然资源、生产条件、基础产业和设施的支撑程度进行具体分析。

　　（1）农业。在前述影响山东整个经济增长的物质技术基础和条件中，对山东农业增长起着直接消极作用的因素有：农业人口比重较大；人均耕地面积低于全国；淡水资源比全国，更比长江以南地区贫乏；农村人口的文化素质低于全国，等等。这里重点分析第二个问题。人均耕地面积低于全国平均水平，这对于山东这样一个农业大省来说，确实是一个严重制约农业特别是种植业高速增长的问题。但是也要看到（见

表 4—2），自 1978 年以来，农业劳动力人均粮食产量在农业劳动力人均粮食播种面积不断减少的情况下，由于土地粮食生产率的不断提高而有所提高。由于农业技术进步，土地实物形态的报酬递减现象尚未发生，仍处于递增状态。今后随着农业科技投入的不断增加，农业技术进步的速度将加快，土地产出率必将更快地提高；另外，山东现有大量宜农荒地，预计到 2005 年能够开发用于农作物生产的约 500 万亩，与预计非农业用地 450 万亩相抵消后略有剩余。因此，粮食总产量水平的增长至少不会慢于目前。

表 4—2　　　　　　山东省主要年度的粮食生产效率

年度	农业劳动力人均粮食生产量（公斤/人）	农业劳动力人均粮食播种面积（亩/人）	土地粮食生产率（公斤/亩）
1952	799.1	11.7	68.3
1965	723.3	8.1	89.3
1978	969.9	5.6	173.2
1980	975.0	5.2	187.5
1985	1283.8	4.9	262.0
1990	1372.1	4.7	292.0
1995	1696.6	3.3	522.0

注：土地粮食生产率＝粮食生产量/土地粮食播种面积。

资料来源：《全国各省、自治区、直辖市历史统计资料汇编（1949~1989）》，第493、503、505 页；《山东统计年鉴（1992）》，第 37、217、218 页；《山东统计年鉴（1996）》，第 39、218、219 页。

据统计，1978~1995 年，山东农业劳动力人均粮食生产量年均增长速度为 3.3%，土地粮食生产率年均增长速度为 6.7%，农业净产值年均增长速度为 6.9%。由此可推知，1995~2005 年，土地生产率年均增长速度只要保持或略高于前一年的增长水平，即可满足支撑农业净产值年均增长 4%~6% 的要求。随着农业科技投入的不断增长，农业劳动生产率的不断提高，这是完全可以实现的。

表 4—3　　　　　　　1978 年以来山东与全国、华东其他

　　　　　　　主要省（市）农业劳动生产率　　　　　（元/人）

年度	山东	全国	上海	江苏	浙江
1978	300	348	427	325	
1980	417	453	443	1436	
1985	946	799	727	1083	956
1990	1632	1468	1304	1946	1618
1995	4037	3709	2677	5504	4885

　　注：农业劳动生产率＝农业净产值（或第一产业增加值）/农业劳动者人数；价值指标按当年价格计算。

　　资料来源：《全国各省、自治区、直辖市历史统计资料汇编（1949～1989）》，第3、5、310、312、342、344、374、376、493、495 页；《改革开放十七年的中国地区经济》，第132、159、165 页。

　　据表 4—3，1978～1995 年，山东农业净产值劳动生产率年均增长速度为 16.5%，这一增长速度支撑了年均 6.9% 的农业净产值增长速度。1995～2005 年，山东农业净产值合理增长速度预测值为 4%～6%，那么，16.5% 的农业劳动生产率年均增长速度对此也应该提供足够的支持。据表 4—3 计算，江苏省 1978～1995 年农业劳动生产率年均增长速度为 18.1%，比山东同期高出 1.6 个百分点。据此比较而言，16.5% 的农业劳动生产率年均增长速度经过努力是可以达到的。另外，按照 16.5% 的速度计算，到 2005 年，山东农业劳动生产率应达到 18590 元/人，这一水平仅相当于江苏省 1995 年农业劳动生产率的 3.3 倍。鉴于这一事实，山东农业劳动生产率要在 2005 年达到 18590 元/人的水平也是可能的。由以上分析可见，1995～2005 年，山东农业净产值年均 4%～6% 的合理增长速度是可以得到其所需要的自然资源、生产条件的有力支撑的。

　　（2）工业。从以往经济增长的经验看，现阶段制约工业经济增长速度的主要因素除了农业以外，就是基础产业和设施的发展和建设状况。能源、交通、邮电通讯和基础原材料产业发展滞后，常常构成工业经济增长的"瓶颈"约束。

　　由表 4—4 可见，能源工业中，原煤的生产弹性系数在多数历史时期

都远低于1，特别是"六五"、"七五"时期都下降到0.4以下；原油生产弹性系数"五五"、"六五"、"七五"时期也都在1以下，特别是"五五"、"七五"时期都在0.4以下，"八五"时期更降低为0.13；发电量生产弹性系数也时常小于1，"六五"、"七五"以及"八五"时期持续小于1，而据经济发展的国际经验，工业化各个阶段上的电力生产弹性数都应该大于1。基础原材料工业中，钢材生产弹性系数也时常小于1，"六五"、"七五"和"八五"时期也持续小于1。与工业发展密切相关的交通运输业中，货物周转量弹性系数大多数时期小于1，"四五"时期以来持续小于1，而据经济发展的国际经验，无论货运还是客运，在工业化加速时期其弹性系数都应大于1。与工业发展，特别是现代工业的发展密切相关的邮电通讯业中，邮电业务总量弹性系数也多有小于1的历史时期，"七五"时期以来虽然已大于1，但由于它是一种价值指标，故其中包含了因近年来邮电通讯服务价格大幅度涨价而使之年增长速度提高的因素。实际上人们处处可以感受到邮电通讯服务赶不上现代工业以及整个国民经济高速发展的步伐。

表4—4　　　　　　山东各历史时期基础产业生产弹性系数

时期	原煤	原油	发电量	钢材	货物周转量	邮电业务量
一五	2.15	—	2.88	3.21	2.56	3.02
二五	—	—				
1963~1965	0.40	127.09	0.11	0.00	0.90	
三五	0.78	4.77	2.03	2.90	1.15	0.21
四五	0.43	3.58	0.43	0.88	0.37	0.93
五五	1.04	0.22	1.04	1.67	0.87	0.85
六五	0.34	0.72	0.63	0.22	0.81	0.71
七五	0.34	0.37	0.94	0.75	0.90	1.64
八五	0.48	0.13	0.64	0.68	0.46	4.11

注：某一基础产业生产弹性系数=该基础产业生产总量年平均增长速度/国民收入（或国内生产总值）年平均增长速度。

资料来源：《全国各省、自治区、直辖市历史统计资料汇编（1949~1989）》，第496、509、511页；《山东统计年鉴（1992）》，第19、335页；《山东统计年鉴（1996）》。

"六五"、"七五"和"八五"时期，山东经济发展过程中曾相继出现了 1984 年的"过热"、1988 年的严重通货膨胀和 1993 年的过热增长，除去其他因素外，能源、交通通讯和基础原材料等基础产业的发展滞后是其主要成因。

另外，山东能源、基础原材料供不应求或对工业经济高速增长的"瓶颈"约束的形成，又与能源和基础原材料消耗水平较高紧密相关。1990 年山东与全国、华东主要省市每亿元工业总产值能源、电力消费量的比较如表 4—5 所示。由表 4—5 可见，每亿元工业总产值能源、电力消费量，山东均高于全国平均水平，更大大高于上海、江苏和浙江。这说明山东在未来工业经济增长过程中通过降低能源和电力消费水平以缓解其"瓶颈"约束的潜力很大。

表 4—5　　　　　1990 年山东与全国、华东其他主要省（市）

每亿元工业总产值能源、电力消费量

地区	能源消费量（万吨标准煤）			电力消费量（万千瓦小时）		
	工业	重工业	轻工业	工业	重工业	轻工业
山东	2.97	5.02	1.06	2164	3550	866
全国	2.93	4.55	1.22	2110	3272	886
上海	1.42	2.07	0.81	1284	1945	688
江苏	1.58	2.60	0.75	1213	1923	637
浙江	1.40	2.62	0.74	1318	2532	669

注：统计范围为村及村以上工业企业；工业总产值按 1990 年不变价格计算。

资料来源：《中国统计年鉴（1992）》，第 406、474、483、486、487 页。

尽管存在上述基础产业"瓶颈"约束，但山东工业经济依然保持了旺盛的增长势头。据统计，按可比价格计算，1953～1991 年山东工业净产值年均增长速度为 11.8%，1979～1995 年依然高达 13.9%。

据资料介绍，到 2000 年，山东原煤、原油产量和发电量、钢材产量将分别达到 9000 万吨、3700 万吨和 1000 亿千瓦小时、500 万吨以上；而据统计，1991 年上述四项分别是 6053.93 万吨、3355.19 万吨和 496.40 亿千瓦小时、173.27 万吨。据此计算，1991～2000 年山东原煤、原油产量和发电量、钢材产量年均增长速度将分别是 4.5%、1.09% 和 8.1%、

12.5%。在1995～2005年国内生产总值年均增长速度为9%～12%的情况下，原煤、原油、发电量和钢材生产弹性系数将分别是0.50、0.12、0.90和1.39或0.45、0.09、0.81和1.25。很显然，除原油外，原煤、钢材生产弹性系数均大大超过"六五"、"七五"和"八五"时期，而发电量生产弹性系数也高于"六五"时期，接近于"七五"和"八五"时期。此外，由于第三产业投资将大幅度增长，所以，作为第三产业主要部门的交通通讯业也将加速增长。总之，1995～2005年，能源、交通通讯和基础原材料对于山东工业经济增长的"瓶颈"约束，即使不考虑其消费水平将随着各种先进技术措施的采用而有所下降，也将会大大缓解。特别是在开放型经济中，能源、原材料的供应来源并不仅限于省内，还可以从省外或国外购进，因此，从能源、交通通讯和基础原材料的保证条件看，12%～15%的工业净产值年均增长速度是有把握争取到的。

今后一个时期，经济管理体制、经济和社会发展战略、产业政策、经济发展的空间格局以及政治环境和人们的心理预期状态等因素，虽然难以具体量化其对经济增长的影响，但这些因素推动经济增长的作用将进一步加大，极其有利于1995～2005年山东经济的高速增长，这一点是确定无疑的。

第二节　合理经济增长速度的保证措施

按照合理的经济增长速度的客观标准，在经济增长过程中最大可能地抑制消极因素的影响，充分发挥积极因素的作用，这是选择合理经济增长速度保证措施的基本出发点。具体来说，为了保证1995～2005年山东合理经济增长速度的实现，必须采取以下几个方面的措施：

一　坚持持续、稳定、快速、健康的经济发展方针

把握经济增长的省情特点是确定山东合理经济增长速度的基本依据，也是保证这一合理速度实现的前提。现阶段山东经济增长省情的主要特点是：支撑未来经济增长的自然条件、社会条件和经济总量水平不仅在全国，而且在华东其他主要省市中也具有较大优势；但工业化的结构基础不仅比华东其他主要省市，而且比全国还要薄弱，产业结构的合理化程度比

华东其他主要省市要低；经济增长的周期性波动比华东其他主要省市也要剧烈；第一产业增长对于国内（民）生产总值增长的贡献大于华东其他主要省市，也大于全国。由上述省情特点所决定，山东 1995 ~ 2005 年的经济年均增长速度保持在高于全国 1 ~ 3 个百分点的水平，即保持国内生产总值年均增长在 9% ~ 12% 的范围内是适宜的，不宜过高；经济增长速度的上限必须控制在能够保持工业化结构基础的强化和产业结构合理化的总量环境的限度以内；必须力争农业经济年均增长的高速度。只有这样，才能使经济年均增长速度保持在合理的水平。

保持经济的持续、稳定、协调和高速发展，是遵循经济规律的具体体现，是正确处理经济增长速度、结构和效益三者关系，从而使经济步入健康发展轨道、使经济增长速度合理化的可靠保证。这已为我国和山东省经济增长和发展的经验所充分证实。从山东经济发展和工业化进程的现状，特别是从工业化结构基础和产业结构现状看，1995 ~ 2005 年山东经济将依然处于由工业化数量扩张阶段向持续高速增长阶段转化的过程中，一方面，经济增长存在着明显的加速趋势，即年增长速度将会提高，经济增长的"速度效益"也随之提高，经济增长速度理应维持在一个较高的水平上；另一方面，经济增长的速度又不能过高，以维持经济总量的大致平衡，避免导致经济总量严重失衡和经济增长剧烈波动，为经济结构的合理化创造一个比较宽松的总量环境，从而为经济的持续高速增长奠定应有的结构基础。因此，坚持经济持续、稳定、协调和高速发展的方针对于山东 1995 ~ 2005 年经济的合理增长来说，有特别重要的意义。任何背离这一方针的思想倾向，不论它在经济增长速度上是消极保守的，还是急躁冒进的，都有碍于山东合理经济增长速度的实现。

二 运用经济手段，实现总量平衡

经济增长过程直接表现为经济总量的增长过程，经济增长速度的变化与经济总量供需关系的变化相互影响。一方面，经济增长过程将同时引起经济总量的变化，从而使经济总量的供需关系发生变化；另一方面，经济总量供需关系状态的变化也影响经济增长合理化状态的变化，作为变化的结果，经济总供给大于总需求或经济总供给小于总需求将使经济增长速度放慢或提高。显然，无论在总供给大于总需求，还是在总供给小于总需求条件下的经济增长速度往往都是不合理的，因为前者在没有有效供给的刺激措施时往往是一种"过冷"的速度，而后者在没有总需求控制措施时则往往是一种"过热"的速度。所以，要取得合理的经济增长速度，就必须对经济总量的供求关系进行有效的调控。

根据现代经济增长理论和经济发展的国际经验，货币、财政、汇率和收入政策对于经济总量的调控是行之有效的。从目前情况看，作为省级政府这方面的调控权限越来越小；但是，从长远看，由于一个省的地方经济有相对的独立性，市场经济的发展又客观要求中央适当分权，使地方政府掌握必要的经济调控手段，因此，今后省一级的宏观调控能力可能还会增强。即使在目前，也需要充分运用好中央的调控政策，来制衡经济总量的供求关系以保证经济的合理增长。

省级宏观调控应该掌握和运用的货币政策主要是贯彻落实中央货币政策，按照统一规定，运用利率杠杆，调节货币需求，从而调节货币供求关系；财政政策主要是运用财政收入和支出政策对经济总需求进行吞吐调节，当经济总需求过旺或膨胀时，增加地方税收以增加财政收入，同时减少财政支出，而当总需求不足时，则可适当减免税收或增加财政补贴以刺激需求，调整供需平衡；汇率政策主要是贯彻落实中央汇率政策，按照统一规定，运用汇率杠杆，调节进口需求和促进出口；收入政策主要是运用价格和工资政策，抑制通货膨胀，稳定物价总水平，同时使工资的增长速度不超过劳动生产率的增长速度。山东以往经济增长中存在的许多不合理的问题，如投资与消费需求双重膨胀，财政长期"紧运行"，物价总水平大幅度上涨等屡屡发生的问题，在很大程度上就是因为省级宏观经济调控不能卓有成效地运用上述一系列制衡经济总量的需求调节政策。其根由以往可以归结为整个高度集中的计划经济管理体制。今后，随着社会主义市场经济的培育和完善，省级宏观调控权限必将在一定范围内越来越宽松，这也是市场经济发育和完善的内在规律。所以，为了保证合理经济增长速度的实现，山东省级宏观经济调控体系必须能够娴熟地运用上述种种经济调控手段。

三　加快技术进步，优化产业结构

产业结构是从供给方面影响经济总量供需关系，从而也影响经济增长合理化状态的主要因素。由于产业结构的变化是一个比较缓慢的过程，它是一个慢变量，所以，产业结构不合理的问题一旦形成，就会在较长时期内制约经济的合理增长。此外，产业结构及其变化总是表现为经济总量及其变化，产业结构对于经济增长的影响是通过经济总量对于经济增长的变化来实现的，所以，产业结构对于经济增长的影响也是深层次的、根本性的。总之，产业结构的高级化状态是影响经济增长合理化状态的主要的、长期的、根本性的因素。

从对山东经济增长合理化状态的分析可见，以往山东经济增长的高速度是在产业结构及其相应的技术结构高级化水平、高级化演进速度都比较低的基础上取得的，特别是在农业劳动者比重一向较高，工业技术结构的现代化水平、能源和基础原材料工业比重以及第三产业比重都比较低的基础上取得的；以往山东经济增长长期呈现不合理状态的根本原因很大程度上就在于此。不仅如此，由于这一问题至今依然未获得根本解决，因此必将继续制约山东合理经济增长速度的实现。

所以，为了保证合理经济增长速度的实现，必须充分运用行政、经济和法律手段，特别是充分运用产业政策，加快技术进步的步伐，包括进一步提高农业的技术装备水平，用先进技术改善农业的生产条件，发展优质高产高效农业以提高农业的劳动生产率，同时使农业剩余劳动力转移到工业以及第三产业领域；用先进技术彻底更新改造工业，实现工业生产要素的优化组合，促使高附加值、高技术含量产业大幅度增长，以使工业从主要依赖数量扩张、外延扩大的发展轨道转向主要依赖质量提高、内涵扩大的发展轨道，从而更大幅度地提高工业增长在整个国内生产总值增长中的贡献；通过大幅度提高支撑经济增长的各种物质条件的使用效率，来提高经济增长的物质支撑能力；还必须加快能源、基础原材料和交通通讯产业以及整个第三产业的发展步伐，消除目前能源、基础原材料工业和交通通讯产业对于整个经济增长发展的"瓶颈"约束作用，改变目前第三产业比重过低、远远不能适应农业与工业的现代化和更大规模发展要求的问题。可以毫不夸张地说，鉴于山东产业结构及其相应的技术结构的现代化水平、现代化演进速度都明显较低的状况，加速技术进步，下大气力合理调整产业结构，不仅对于保证1995～2005年合理经济增长速度的实现，而且对于21世纪山东经济的合理增长和健康发展都是十分必要的。

四　加快社会主义市场经济体制的建立健全

经济合理增长的过程实质上是资源合理配置和利用的过程，而市场机制在资源配置和利用过程中的调节作用则是卓有成效的，所以，要保证经济的合理增长就必须充分发挥市场的制约调节作用。前述充分运用货币、财政、汇率和收入政策以制衡经济总量，充分运用行政、经济、法律手段，特别是运用产业政策以推进技术进步，合理调整产业结构等措施，也必须在充分发挥市场机制调节作用的基础上才能卓有成效。以往山东经济增长过程中之所以多有不合理之处，也与采用了高度集中的计划经济管理体制紧密相关。

为了保证合理经济增长速度的实现，必须尽快建立健全社会主义市场经济体制，以充分发挥市场机制对于资源配置和利用的积极调节作用。具体途径包括：按照使企业成为自主经营、自负盈亏、自我发展和自我约束的真正的市场主体的目标要求深化企业改革；按照建立、健全统一的社会主义市场经济体系的目标要求培育、发展和完善各类市场，健全价格、竞争和供求关系等市场机制；按照调控市场以促使企业行为合理化的间接宏观调控的目标要求，建立、健全省级宏观调控体系。鉴于十几年来宏观调控体系的改革已明显滞后，其创新是深化经济、政治等各方面改革的共同迫切要求这一事实，当前特别应该加快宏观调控体系改革的步伐，及早建立起能够充分发挥市场机制基础调节作用并与中央调控合理分工的卓有成效的省级宏观经济调控体系。

五　深化全方位对外开放

要保证合理经济增长速度的实现，就必须充分利用省内外两种资源和两个市场。因此，山东在今后的经济增长过程中必须坚持全方位开放。经过十几年的改革开放，特别是自确定建立社会主义市场经济体制的改革目标以来，山东与全国一样，全方位开放的格局已基本形成。但是，山东目前全方位开放的深度却不尽如人意，突出表现在当地产品的省外市场占有率较低，进出口贸易额较小，利用外资的技术层次不高。这说明山东目前的全方位开放还是浅层次的，尚有待于向纵深发展。

深化山东全方位对外开放的具体途径主要有：按照建立社会主义统一

市场和与世界经济发展对接的要求深化流通体制和外贸体制改革，包括建立具有相应功能的宏观调控体系、市场体系和企业机制；要彻底破除带有浓厚小农和"诸侯"经济色彩的地方保护主义政策和种种贸易壁垒政策，按照社会化大生产和外向型经济的要求对流通和外贸进行政策导向；扬长避短，优化产业结构，以适应我国恢复关贸总协定缔约国地位后国际产业分工格局对山东产业结构的强有力影响。

六　培育消费支点，实现合理消费

在正常情况下，消费对于经济增长有着显著的影响作用。由投资乘数原理可知，由于消费的存在，当积累每增加 1 个单位时，国民收入将增加不止 1 个单位。山东在以往的经济增长过程中，像全国一样，曾一度采取了抑制消费的政策，消费水平被压低到一个不应有的水平，消费结构变化缓慢，消费对于经济增长的促进作用甚微。党的十一届三中全会以后，由于城乡居民的消费收入水平大幅度提高，而同时又缺乏应有的消费约束和导向机制，消费在"还欠账"的同时又一度存在着膨胀的问题，即消费水平的提高超出了合理的界限，最终与投资膨胀一起导致了通货膨胀，特别是对消费结构的演进规律问题一直重视不够。在工业化初、中期，由于人均消费收入水平不高，消费结构的演进一般比较缓慢；但在工业化后期，特别是即将步入持续高速增长阶段的时期，人均收入水平、消费水平将迅速提高，消费结构的演进异常迅速，从而消费对于经济增长的影响将会越来越显著。山东经济目前正处于由工业化数量扩张阶段向持续高速增长阶段加速转化的时期，所以，山东在今后经济增长过程中必须对消费问题给予足够的重视，努力为未来经济的合理增长提供强有力的消费支点。

1. 努力把消费水平控制在一个适度的水平。

山东是一个消费大省，以消费促进经济增长的潜力很大；与此同时，一旦消费失控，也将使经济增长遭受挫折。因此，必须把消费水平控制在适度的范围内，其措施包括使职工工资水平的增长速度不超过劳动生产率的增长速度、使个人可支配收入总量增长速度不超过国民收入增长速度等。特别是要注意经济体制转型过程中"隐性收入"对于消费水平的膨胀作用。

2. 正确引导消费，优化消费结构。

随着人均消费收入水平的提高，人们将越来越注重消费品或消费对象的质量。低质量消费品比重趋于降低，而高质量消费品比重趋于提高，这是消费结构演进的一般规律。但是，如果没有建立在对于这一规律正确认识基础上的消费导向，则这一规律的实现常常会伴随着消费结构的严重扭曲。例如，当人均消费收入水平达到可以促使消费结构发生阶段性质变或飞跃时，个人消费的随机性、盲目性和攀比性往往会使人们集中去追逐一个或几个消费热点、结果导致部分消费品的旺销甚至供不应求与诸多消费品的滞销甚至严重库存积压并存的现象。这时，如果不加以正确引导，使消费转向与分流，就可能使消费误导生产，使许多企业或行业的生产要素错误配置、盲目扩大或缩小，形成扭曲的产品和产业结构，最终降低全社会资源的配置和利用效益。事实恰恰是，山东的经济正处于由工业化数量扩张阶段向持续高速增长阶段加速转化的关键时期，人均消费收入水平提高的速度极快，在从现在起到 2005 年的时间中很可能发生阶段性的质变或飞跃；相应地，消费结构的变化也十分迅速，甚至可能发生阶段性的质变或飞跃，在没有正确的消费导向的情况下，将可能出现盲目追逐消费热点的问题。因此，为了保证合理经济增长速度的实现，山东必须十分重视正确引导消费，优化消费结构。1993 年 2 月 9 日，国务院颁发了《九十年代中国食物结构改革与发展纲要》，山东也应该据此制定出符合省情的 90 年代食物结构改革与发展纲要。与此同时，还应该进一步制定出具有导向性质的 90 年代消费结构改革与发展的政策和规范；再应该充分发挥市场机制对于消费结构合理化的积极调节作用，如运用经济杠杆调节人们的消费行为，进而引导合理消费，优化消费结构；还应该充分运用法律和法规抑制种种不合理的消费倾向和行为，使人们的消费步入结构合理的健康轨道。

第二编

结构调整与效益转型

第五章　山东工业结构演进历程和现状

第一节　调整工业结构的前提假设和理论依据

一　前提假设

假说一：我国省区经济发展是可以独成体系的。产业结构的相似演进是省区经济发展独成体系的根本，而产业结构的相似演进又是必然的。一方面，这是由形成产业结构的内在机制所决定的。这一机制就是在资源有限的情况下，能够对于资源进行充分利用和有效配置，以获得最大经济效益的市场机制。就是说，无论是国际上的不同国家和地区，还是同一国家的不同地区，其产业结构的生长机制都必须充分发挥市场机制对于资源配置和利用的积极作用。另一方面，各个不同的国家和地区（也包括一国之内的省级区域）自身又都是独立的经济活动主体，只要具备了一定的生长条件，如自然资源、劳动资源、技术手段、收入水平以及相关的人文社会条件等，就能够在既有的工业化过程中的一系列产业生长领域培植自己的新产业生长点，并且按照同样充分发挥了市场机制积极调节作用的资源配置机制的要求，使得产业之间的比例关系以大致相同的状况演进，从而获取自身的经济利益。

毋庸置疑，产业结构的成长还应受到社会化大生产所要求的按照比较优势进行合理分工的产业发展原则的影响。但是，按照"动态比较优势理论"，某一国家或地区在发展某一产业或产业体系上的比较优势是可变的，在世界市场越来越趋向一体化、资源的流动性日益增强的情况下，只要具备与新的产业分工格局相应的产业或产业体系的成长条件，旧的产业分工格局完全可以被新的产业分工格局所取代；在充分发挥市场机制调节作用的资源配置机制与社会化大生产的合理分工原则共同作用的情况下，产业结构演进的状态不会是那种单纯由前者或由后者所决定的所谓"最优状态"，而只可能是"次优状态"。更何况起决定作用的往往是前者，后者往往是在充分发挥前者作用的基础上起作用的，即使后者的作用是对前者作用的消极方面的合理校正也是如此。当然，市场机制本身就有着使得各个国家和地区的产业结构朝着符合社会化大生产的合理分工原则所要求的方向演进的积极作用，但这可能是一个十分漫长而又曲折的过程。由比较可见，那种依据我国各个省区的规模相当于世界许多国家的规模、资源的多样化和丰富程度较高、交通运输又十分落后所建立起来的"区域自成体系论"就是值得商榷的了。

假说二：山东以往工业结构的调整具有某种程度的合理性。在计划经济体制下，虽然产业政策的制定主要由经济管理部门的主观意志所决定，但基本上也是基于对工业结构演进的客观规律的正确认识，尽管这种认识有很大的局限性。此外，山东工业经济 40 余年的飞速发展，也说明了以往工业结构一定的合理性。同时，这里提出的结构转型是建立在以往结构调整的某种程度的合理性基础上的，而不是对现存工业结构状态的全盘否定。

假说三：工业结构是一个慢变量，其长期演进趋势并不会在一两年或两三年时间内发生明显变化——消失或呈现新的特征。这样，在仅仅缺乏一两年乃至两三年的时序资料的情况下所作出的实证性分析研究，就不会有太大的局限性。

二 工业结构演进的一般规律

根据经济发展的国际经验和众多的研究成果，工业结构演进的一般规律，从工业内、外两方面的联系看，主要包括配第一克拉克定律、霍夫曼定律、主导产业部门体系的依次更替等工业结构的有序演进规律；工业结构在纵向等级序列中高级化、横向上均衡化演进的合理化演进规律；不同国家和地区工业结构的相似与互异演进规律。

1. 有序演进规律

这里的有序演进包括两层意思：一是，各个不同产业的成长保持先后有序；二是，一定产业先后作为先行产业或"朝阳产业"、支柱产业或"盛阳产业"、衰退产业或"夕阳产业"而出现，总是与经济发展的阶段相适应，在一定的经济发展阶段上，处于上述三种不同产业地位上的产业群是一定的、有限的。

（1）配第一克拉克定律：随着人均国民收入水平的提高，劳动力首先由第一产业向第二产业转移；当人均国民收入水平进一步提高时，劳动力便向第三产业转移。总的结构演进趋势是：劳动力在第一产业的比重减少，在第二、三产业的比重增加。

在配第一克拉克定律的基础上，美国经济学家库兹涅茨运用统计分析方法把国民收入在三次产业分布的变化趋势与劳动力分布的变化趋势结合起来进行研究，使人们对于产业结构演进的一般规律有了更加全面的认识：国民收入分布的变化趋势是，随着人均国民收入的增加，农业实现的国民收入在整个国民收入中的比重不断下降，工业实现的国民收入在整个国民收入中的比重不断上升，服务业实现的国民收入在整个国民收入中比重的变化不明显；劳动力分布的变化趋势是，农业劳动力在全部劳动力中的比重下降，工业劳动力在全部劳动力中的比重在大多数国家是有所上升的，但没有国民收入方面的变化那么明显和有一致性，服务业劳动力在全部劳动力中的比重趋于上升，尤其是在运输业和商业就业的劳动力上升的趋势最明显。

钱纳里运用库兹涅茨的统计分析方法对产业结构变动的一般趋势进行了更为广泛和更大信息量的最新研究，他首先确定结构转换分析的基本假定前提，继而根据基本假定构造了"发展模型"，再而使用几个基本的回归方程对发展模型复合，回归得出一个"标准结构"。"标准结构"对人均 GNP100～1000 美元（1964 年不变美元价格）发展区间的经济变化得出了重要的描述性结论：总结构变化的 75%～80% 发生于这一区间，其中最重要的积累过程和资源配置过程，都将发生显著的、深刻的变化。在 GNP 分布方面，初级产业的附加值从 52% 下降到13%，制造业则从 12.5% 上升到 38%，基础设施和服务业不断稳定上升。其中，一个重要的现象是，当人均 GNP 超过 300 美元的"临界点"之后，制造业的附加值一般才会超过初级产业的附加值。在劳动力分布方面，随着收入的提高，初级产业劳动力比重从 71% 不断下降，制造业劳动力比重从 7.8% 不断上升，当人均 GNP 超过 700 美元之后，工业中的就业才开始超过第一产业的就业人员。一旦人均 GNP 达到 1500 美元，第一产业的劳动力份额将降到15%，而工业和服务业所占用的劳动力份额越来越大。

美国经济学家马克卢普和波拉特首先从服务业中划出一个信息业作为第四产业，确立了四次产业分类法。据此，波拉特对美国信息经济的测算结果是，美国100多年来的四大产业就业人口结构变动趋势表现为农业明显下降；工业上升又下降；服务业缓慢上升，递增率很低；信息业显著上升。这就是说，原来意义上的第三产业在抽去信息业的划分之后，其增长趋势并不显著，真正具有较强增长势头的是信息业。产业结构演进的总趋势是经历农业化阶段、工业化阶段和信息化阶段。

（2）霍夫曼定律：德国经济学家霍夫曼根据产业的用途，将工业划分为"消费品工业"和"资本品工业"两大部门，并对20个国家18世纪以来的工业化历史和统计资料进行了分析和研究，发现各国的发展大体上遵循一个共同的模式，并且可以用所谓的"霍夫曼比例"，即消费品工业的净产值与资本品工业的净产值之比来表征。对"霍夫曼比例"的计算结果表明：消费品工业净产值与资本品工业净产值之比在发展过程中是持续下降的，这就是所谓的"霍夫曼定律"。这个持续的渐进过程大致上可以分为四个阶段：第一阶段，霍夫曼比例为5（±1）；第二阶段为2.5（±1）；第三阶段为1（±0.5）；第四阶段为1以下。

日本经济学家盐野谷一以消费资料工业总产值与资本资料工业总产值之比重新计算了霍夫曼比例，得出了更为科学的分析结果：在工业化初期，霍夫曼比值是下降的，但随后就趋于稳定，即"霍夫曼定律"在工业化初期才是适用的；在消费资料生产与资本资料生产的比例关系保持不变的情况下，重工业化率即重工业总产值的比重却在上升。

（3）主导产业部门体系的依次更替规律：罗斯托认为，经济成长阶段可以划分为传统社会、为起飞创造前提、起飞、成熟、高额群众消费、追求生活质量六个阶段，相应地存在着五种"主导部门综合体系"：①为起飞创造前提阶段，主导产业部门体系主要是食品、饮料、烟草、水泥、砖瓦等产业部门；②起飞阶段，主要是非耐用消费品生产的综合体系，如纺织工业等；③成熟阶段，主要是重型工业和制造业综合体系，如钢铁、煤炭、电力、通用机械、肥料等产业部门；④高额群众消费阶段，主要是汽车工业综合体系；⑤追求生活质量阶段，主要是生活质量产业部门综合体系，包括服务业、城市建筑等部门。

钱纳里认为，大国的经济发展可以划分为三个阶段，其相应的制造业主导产业部门是：①经济发展初期，占主导地位的是早期制造业部门，如食品、皮革及皮革制品、纺织部门，其产品一般是需求收入弹性较低的最终生活必需品；②经济发展中期，占主导地位的是中期制造业部门，如非金属矿物制品、橡胶提炼加工、木材以及木材制品和石油、化工、煤炭制品等部门，其产品一般是需求收入弹性很高的最终物品和中间物品兼而有之；③经济发展后期，占主导地位的是后期制造业部门，其产品一般是需求收入弹性很高的中间需求品。

联合国拉丁美洲经济委员会则认为，工业经济发展可以划分为五个阶段，相应地存在着五类主导产业部门体系：①前制造业阶段，主要发展手工业和家庭手工业，以满足人们对纺织品、服装、家庭用具等简单制成品的需求；②生产传统消费品的阶段，主要是由工厂生产工具、建筑材料、纺织品、皮革制品、肥皂、玻璃等；③生产基本材料、简单机器设备的工业部门的兴起，出现了某些简单的钢铁业、机器制造业、炼油业、基本化学材料及简单化工产品，同时，在进口原料的基础上，橡胶工业、合成材料的生产也开始发展起来，制造业产品的种类迅速扩大；④以具有先进技术的工业部门的兴起为特征，开始了更高级的中间产品的生产以及复杂设备的生产，已经能够解决复杂的、多方面的设计和建造任务；⑤最大可能地利用当代科学技术的最发达工业部门，如高纯度的材料、以核能为基础的工业、复杂的电子设备、航空业等的兴起。

2. 合理化演进规律

为了以有限的资源来最大限度地满足人们的需要，必须对作为资源配置表现形式的产业结构进行合理的选择，这是不以人们的主观意志为转移的客观要求。这一客观要求至少包括两方面的内容，一是通过技术的不断创新等途径促使产业结构在纵向上不断朝着其等级系列中的新阶段演进，即促使产业结构的高级化；二是通过对各种产业之间关系的协调促使产业结构在横向上均衡演进，即促使产业结构的均衡化。所以，工业结构演进的合理化规律包括工业结构的高级化和均衡化两方面的内容。

（1）工业结构的高级化演进规律：从纵向上看，工业结构在其等级系列中所处的阶段由低级向高级不断演进，包括工业在内的第二产业的份额在相当长一段时间内不断增加；工业技术结构的现代化水平不断提高；轻工业产值与重工业产值的比例在相当长一段时期内持续下降，而加工工业在全部工业中的份额不断增加——德鲁克定律。

（2）工业结构的均衡化演进规律：从横向上看，工业与其他产业以及工业内部各产业之间的协调程度不断提高，工业化过程中按第一、二、三产业划分的产业结构的偏离度趋于下降；能源、电力、基础原材料工业与一般加工工业，轻工业与重工业，工业的"朝阳产业"或"先行产业"、"盛阳产业"或"支柱产业"与"夕阳产业"或"衰退产业"之间的比例关系都趋于协调。

3. 不同国家和地区工业结构的相似与互异演进规律

不同的国家和地区，既包括国际上不同的国家和地区，也包括同一国家不同地区的工业结构演进，既存在着主要与共同遵循工业结构演进一般规律的必然性相联系的很高程度的趋同性，又存在着主要与本国或本地区工业成长的特定条件相联系的一定程度的互异性。在资源有限的情况下，为了最大限度地满足社会需求，就必须利用能够对于资源进行充分利用和有效配置的市场机制，这使得不同国家和地区产业结构的生长机制存在着极大程度的一致性；另外，各个不同的国家和地区，只要具备了一定的条件，如自然资源、劳动资源、技术手段、收入水平以及相关的人文社会条件，就都能够在既有的和将有的工业化过程中的一系列产业生长领域中培植自己的工业乃至整个产业领域的生长点，并且按照同样充分发挥了市场机制积极调节作用的资源配置机制的要求，使得工业内部各产业之间，以及第一、二、三产业之间的比例关系以大致相同的状态演进。就是说，不同国家和地区共同遵循工业结构演进的一般规律是必然的。但是，市场机制作用下资源的流动可以在一定程度上缩小不同国家和地区产业成长条件的部分差异，但却不能彻底消除这些差异。这些差异使得不同国家和地区工业结构的演进状态在大致相似的同时又必然是互异的。

三　比较优势原理

不论任何国家或地区都有其相对有利的生产条件，如果各国或地区都把劳动用在最有利于本国的用途上，生产和出口相对有利的商品，进口相对不利的商品，即"优中选优、劣中选优"，这将使各国资源得到最有效的利用，使贸易双方获得利益。所谓比较，是指相对成本（也称相对价值或机会成本）的比较，具体又是指各种产品成本的比较。比较优势是由生产要素禀赋比率和不同商品生产的技术系数、规模经济、供给可能性、技术进步和产品周期等因素所决定的。如果把技术因素排除在生产函数之外，认为生产要素禀赋比率和不同商品生产的技术系数是不变的，则是一种静态比较优势理论；相反，把技术进步视为生产要素的成分之一，从而认为生产要素禀赋比率和不同商品的技术系数是可变的，则是一种动态比较优势理论。比较优势表明不同国家或地区在同一商品生产上的相对劳动生产率不同，因而成为相互之间进行专业化分工的重要依据。所以，作为测定各个产业部门在各个国家或地区的相对专业化程度的指标——区位商，也就成为比较优势的一个间接衡量标准。

四　支柱产业选择基准

后起发展中国家和地区常用的是收入弹性基准、生产率上升基准和关联度基准。收入弹性是指在价格不变的前提下，产品需求的增加率和人均国民收入增加率之比。随着人均收入的提高，收入弹性高的产品在产业结构中的比重将逐步提高，选择这些产业为发展重点，当然就是符合产业结构变动方向的。生产率是指全要素生产率（或称综合要素生产率），是产出对全部投入要素之比，而不是指对某一单个的投入要素（如劳动）之比。显然，选择全要素生产率上升快的产业优先发展，有利于提高出口竞争力和整个经济的资源配置效益。关联度是指客观世界中各因素之间的相关程度。产业之间关联度常以后向联系系数（也称扩散能力系数、影响力系数成效应系数）与前向联系系数（也称扩散感应系数、感受度系数或灵敏度系数）来表示。如果某一产业部门的后向联系系数大于1，则该部门最终需求变动一个单位将导致整个经济发生高于平均水平的变动；而对于前向联系系数大于1的部门，如果所有部门的最终需求都增加一个单位，将使该部门发生高于平均水平的产出变动。故可以认为，支柱产业部门就是那些扩散能力或扩散感应系数大于1的部门。需要指出，以收入弹性、生产率上升和关联度为基准选择支柱产业的结果在很大程度上是一致的。这是因为，大批量的需求促进生产率上升，降低了成本，更进一步扩大了需求；产业联度越高的产业，越可能提供高收入，而且其需求量也可能越大；生产率是投入与产出之间的联系，生产率上升往往是投入—产出关系深化的结果，并且引起产业的更加细分化和各产业关联度的进一步提高。

第二节　山东工业结构的历史演进

山东工业结构的演进历程可以从轻重工业比例关系的变化和产值比重位次排前的工业产业群的演进两方面来考察。

一　以轻重工业比例关系为主线的结构演变

工业结构演进的一般规律表明：在工业化起步阶段，劳动密集型的轻纺工业发展较快，成为带头的主导产业，逐步实现轻工业化；进入工业化起飞阶段，轻工业比重逐步下降，资金密集型的基础瓶颈类重化工业比重逐步上升，成为带头的主导产业，同时，技术密集型的加工组装类重化工业也开始发展，逐步实现重化工业化；进入工业化加速阶段，技术密集型的加工组装类重化工业成为带头的主导产业，逐步实现高加工度化；在工业化成熟阶段，知识密集型的高新技术产业和服务产业成为带头的主导产业，逐步实现高附加值化。

山东轻重工业比例关系的演变大体上可分为四个时期。第一时期（1950～1978年）。新中国成立初期，山东工业内部轻工业占绝对优势，轻重工业产值之比为 90.16：9.84；此后的近 30 年中，重工业以年均19.8%的增长率加速发展，轻工业年均增长 10.7%，重工业比重大幅度上升，其比重迅速地超过了轻工业，轻重工业的比例变为 48.61：51.39。第二时期（1979～1984 年），轻工业加速发展，年均增长 13.1%，重工业年均增长 4.9%，轻重工业产值之比变为 59.37：40.63，轻工业比重超过了重工业。第三时期（1985～1991 年），重工业增长又一次加快，年均增长 20.8%，轻工业年均增长 19.7%，重工业比重缓慢上升，轻重工业产值之比接近 1：1。第四时期，自 1992 年开始，重工业产值比重再度超过轻工业，轻重工业产值之比为 49.3：50.7。由此不难看出，山东轻重工业比例关系的演进基本上遵循了工业结构演进的一般规律，即在工业化开始后的相当长一段时期内，重工业产值比重趋于上升，而轻工业产值比重则趋于下降。但是，像全国一样，在人均 GNP 水平比较低的工业化初期，为了追求生产资料的优先增长，不得不把人民生活水平控制在一个较低水平，在此前提下实施重工业化的战略和政策，即出现所谓的"逆霍夫曼定理效应"或"超前工业化"。1978 年实行全面改革、全方位开放以后，轻工业较快发展，对人民生活的"欠账"有所偿还，重工业过度超前发展的问题也得以纠正。因此，准确地说，山东的工业结构演进呈现出重工业优先增长—轻工业补偿性迅猛增长—轻重工业并重、重工业略快增长的特殊形态，如表 5—1 所示。

表 5—1　　　　　　　　　　山东轻重工业比例关系的演变

工业结构类型	阶段	时期	人均 GNP（美元）	特征	轻重工业比例变化
轻工业化	起步阶段 1949～1991	1949～1978	300 以下	重工业强制性优先增长	大于 1→小于 1
		1979～1984	300 以下	轻工业补偿性加速发展	小于 1→大于 1
		1985～1991	300 及其以上	轻重工业并重，重工业略快增长	大于 1→等于 1
重工业化	加速转型阶段 1992～至今	1992～	400 及其以上	重工业稳定加快增长	等于 1→小于 1

　　注：人均 GNP 水平系根据世界银行年度发展报告公布的我国人均 GNP 水平，并考虑到山东与全国该指标的对比水平，折算出具有分析研究可比性的 1964 年的不变美元价格值。

二　支柱产业群的演变

　　山东产值比重位次排前的工业产业群的演进可借助于 ABC 分析表来进行，见表 5—2。限于统计资料，为了便于纵向比较，表 5—2 采用以往的统计口径按 12 个行业划分。

表 5—2 山东产值比重位次排前的工业产业群的演变

年度	纺织		食品		机械		化学		建材		石油		冶金		比重合计（%）
	位次	比重（%）	位次	比重（%）	位次	比重（%）	位次	比重（%）	位次	比重（%）	位次	比重（%）	位次	比重（%）	
1952	1	46.0	2	24.0	3	7.5									77.5
1957	1	31.0	2	22.1	3	14.8	4	9.8							77.7
1960	2	19.3	3	10.8	1	24.0	4	11.5	5	7.9			6	7.2	80.7
1965	1	25.2	3	16.4	2	17.8	4	14.3					5	4.7	78.4
1970	1	21.9	4	10.4	2	21.8	3	17.3			5	8.2			79.7
1975	2	17.5	3	13.7	1	22.8	5	11.1			4	12.7			77.8
1980	1	20.3	3	13.1	2	19.2	5	11.1			4	11.2	6	4.7	79.6
1985	1	20.1	3	13.6	2	19.4	5	8.9	6	8.1	4	12.5			82.6
1990	2	18.3	3	15.1	1	19.1	4	11.5	6	6.0	5	9.3	7	4.1	83.4
1995	4	11.3	2	15.3	1	22.5	3	11.6	6	7.5	5	9.6	7	4.3	82.1

注：①包括乡及乡以上独立核算工业企业；②表中"比重"指该产业总产值占工业总产值的比例；③按旧统计口径计算行业比重。

资料来源：《奋进的四十年·山东分册》，中国统计出版社 1989 年版，第 151、152 页；《山东统计年鉴（1993）》，第 275、276 页；《山东统计年鉴（1996）》。

由表 5—2 可见，山东产值比重位次排前的工业产业群的演变基本上符合工业结构演进的一般规律。占工业总产值 80% 的工业产业群，20 世纪 50 年代初期按比重大小依次为纺织、食品、机械工业三大行业；主要是纺织和食品工业，其产值比重之和达 70%，此时的工业主要是提供穿、吃等需求弹性比较低的基本生活必需品。随着工业化的进展，需求弹性较高的工业部门产业相继崛起，工业门类越来越齐全，50 年代末发展为纺织、食品、机械、化学等四大行业；60 年代机械工业飞速发展，其比重超过食品工业，同时，建材和冶金等原材料工业也有较大发展，该时期发展为纺织、机械、食品、化学、冶金、建材工业等六大行业；70 年代，胜利油田的建成，使石油工业（含油开采和油加工）代替了冶金和建材工业构成五大行业；80 年代，纺织、机械、食品工业比重的下降使冶金、建材工业重新排前，发展为纺织、机械、食品、石油、化学、冶金、建材等七大行业；进入 90 年代，这一构成状态尚未显著变化，只是纺织工业比重及其排序严重下降。

总起来说，虽然产值比重合计为 80% 的工业群中工业部门产业门类个数不断增加，产业集中度因而逐渐降低，但资金密集型产业却始终没有取代劳动密集型产业而占据主体和主导地位，这说明工业结构类型尚未发生根本性的变化，其演进较慢。分别来看，各工业部门产业的发展，纺织、食品工业等劳动密集型传统产业的比重逐渐缩小；机械工业比重 70 年代上升到第一位，80 年代位次下降，1988 年以后则再次上升，位居第一；化学、石油、建材工业等则呈不断上升趋，但至今尚未占据主导地位。如果按现行统计口径的 37 个行业划分，则从产值比重看，80 年代山东工业结构依然没有发生根本变化，比较突出的只是纺织工业比重逐步下降。由此可见，虽然从中央到地方在 80 年代初期就提出并一再重申调整优化工业结构，但至今结构状态的量变过程还是不够迅速。可以预见，今后将是工业结构发生质变的时期。

第三节 山东工业结构的现状

在以上关于山东工业结构演进历程的分析中实际上已经包含有现状的部分说明。以下将更为具体地揭示 1978 年至今我国实行改革开放过程中山东工业结构的现状特征及其存在的问题，以充分说明 90 年代以后工业结构转型性调整的客观基础。

一 几个主要比例关系

1. 农、轻、重比例关系

经济增长的一般规律表明，在工业化数量扩张过程中，农业在工农业总产值中的比重将不断下降，而工业的比重则迅速上升占主体地位；轻重工业的比例由大于 5 变为小于 5 而大于 1、等于 1、小于 1；农轻重结构按比重大小排序，由农、轻、重变为重、轻、农。山东农轻重结构正是沿着这一工业化方向和按着产业结构演进一般规律要求发生了明显而积极的变化。然而，工业经济效益的变化却与之极不相称。1952 ~ 1992 年，山东农业总产值在工农业总产值中的比重由 66.58% 下降到 19.10%，工业总产值的比重则由 33.42% 上升到 80.90%，分别下降（上升）了 47.48 个百分点；轻、重工业比例由 7.96：1 变为 0.97：1；农、轻、重比例由 17.85：7.96：1 变为 0.47：0.97：1。但与此同时，全部独立核算工业要素生产率年均增长率及其对产出增长的贡献，"一五"时期分别为 4.4% 和 19.5%。"七五"时期则下降为 -8.4% 和 -323.1%；从 1978 年改革前后两大工业化时期看，1953~1978 年分别为 1.0% 和 8.5%。而 1979~1992 年则分别下降为 -3.2% 和 -71.1%。这一切说明，我国农轻重比例关系按着工业化方向和产业结构演进一般规律的要求所发生的积极变化，不仅没有明显地促进工业经济效益的增长，反而伴随着工业经济效益增长速度及其对整个工业总量增长贡献的不断下降。

2. 原材料工业与加工工业的比例关系

多年来，山东省原材料工业与加工工业产值之比一直在 0.40 左右徘徊，近 10 年则呈弱下降趋势，存在明显偏小的结构矛盾。另外，加工工业物耗率却持续上升。仅从 1980~1990 年看，轻工业物耗率由 0.70 上升为 0.75，重工业物耗率由 0.62 上升为 0.71。这种失衡的工业结构难以支撑工业的持续高速增长，从而对工业经济效益水平的提高产生消极影响。

3. 能源、电力和货物周转量增长与工业增长之间比例关系

山东省能源、电力和货运周转量与工业增长的弹性系数在大多数历史时期都比较低，特别是"六五"以来普遍趋于下降。如以"二五"时期"七五"时期相比较，能源生产弹性系数由 3.11 下降为 0.30，电力生产弹性系数由 4.97 下降为 0.65，货物周转量弹性系数由 1.13 下降为 0.56。这种严重的结构失衡问题也必然制约工业经济的持续高速增长，从而对工业经济效益水平的提高产生消极影响。

此外，结构现状还可以从技术结构、产品质量结构、企业组织结构等几方面加以说明，这里不一一展开分析，但结论是一致的。技术结构、产品结构、企业组织结构等指标，以山东省自身纵向比较，有了很大提高，但与广东、江苏、上海等省（市）相比较，差距仍很大，突出表现在工业净产值率下降比较大，这些也是山东省工业结构效益下降的重要原因。正是因为山东省工业的高速发展基本上是依赖劳动力、资金的超比例增量投入实现的，而忽视了技术进步的根本动力作用，因而，导致综合经济效

益的全面下降。由此得出结论：产业结构的调整如果不是以技术结构的提高为先导，必然会带来结构效益降低。

二　一个严重的问题

对于一个已有 40 余年工业化历程，1953～1993 年国民收入和工业国民收入年均速度增长分别达到 7.7% 和 12.6% 的省份来说，其全社会资本存量、工业资本份额的迅速扩大以及产业结构、工业结构的日臻成熟是不言而喻的。特别是，像全国以及其他省、市、自治区一样，1978 年改革开放以来山东的工业结构发生了明显的变化，这除了可以通过上面对山东工业结构演进历程的纵向分析上看出以外，还可以从与其他主要省、市的横向比较上来进一步加以说明，如表 5—3。

表 5—3　　　　1981～1989 年山东与其他省、市工业结构的变动

省市	工业结构变化指数	产业比重变动幅度（%）			
		轻工业	采掘工业	原材料工业	重加工业
山东	0.2231	-2.95	2.88	-0.46	6.30
上海	0.2067	-2.28	-0.01	3.57	5.83
江苏	0.8577	-5.50	-0.77	-0.20	6.37
浙江	0.1483	-1.94	-0.73	-1.08	3.77
广东	0.3418				

注：①结构变化指数 $Q = \arccos \left[\dfrac{\sum S_i(t) \cdot S_i(t-1)}{\sqrt{(\sum S_i(t))^2 \cdot (\sum S_i(t-1))^2}} \right]$。式中，$Q$——结构变化指数；$S_i(t)$——行业 i 在 t 年在总产值中所占的比例；$S_i(t-1)$——行业 i 在 $t-1$ 年在工业总产值中所占的比例。当两时点所有部门无变化，即 $S_i(t) = S_i(t-1)$ 时，指数值为 0；反之，如果 $t-1$ 年制造业全部集中于某一部门，t 年集中于另一部门，则指数为 90；其他在 0～90 之间变动；指数值扩大表示 t 年和 $t-1$ 年之间的差异增加。②据国家统计局有关统计资料。③按可比价格计算。

资料来源：根据杨开忠：《中国地区工业结构变化与区际增长和分工》一文（《地理学报》1993 年第 6 期，第 481～490 页）中表 1 整理。

一般来说，人均收入水平低、工业化刚刚起步、工业基础薄弱的低收入省区，或第一产业具有相对优势的农业省区，结构变化程度较大；而人均收入水平高、工业具有绝对和相对优势的省、市，结构变化程度较小。尽管有变化程度上的差异，但表5—3还是充分显示出80年代以来山东与华东其他主要省、市以及广东省工业结构的明显变化。

问题恰恰在于，山东工业结构的变化却相对不利于经济的增长，如表5—4。

表5—4　　　　　　1980～1990年工业结构变动对经济增长的作用　　　　　　（亿元）

省市	工业结构性转移增长（Pj）	修正后的工业结构性转移增长（EPj）	修正结构性转移增长（SEPj）
山东	−7.75	−20.20	−12.45
上海	208.90	90.72	−118.18
江苏	101.93	143.76	−41.82
浙江	48.21	55.28	7.06
广东	36.57	151.44	114.87

注：①$Pj = \sum e_{ij}^{\Omega}\left(\dfrac{E_1^t}{E_1^0} - \dfrac{E^t}{E^0}\right)$。式中 Pj——j地区结构性转移增长；$e_{ij}$——j地区i工业行业的总产值；Ei——全国i工业行业的总产值；E——全国工业总产值；0——基期；t——末期。

②$EPj = \sum\left(\dfrac{e_{ij}^{\Omega}}{E_j^t/E_j^0}\right)\cdot\left(\dfrac{E_j^t}{E_j^0} - \dfrac{E^t}{E^0}\right) = \sum e_{ij}\left(1 - \dfrac{E^t\cdot E_j^0}{E^0\cdot E_j^0}\right)$。式中，EPj——修正后的结构性转移增长，Ej——j地区工业总产值；其他符号的意义同①。

③SEPj—EPj−Pj。式中，SEPj——修正结构性转移增长。SEPj为正数，表明了地区结构朝着有利于该地区经济增长的方向变化；相反，SEPj为负数，表明j地区结构朝着不利于经济增长的方向变化。

资料来源：根据杨开忠：《中国地区工业结构变化与区际增长和分工》一文（《地理学报》1993年第6期，第481～490页）中表3～表5整理。

表5—4是运用国际学术界精致分析区域差异变动时所常用的转换和分享分析法所得出的结果。该方法的基本思路是，某一时期任意一个区域的经济增长都可以分解为"转移"和"分享"两个部分。分享部分是指当区域经济以全国经济增长速率增长时所获取的增长量，它是测定一定时

期区域经济增长偏差的标准参数。转移部分是指区域经济增长对其分享部分的偏差数额，它又可进一步分解为结构性（又称比例性或产业混合）转移和差异性转移两部分。前者可归因于区域产业部门构成作用的区域性转移份额，对于以比全国平均水平增长得较慢的产业部门为专业化对象的区域，其值为负；反之，对于以比全国平均水平增长得较快的产业部门为专业化对象的区域，其值为正。后者是在区域因素（如区域自然条件和自然资源等）的作用下，区域特定的产业部门较全国相应的部门增长得快或慢而引起的区域转移净额，如果一个区域具有优势，则该区域这一差异性转移部分之值为正；反之，如果一个区域处于相对劣势的地位，则该区域此值为负。由表5—4可见，除上海因情况特殊而不具备可比性外，华东其他主要省区江苏、浙江和1978年改革开放以后崛起的发达省区广东的工业结构变动都朝着有利于经济增长的方向，而山东工业结构的变动却并不完全有利于经济增长。

如果把一省作为一个具有独立经济利益的生产单位对待，则其生产函数可以抽象为：

$$Y = Y(L, C, N, T)$$

式中，Y——产出；L——劳动；C——资本；N——自然资源；T——技术。

假定比较优势是由上述生产函数中任意两种因变量的比率来决定的，则可能存在的地域分工型式有L—N、L—C、C—N、L—T、N—T和T—C型六种。这是在任何一种国民经济中都可能存在的几种地域分工型式。但是，由于我国是一个典型的劳动力无限供给的二元经济国家，各地区的普通劳动力供给都可以认为是完全弹性的和不受制约的，所以，在我国工业化过程中劳动力资源可以被假定为在各个区域之间是无差别的，也就是说，劳动力并不是一个区域性因素。在这种情况下，可能存在的比较优势或地域分工型式就只剩下N—T、T—C和N—C三种。

N—T型分工是指主要取决于技术要素和自然资源禀赋比率的地域分工。在这里，资本是不存在区域差异的，或者在区域之间是可以自由流动的。其基本特征是：（1）以自然资源供给的可能性为基础，因自然因素是不可能轻易用人为方法所改变的，所以这种分工稳定而持久；（2）是一种垂直型分工，区域间的经济结构是异质和互补的。

T—C 型分工是指主要决定于技术要素和资本禀赋比率的地域分工。在这里，自然资源可以通过初级产品的自由贸易而获得，而被假定是没有区域差异的。其基本特征是因其以可变的技术和资本的禀赋比率为基础。所以具有不稳定性，只能保持一定时间的比较优势，区域间的经济结构是同质的。

N—C 型分工是指决定于自然资源和资本的禀赋比率的分工。在这里，技术要素在要素禀赋比率的决定中不起什么作用。这种分工的基本特征与 N—T 型大致相同。

60 年代中期以前，在我国地域分工过程中，实际起作用的主要是 N—T 型分工。60 年代中期以来，由于资本的区域化和自然资源的非区域化，我国地区分工开始向 T—C 型分工转化。在 N—T 型分工作用下，一方面形成中、西部以采掘工业、原料工业为主导，东部以加工工业为主导的产业体系；另一方面由于不发达的中、西部处于相对优势地位，发达的东部处于相对劣势地位，区域差异程度缩小了。然而，伴随着地域分工由 N—T 向 T—C 型的转化，以资本和技术要素为比较优势的东部地区的有利程度和优势地位不断提高，而以自然资源为比较优势的中、西部则由有利的优势地位逐渐向不利地位、劣势地位转变。遗憾的是，作为东部地区的一个在工业资本存量上拥有一定优势的大省，山东却没有在有利的地区分工转型过程中获得有利的工业结构性转移增长。尤其是，进入 80 年代以后，中国经济发展实际上选择了"消费主导型数量扩张模式"，形成了一种特有的大幅度增加个人收入水平、追逐高消费与产业结构的轻型化之间相互促进的"消费主导型数量扩张发展循环"，致使全国各地纷纷上马价高利大的一般加工工业项目，并且因而在短时期内获得了工业经济的大幅度增长。而在这一过程中，山东省工业结构性转移增长却为负值，这更加使人相信以往山东省工业支柱产业的选择存在着一定的不合理之处。

第六章　山东工业支柱产业调整

第一节　工业支柱产业的调整选择

正是基于肯定省区经济发展能够独成体系这一假说前提，对于省区工业支柱产业的选择才能够寻求适用于一个国家或一个国际性的地区的一系列依据，包括工业结构演进的一般规律、比较优势原理、支柱产业选择基准，等等。

一　选择之一：依据工业结构演进规律

首先，经济发展的国际经验表明，后起的发展中国家和地区由以人均收入水平低、工业门类较少、众多的工业产业部门必须扩大规模、整个产业结构比较幼稚和经济总量增长起落较大等为特征的工业化数量扩张阶段，向以人均收入水平大幅度提高、工业门类较为齐全、众多的工业产业部门都已获得规模经济、整个产业结构加速演进和经济总量持续高速增长等为特征的工业化成熟阶段转化，必须在达到"刘易斯转折点"，即人均GNP 达到300 美元（1964 年不变美元价格）左右、工业总产值在工农业总产值中的比重达到 75%、工业劳动力在工农业劳动力中的比重达到50%、工业增加值在 GDP 中的比重达到 30% 左右以后。例如，后起国家日本 1935～1955 年人均 GNP 在 297～357 美元（按 1964 年不变美元价格计算）之间；1955 年 M 产业（矿工业、建设业、电力、水道和瓦斯）在A（农林水产业）＋M 中的增加值比重为 73.2%，劳动力比重为 44.5%。据此推断，如果按我们的工、农业概念计算，则日本 1955 年工业在工农业中的产值、劳动力比重已经分别达到了 75% 和 50% 左右；1955 年日本M 产业在 GDP 中的增加值比重为 37.7%。可见，20 世纪 50 年代初日本人均 GNP 以及工业在工农业中的产值和劳动力比重、工业增加值在 GDP 中的比重均已达到"刘易斯转折点"。而日本经济的发展历程正是经过从 19 世纪 80 年代中期至第二次世界大战前的工业化数量扩张阶段，到 20 世纪 50 年代初进入经济持续稳定高速增长阶段。

根据国内外统计研究资料，我国目前人均 GNP 已经达到 530 美元，而山东省的水平则更高一些；又据统计计算，1995 年山东省工业在工农业中的总产值、劳动力比重已分别达到 82.7% 和 31.6%；1995 年工业增加值在 GDP 中的比重为 47.4%。可见，目前山东省人均 GNP 水平以及工业总产值在工农业总产值中的比重、工业增加值在 GDP 中的比重均已达到"刘易斯转折点"，而工业劳动力在工农业劳动力总人数中的比重还明显低于"刘易斯转折点"的要求。由此所决定，目前山东省经济发展正处于工业化数量扩张阶段向持续高速增长阶段加速转化的时期。这一点，还可以从历年国民收入指数和工业国民收入指数的变化曲线十分接近于斜率为正值的指数函数 $Y = ae^{bt}$ 曲线的形状，而且斜率越来越大，以及工业总产值年均增长速度明显提高得到证实。而经济增长的加速趋势，也正是整个经济发展由工业化数量扩张阶段向持续高速增长阶段加速转化的主要标志。

其次，根据经济发展和工业结构演进的一般规律，后起国家或地区在经济发展由工业化数量扩张阶段向持续高速增长阶段加速转化的时期，也是重化工业大发展的时期，重工业的增长率将超过轻工业的增长率，从而重工业对于整个工业增长的贡献度也将超过轻工业。例如，日本经济是在 20 世纪 50 年代初步入持续高速增长阶段的，在此以前的 1901～1938 年，重工业的增长率超过了轻工业增长率的 2 倍，从而，轻工业对制造业增长的贡献度，在 1920～1938 年减少到 28%，相反重工业则上升到 61%。从制造业生产额的构成来看，轻工业从 1877 年的 69% 减少到 1938 年的 38%，重工业从 14% 上升到 51%。因此，现阶段宜将重化工业置于支柱产业地位，这就成为山东省依据工业结构演进的一般规律所应作出的选择。

再次，依据主导产业部门体系的依次更替规律，工业化数量扩张阶段向持续高速增长阶段加速转化的时期，大致上对应着罗斯托所说的"起飞"向"成熟"阶段转化的时期，相应地，支柱产业体系应当处于由非耐用消费品生产向重型工业和制造业加速转化的时期，从而将是一个包括钢铁、煤炭、电力、通用机械、肥料等产业的混合体系；也大致上对应着钱纳里提出的"经济发展初期"向"经济发展中期"加速转化的时期，相应地，支柱产业体系应当处于需求收入弹性较低的最终生活必需品的早期制造业部门向需求收入弹性很高的最终物品和中间物品兼而有之的中期制造业部门转化的时期，从而将是一个包括食品、皮革及皮革制品、纺织、非金属矿物制品、橡胶提炼加工、木材以及木材制品、石油、化工、煤炭制品等产业的混合体系；又大致上对应着联合国拉丁美洲经济委员会所说的由生产传统消费品阶段向生产基本材料、简单机器设备的工业部门的兴起阶段转化的时期，相应地，支柱产业体系应当是包括工厂生产工具、建筑材料、纺织品、皮革制品、肥皂、玻璃、简单的钢铁业、机器制造业、炼油业、基本化学材料和化工产品在进口原料基础上发展起来的橡胶和合成材料工业，制造业产品的种类迅速扩大。

概括起来讲，依据工业结构演进的一般规律，山东省现阶段工业支柱产业的选择应当考虑的是，在继续大力发展轻工、纺织、建材、采掘和原材料工业的同时，迅速提高重加工工业、需求收入弹性很高的最终物品和中间物品的制造业部门的比重，迅速地扩大制造业产品种类。工业支柱产业具体门类的选择大致上应当在上述范围内进行。

二　选择之二：依据比较优势原理

由于这里的工业支柱产业选择是已有 40 余年工业化历史的工业支柱产业的再选择，也由于工业支柱产业必须是工业中的"盛阳产业"部门，即必须占有较大的份额以能对整个工业乃至整个经济的发展起到带动作用，所以我们依据比较优势原理选择山东省工业支柱产业的做法是，从山东省现有的工业门类序列中挑选出份额较大的前十位作为考察对象。1995年山东省工业总产值中排前十位的工业行业如表 6—1。

表 6—1　　　　1995 年山东工业总产值中排前十位的工业行业

序号	行　业　名　称	工业总产值（万元）
1	纺织工业	4806338
2	机械工业	4581132

序号	行 业 名 称	工业总产值（万元）
3	食品制造业	4162992
4	建筑材料及其他非金属矿物制品业	3228816
5	化学工业	3025107
6	石油加工业	2610376
7	石油和天然气开采业	2061584
8	交通运输设备制造业	1912846
9	电力、蒸汽、热水生产和供应业	1605375
10	黑色金属冶炼及压延加工业	1587189

注：①包括乡及乡以上全部工业企业；②按当年价格计算；③按新统计口径计算行业总产值及排序。

资料来源：《山东统计年鉴（1996）》，中国统计出版社。

表 6—1 中十种工业行业 1992 年山东与华东其他主要省（市）的区位商如表 6—2。

表 6—2   1992 年山东与华东其他主要省（市）十种工业行业区位商

序号	行 业 名 称		区位商 L、Q（％）			
			山东	上海	江苏	浙江
1	纺织工业	数值	125.8	102.1	184.7	213.8
		排序	3	4	2	1
2	机械工业	数值	100.1	125.1	125.4	104.4
		排序	4	2	1	3
3	食品制造业	数值	134.5	49.3	76.8	86.1
		排序	1	4	3	2
4	建筑材料及其他非金属矿物制品业	数值	150.0	0.00	73.9	108.7
		排序	1	4	3	2
5	化学工业	数值	90.6	96.8	134.3	81.4
		排序	3	2	1	4

续表

序号	行 业 名 称		区位商 L、Q（%）			
			山东	上海	江苏	浙江
6	石油加工业	数值	159.1	64.9	53.2	59.4
		排序	1	2	4	3
7	石油和天然气开采业	数值	231.8		6.8	
		排序	1		2	
8	黑色金属冶炼及压延加工业	数值	49.0	186.8	62.1	30.1
		排序	3	1	2	4
9	电力、蒸汽、热水生产和供应业	数值	98.1	63.6	57.9	60.6
		排序	1	2	4	3
10	交通运输设备制造业	数值	43.2	142.2	70.0	49.6
		排序	4	1	2	3

注：①均系全部独立核算工业企业数值；②按当年价格计算。

资料来源：《华东地区统计年鉴（1993）》，第121、209、298、386页；《中国统计年鉴（1993）》，第413、414页。

表6—2中所列十种工业行业均在由工业结构演进一般规律所决定的主导产业部门体系范围之内，而且与华东主要省（市）比较，山东省这十种工业行业中有五种的区位商排第一。这说明山东省以往工业支柱产业的选择从总体上看是合理的。但是，山东省区位商排第一位的五种工业行业，分别是以农产品为原料的轻工业、采掘工业或原材料加工业。而上海区位商排第一位的两种工业行业分别是原材料工业和重加工工业，江苏区位商排第一位的两种工业行业都是加工工业；浙江唯——种区位商排第一位的工业行业也是加工工业。这说明山东工业支柱产业体系存在着加工工业，特别是重加工工业比重相对偏低的问题。为了更充分证实这一点，引入表6—3。表6—3说明，在1981～1989年的工业结构演进过程中，山东省工业相对分工地位一直是以轻工业和采掘工业为专业化部门的，这与江苏、浙江和上海有明显区别：江苏和浙江一直是以轻工业和重加工工业为专业化部门的，而上海的专业化部门则由轻工业、原材料工业和重加工工业转变为轻工业和重加工工业。

表6—3　　中国各省、市、区相对分工地位区域格局变化（1981～1989）

类型	1981 年	1989 年
1. 加工型		天津、河北、上海、江苏、浙江
综合加工型	天津、江苏、浙江、陕西	
重加工型		吉林、四川、陕西
轻加工型	安徽、福建、广西、广东	安徽、福建、湖南、广西、广东
2. 资源型		
采掘原料型	山西、内蒙古、云南、甘肃	山西、内蒙古、甘肃
采掘优势型	河北、新疆、黑龙江、江西	黑龙江
3. 综合型		
轻采型	山东、海南、四川	山东、海南、云南、新疆
轻采原型	湖南	
轻采重型	河南	江西、河南
轻原重型	上海、湖北	
原重型	北京、辽宁	北京、辽宁
采重型	宁夏、青海	贵州
采原重型	吉林、贵州	宁夏、青海

　　注：据 1981～1989 年轻工业、采掘工业、原材料工业和重加工工业区位商的变化进行分类，广东和青海因缺乏资料，是推测的结果。加工型是以轻工业和（或）重加工业为专业化部门的；资源型是以采掘工业和（或）原材料工业为相对专业化部门的；综合型是介于加工型与资源型的过渡类型。其中，轻采型是以轻工业、采掘工业为专业化部门的；轻采原型是以轻工业、采掘工业、原材料工业为专业化部门的；轻采重型是以轻工业、采掘工业、重加工业为专业化部门的；轻原重型是以轻工业、原材料工业、重加工业为专业化部门的；原重型是以原材料、重加工业为专业化部门的；采重型是以采掘工业、重加工业为专业化部门的；采原重型是以采掘工业、原材料、重加工工业为专业化部门的。

　　资料来源：杨开忠：《中国地区工业结构变化与区际增长和分工》，《地理学报》1993 年第 6 期，第 481～490 页。

　　工业结构高加工度化是工业结构演进的一般规律，而山东省目前正处于工业化数量扩张阶段向工业化成熟阶段加速转变的历史时期，工业结构的加工度理应迅速地提高，但与处于同一经济发展阶段的江苏和浙江相比，工业结构的加工度水平明显偏低。即使由于自然资源和原有工业基础因素的影响，工业结构不能不带有采掘工业和原材料工业比重较大的特点，山东省工业结构向高加工度转化的步伐也比较慢。如表6—3所示，在同样受到自然资源和原有工业基础因素影响，从而工业结构不能不较多地带有原材料工业比重较大的特点的情况下，相对分工地位上海由1981年的轻原重型转变为1989年的综加工型，而山东则一直处于轻采型。所以，现阶段山东省工业支柱产业体系的选择应该考虑到在原材料工业继续发展的前提下，迅速提高加工工业，特别是提高重加工工业的比重。

三　选择之三：依据支柱产业选择基准

根据有关专家所设计的判别各地区经济发展阶段的指标体系，将全国各省、市、自治区分别归属五个不同的经济发展阶段；然后，又将现有的统计数据进行归类，分别测算出1990年处在不同经济发展阶段上的工业内部22个行业的收入弹性、全要素生产率TEP、前向联系系数和后向联系系数等六项指标的均值。其中，处于所谓"数量扩张阶段"和"工业结构高度化阶段"的前述十种工业行业的收入弹性、TEP、前向联系系数和后向联系系数如表6—4。

表6—4　　　1990年十种工业行业两阶段上的四项指标均值

部门		收入弹性		TEP		前向联系系数		后向联系系数	
		扩张	高度化	扩张	高度化	扩张	高度化	扩张	高度化
纺织工业	数值	1.1725	1.2899	1.4852	1.8623	1.2307	1.4893	1.2394	1.1730
	排序	2	6	5	3	4	3	2	1
机械工业	数值	0.7916	0.9087	1.1042	1.1657	1.2677	1.1420	1.1966	1.1022
	排序	8	8	8	8	3	6	3	4
食品制造业	数值	1.0224	1.2955	2.2900	2.2838	1.0114	0.8039	1.0532	1.0255
	排序	7	5	2	2	9	10	6	5
建材加工业	数值	1.0793	1.0158	1.1656	1.8257	1.0863	2.2269	1.0438	1.0028
	排序	4	7	7	5	6	1	7	6

部门		收入弹性		TEP		前向联系系数		后向联系系数	
		扩张	高度化	扩张	高度化	扩张	高度化	扩张	高度化
化学工业	数值	1.2638	1.6412	1.6337	1.5131	2.4125	1.4755	1.1558	1.1101
	排序	1	2	4	6	2	4	4	3
石油加工业	数值	1.0444	0.7866	2.5261	3.3518	1.0241	1.1376	0.9602	0.5893
	排序	5	10	1	1	8	7	8	8
石油开采业	数值	0.6334	1.7090	0.4208	1.8318	1.0598	0.9875	0.6368	0.6238
	排序	10	1	10	4	7	8	10	10
金属冶炼业	数值	1.1046	1.5506	1.4956	1.8257	2.6593	1.7238	1.1203	0.9317
	排序	3	3	3	5	1	2	5	7
电力蒸汽生产供应业	数值	1.0299	1.5209	0.7110	0.9135	1.0988	1.1009	0.8256	0.8235
	排序	6	4	9	9	5	5	9	9
运输设备制造业	数值	0.7014	0.8170	1.1943	1.2108	0.8188	0.9695	1.2899	1.1301
	排序	9	9	6	7	10	9	1	2

资料来源：据韦伟、郭万清：《地区经济发展阶段与产业比较优势研究》（《中国工业经济研究》1993 年第 6 期，第 13~16 页）一文中表 2 整理。

由表 6—4 可见，在由工业化数量扩张阶段向持续高速增长阶段加速转化的历史时期，收入弹性值下降的有建材加工和石油加工业；全要素生产率数值降低的有食品制造业、化学工业和金属冶炼业；前向联系系数数值降低的有机械工业、食品制造业、化学工业、石油开采业和金属冶炼业，其中，食品制造业和石油开采业还下降到 1 以下；后向联系系数数值则普遍降低。就是说，1992 年全国范围内十种工业行业区位商山东省排第一的五种工业行业中，食品制造业、建筑材料业及其他非金属矿物制品业、石油加工业、石油和天然气开采业这四种工业行业对支柱产业选择基准的符合程度均比较低，而这四种工业行业恰恰又都是轻工业、采掘工业和原材料加工业行业。因此，按照支柱产业选择基准的要求，并考虑到前述依据比较优势原理所揭示出的山东工业支柱产业体系所存在着的加工工业，特别是重加工工业比重相对偏低的问题，至少应当将食品制造业、石油和天然气开采业从工业支柱产业的再选择范围中排除。这一点，还可以引入表6—5进一步证实。从表6—5所列的衡量经济效益的主要单项指标净产值率和资金利税率来看，食品制造业不仅低于全部工业的平均水平，而且两个指标分别居上述十种行业的第十位和第六位，因此，我们将其排除在支柱产业选择范围之外。至于建筑材料及其他非金属矿物制品业和石油加工业，考虑到未来建筑业随着收入水平的提高、人们的消费偏好和消费结构还将有一个较长的变化时期，从而建筑材料及其他非金属矿物制品业的需求收入弹性还可能呈回升趋势；而山东的石油加工业自然条件优越，生产规模和市场占有率已达到较高的水平，如表6—2所示，区位商在华东主要省、市中排第一，这种状况在短期内不易变动，故可继续作为支柱产业加以扶持。此外，我们还注意到金属冶炼业对支柱产业选择基准的符合程度也比较低，而且又不属于加工业的范围，但考虑到山东该行业的自然条件优越，是重加工工业直接后向联系产业，运用先进生产技术的产品依然供不应求。如表6—4所示，其收入弹性呈上升趋势，因而也继续给予其支柱产业地位。

综合以上依据工业结构演进的一般规律、比较优势原理和支柱产业选择基准所作出的三方面选择，并且初步考虑到自然条件和劳动力等各方面资源的绝对优势、原有的工业基础和资金积累的迫切性等因素，可以认为，山东省工业支柱产业体系的再选择大致上限于纺织工业、机械工业、建筑材料及其他非金属矿物制品业、化学工业、石油加工业、黑色金属冶炼及压延加工业、电力蒸汽热水生产和供应业、交通运输设备制造业这八种工业行业范围。

表6—5　　　　　　　　1995年十种工业行业的单项效益指标

行　业	工业增加值率		工业资本金利税率	
	数值（%）	排序	数值（%）	排序
纺织工业	19.83	9	12.73	9
机械工业	26.13	5	8.27	10
食品制造业	19.07	10	22.43	6
建材加工业	26.83	4	22.14	7
化学工业	24.24	7	34.71	2
石油加工业	43.94	3	48.15	1

行　业	工业增加值率		工业资本金利税率	
	数值（％）	排序	数值（％）	排序
石油开采业	66.72	1	30.70	3
黑色金属冶炼压延业	25.52	6	24.29	5
电力、蒸汽、热水生产供应业	47.75	2	18.41	8
交通运输设备制造业	24.01	8	28.48	4
工业总计	28.44		26.27	

资料来源：《山东统计年鉴（1996）》，中国统计出版社1996年版。

第二节　支柱产业的条件分析

以下就前述山东省工业支柱产业再选择范围内的八种工业行业的发展条件进行具体分析。

一　纺织工业

从供给方面看，1992年山东省纺织工业独立核算工业企业固定资产净值年底数和定额流动资金年平均余额分别是112.6亿元和97.3亿元，分别占全部独立核算工业企业的9.5%和16.8%，分别居各行业独立核算工业企业的第二位和第一位；销售收入和利税总额分别是257.0亿元和13.1亿元，分别占13.4%和6.7%，分别居第一位和第七位。1992年山东省纱、布产量分别达到72.0万吨和32.0亿米，分别居全国各省、市、自治区的第一位和第二位。1992年，作为纺织品主要原料的棉花产量，山东省达到67.7万吨，居全国各省、市、自治区之首。1992年，山东省拥有农业劳动者2705.1万人，占社会劳动者总数的62.9%，其中包括了大量的剩余劳动力，成为纺织业这一劳动密集型产业所需大量廉价劳动力的主要来源。目前，中国大陆纺织业劳动力成本与韩国、中国台湾之比为1：6，与泰国、印度、巴基斯坦之比为1：2。从需求方面看，山东和全国分别是一个人口大省和大国，1992年底总人口分别达到8610万和11.7亿人，分别居全国和全世界总人口的第二位和第一位。目前山东和全国一样，人均 GNP 水平在 500 美元左右（按不变美元价格计算），依然处于低收入国家或地区的行列。从总体上讲，人民的生活水平尚处于由温饱向小康转化的阶段，与此相对应，居民的衣着支出在包括衣、食、住、用、行各种支出在内的消费支出中的比重一直维持着较高的水平，特别是进入20 世纪 80 年代以来，山东省和全国人民的纺织品消费水平都有显著提高。省内和国内市场的纺织品消费结构与发达国家的消费结构日趋一致。

二 机械工业

从供给方面看，1992 年山东省机械工业独立核算工业企业固定资产净值年底数和定额流动资金年平均余额分别是 70.6 亿元和 82.4 亿元，分别占全部独立核算工业企业的 5.9% 和 14.3%，分别居各行业独立核算工业企业的第七位和第二位；销售收入和利税总额分别是 181.1 亿元和16.3 亿元，分别占 9.4% 和 8.3%，均居第二位。1992 年山东省交流电动机、金属切削机床、拖拉机（14.7 千瓦及以上）、小型拖拉机、内燃机商品量分别达到 396.13 千瓦、1.94 万台、0.97 万台、30.51 万台和 738.27万千瓦，分别居全国第四、第二、第三、第一位和第三位。从需求方面看，机械工业是整个国民经济的装备部，客观上必须优先发展。特别是，在由工业化数量扩张阶段向工业化成熟阶段加速转化的历史时期，机械化水平还在很大程度上代表着整个国民经济的现代化水平，各行各业对各种机械产品的需要量特别大，当前尤其对伴随微电子技术广泛使用而兴起的机电仪一体化产品的需求量则更大。此外，通过机电产品大量出口以改善以往以初级产品为主的出口商品结构，从而提高创汇水平，购进现代化水平更高的机电产品所需要的原材料，提高机电产品的水平，带动国民经济各个行业之间投入产出关系的深化，使得包括机电产品在内的各种产品的国际竞争力更强，出口量更大。这是全国、也是山东省今后制定产业政策时所应有的目标要求。

三 建筑材料及其他非金属矿物制品业

1992 年，山东省建筑材料及其他非金属矿物制品业独立核算工业企业单位达到 3584 个，居各行业独立核算工业企业之首；固定资产净值年底数和定额流动资金年平均余额分别是 58.1 亿元和 31.3 亿元，分别占全部独立核算工业企业的 4.9% 和 5.4%，分别居第七和第五位；销售收入和利税总额分别是 109.4 亿元和 16.2 亿元，分别居第六和第三位。1992年，山东省水泥和平板玻璃产量分别达到 3161.8 万吨和 609.0 万重量箱，分别居全国各省、市、自治区的第二位和第四位。从需求方面看，由于山东省和我国均处于工业化数量扩张阶段向工业化成熟阶段加速转化的历史时期，全社会固定资产投资规模，特别是基本建设规模异常大，对建材产品的需求量也异常大，常常出现主要产品供不应求的情况；另外，随着工业化的进展，与人民生活质量改善密切相关的建筑业将蓬勃兴起，对建材产品的需求量将更大。与此同时，山东省陆路和水路交通，特别是海上交通十分方便，更增大了建材产品的出口可能性。

四　化学工业

从供给方面看，1992 年山东省化学工业独立核算工业企业固定资产净值年底数和定额流动资金年平均余额分别达到 73.4 亿元和 33.5 亿元，分别占全部独立核算工业企业的 6.2% 和 5.8%，分别居第五位和第四位；销售收入和利税总额分别达到 119.5 亿元和 13.1 亿元，分别占 6.2% 和 6.6%，分别居第四和第八位。1992 年山东省硫酸、纯碱、烧碱、农用氮磷钾化肥、化学农药和塑料产量分别达到 87.6 万、93.0 万、43.0 万、154.7 万、2.0万吨和 44.0 万吨，分别居全国各省、市、自治区的第六、第一、第一、第三、第六和第三位。原盐、原煤和原油产量分别达到 656.7 万、6400 万吨和 3346.1 万吨，分别居全国各省、市、自治区的第一、第五位和第二位。从需求方面看，在工业化数量扩张阶段向工业化成熟阶段加速转化的历史时期，化学化已成为国民经济各行业，特别是农业现代化的重要内容之一，特别是山东和全国分别作为一个农业大省和大国，对化肥、农药的需求量格外大，以往经常存在着化肥、农药等各类化工产品供不应求，需要从国外大量进口的问题。同时，由于目前化工产品的出口国家或地区主要是新兴工业化国家或地区，而新兴工业化国家或地区的发展战略已开始从重化工业向高技术工业转移，这为山东省化工产品的出口提供了良机。

五　石油加工业

从供给方面看，1992 年山东省石油加工业独立核算工业企业固定资产净值年底数和定额流动资金年平均余额分别达到 72.5 亿元和 13.8 亿元，分别占全部独立核算工业企业的 6.1% 和 23.8%，分别居各行业独立核算工业企业的第六位和第十四位；销售收入和利税总额分别达到 88.8 亿元和 20.2 亿元，分别居第七和第一位。1992 年山东省石油加工业产品销售收入占全国石油加工业的 10.2%。作为石油加工制品主要原料的原油产量，1992 年山东省达到 3346.1 万吨，居全国各省、市、自治区的第二位。从需求方面看，现阶段山东省和我国石油制品依然是生活和生产的主要能源和原材料，石油加工产品的需求量一直很大；另外，由于石油资源的有限性和分布不均匀性，包括发达国家和地区在内的国外许多国家和地区依然需要不断地进口大量石油加工产品。

六　黑色金属冶炼及压延加工业

从供给方面看，1992 年山东省黑色金属冶炼及压延加工业固定资产净值年底数和定额流动资金年平均余额分别达到 28.7 亿元和 13.9 亿元，均占全部独立核算工业企业的 2.4% 和 23.9%，分别居各行业独立核算工业企业的第十一位和第十三位。1992 年山东省钢和成品钢材产量分别达到 281.2 万吨和 203.7 万吨，分别居全国各省、市、自治区的第八位和第十一位。作为炼钢主要原料的原煤、生铁产量 1992 年山东省分别达到 6400.0 万吨和 309.0 万吨，分别居全国各省、市、自治区的第五位和第八位。从需求方面看，现阶段钢和钢材依然是山东省和全国生活用品、生产和施工的主要原材料。在以往工业化数量扩张阶段中经常出现钢材供不应求的所谓"瓶颈"现象，随着向工业化成熟阶段的加速转化和人均收入水平的提高，以钢材为原料的耐用消费品加工业和交通运输设备业将大规模兴起，国民经济各行业对各种钢材的需求量将增大，以钢铁工业为主体的黑色金属冶炼及压延加工业理应符合规律地大规模加速发展；另外，由于新材料研究和开发的追逐以及有限的自然资源对于传统原材料工业的限制，西方工业发达国家和新兴工业化国家和地区将部分地退出钢材等原材料的国际市场，为山东省进入这一市场提供了一定的机会。

七　电力蒸汽热水生产和供应业

从供给方面看，1992 年山东省电力蒸汽热水生产和供应业固定资产净值年底数达到 82.3 亿元，占全部独立核算工业企业的 6.9%. 居各行业独立核算工业企业的第四位；销售收入和利税总额分别达到 115.6 亿元和 18.8 亿元，分别占 6.0% 和 9.6%，分别居第五位和第一位。1992 年东省发电量到 566.2 亿千瓦小时，居全国各省、市、自治区之首。作为电力蒸汽热水生产主要原材料的原煤、原油产量，1992 年山东省分别达到 6400 和 33461 万吨，分别居全国各省、市、自治区的第五位和第二位。从需求方面看，电力蒸汽热水产业是最重要的二次能源生产部门，而长期以来我国和山东省的能源、电力生产都滞后于工业的发展，从而成为所谓的"瓶颈"产业。就山东省而言，自"五五"时期以来，能源和电力生产弹性系数基本上都在 1 以下。"五五"、"六五"、"七五"、1991 年和 1992 年能源弹性系数分别是 0.42、0.34、0.16、0.01 和 0.07，电力弹性系数分别是 1.13、0.33、0.52、0.61 和 0.38。随着工业化数量扩张阶段向工业化成熟阶段的加速转化，能源、电力生产长期滞后于整个经济发展的局势必须扭转；也由于电气化水平是现阶段衡量生活和生产现代化水平的主要标志，所以，对电力蒸汽热水的需求量在今后相当长一段时间内都会不断增大。

八 交通运输设备制造业

从供给方面看，1992 年山东省交通运输设备制造业固定资产净值年底数和定额流动资金年平均余额分别达到 23.0 亿元和 23.9 亿元，分别占全部独立核算工业企业的 1.9% 和 4.1%，分别居各行业全部独立核算工业企业的第十四和第六位，销售收入和利税总额分别达到 74.6 亿元和 52.5 亿元，分别占 3.9% 和 27%，分别居第九位和第十三位，1992 年山东省汽车产量达到 1.7 万辆，居全国各省、市、自治区之第十四位；载重汽车 0.9 万辆，居第十三位。山东省原煤、原油和电力生产的明显优势，以及必将大规模发展的黑色金属冶炼及压延加工业等，都将是交通运输设备制造业大规模发展的有利因素。从需求方面看，长期以来，山东省和全国都存在着交通运输发展滞后于工业的发展，成为所谓"瓶颈"产业的问题。就山东省而言，"六五"以来货物周转量弹性系数一直小于 1，"六五"、"七五"、1991 年和 1992 年分别是 0.61、0.38、0.25 和 0.21。交通运输落后有两方面的主要原因，一是陆、海、空和地下运输线路的开辟和敷设数量与质量不足；二是飞机、船舶、汽车和管道等运输设备的制造数量与质量不足。这两方面的问题都必须尽快得到解决。由于技术复杂、特殊原材料稀缺、资金密集等各方面的原因，上述问题的有效解决尚需时日，目前山东省和全国的当务之急是各种运输设备亟须上规模、上质量、上档次。伴随着工业化数量扩张阶段向工业化成熟阶段的加速转化，人们的收入水平也将迅速提高，对交通运输设备的数量和质量将产生新的更高的要求。此外，我国部分交通运输设备的生产，如船舶工业等已经具有一定的出口能力，随着西方发达国家和新兴工业化国家对高新技术产业的追逐和因本国货币升值、劳动力成本上升而使传统交通运输设备制造业从重点产业序列中逐步退出，如日本和韩国就因本国货币升值、劳动力成本上升而将船舶工业列为结构性萧条产业或从重点产业中退出；随着我国交通运输设备制造业利用所谓"后发优势"而取得迅速的技术进步，山东省交通运输设备制造业的出口也可望形成一定的规模。

　　但进一步分析，根据世界各国的经验、人均收入 1000 美元为小汽车开始普及的时点，而即使到 2000 年，我国城市居民的年均消费水平也只有 1300 元左右，一个四口之家的一年消费平均不过 5000 多元，对大部分家庭来说，要购置小汽车仍然是困难的；我国目前小汽车生产基地一汽、二汽和上海等尚面临着上规模、上档次和上质量的问题，对于小轿车生产基础十分薄弱的山东省来说，更不宜再铺新摊子，所以，山东省今后较长一段时间内不宜发展小轿车生产。根据山东省重型汽车生产已有一定优势、中型汽车生产也有一定的物质技术实力的特点，现阶段山东省和全国城乡居民的收入水平和消费水平及其变动状况以及公路数量和等级状况，今后一段时间内山东省交通运输设备制造业的发展重点之一应当是重型汽车和豪华型客车。此外，根据山东省海岸线长，沿海码头和泊位个数特别是万吨级泊位个数众多，船舶制造业也已经有一定基础，劳动力成本比较低等优越条件，山东可以在已有一定基础的沿海城市发展具有国际竞争力的船舶制造业。

　　据以上分析，初步择定的山东省八种工业支柱行业的发展，从供给方面看，无不具有比较雄厚的物质技术基础，且或者具有丰富的原料来源，或者具有丰富而低廉的劳动力资源，或者二者兼而有之；从需求方面看，都具有十分广阔的市场前景。因此，这八种工业支柱行业的选择是切实可行的。

第三节   工业结构调整的保证措施

为了加快山东省工业支柱产业的成长与发展，进而促使工业结构由以农副产品为原料的轻工业、采掘工业和原材料工业为主导，向以加工工业，特别是重加工工业为主导迅速转型，必须在以下几个方面采取有效措施加以保证：

一   培育工业结构调整的自我调节机制

现有工业结构的种种缺陷和矛盾，从根本上讲是与旧机制相联系的结构调节机制长期作用的结果，因而结构转型首先要实现结构调节机制的转变。实践证明，市场机制天然地具有对资源配置和利用的卓有成效的调节作用，所以确定建立社会主义市场经济体制，包括在工业产业组织领域引入市场机制，可望能建立起工业结构转型的自我调节机制。但是，必须看到，社会主义市场经济体制尚在建构中，特别是价格体系不合理、金融渠道不畅、企业对经济信号反应能力差、生产要素流动受阻等问题尚未根本解决，致使市场机制导向过程经常发生混乱，企业追逐短期经济利益，从而无法引导工业结构调整走出困境。往往是在经济增长处于低谷时期，结构矛盾有所缓和，一旦走出低谷，加快发展，旧的不合理的结构状态又会迅速而顽固地复位。因此，欲实现结构转型，则必须加快和深化改革。一是要深化企业经营机制改革．为产业结构转型建立微观基础；二是要尽快完善各种生产要素市场，这是彻底变革旧机制的关键环节；三是加快政府机构调整和职能转变的各项改革，提高以间接调控为主的宏观调控能力，围绕产业结构转型目标和支柱产业的发展，制定一系列包括投资、财政、物价、税收、金融、外贸、外汇等完整的配套改革政策。

二   改革产业组织形式

山东省已处于工业化数量扩张阶段向工业化成熟阶段加速转化的历史时期，工业资产存量也达到了相当大的规模。所以，对现存的工业资源进行重新配置，力争其最佳的配置效益，就成为工业结构，尤其是转型性工业结构调整的长远的、根本性的选择。为此，必须选择合理的市场结构和产业组织形式，以充分发挥市场机制对于资源配置和利用的积极调节作用。由于（1）山东同全国一样，市场经济体制还在建构之中，市场经济基础远不如发达国家和地区，缺乏富有创新意识的企业家、市场信息不够畅通，市场主体的应变能力弱，难以克服自由放任的市场竞争模式所产生的浪费交易费用的问题；（2）同全国一样，山东尚处于工业化数量扩张阶段，加速经济发展以追赶发达国家和地区的任务十分艰巨，要求十分迫切，尤其是所择定的八种工业支柱产业主要是一些资金密集型的工业行业，这一选择旨在大幅度提高加工工业，特别是重加工工业的比重，以顺应重化工业势头再现的演进趋势；（3）加上山东同全国一样，自然资源、社会制度和历史文化传统的特殊适应性，所以，强化山东省工业结构转型调整的存量调节作用，在产业组织形式上宜选择更多地发展大型企业集团或大股份公司以提高生产集中和市场垄断程度的所谓"东亚模式"。

三 实行周期—结构政策

经济总量周期波动是通过不同经济主体的收入、各类产品和生产要素的价格、储蓄以及经济主体行为的变动等中间传递环节转化为产业结构变动的，而且作为产业结构变动的有机组成部分的各类不同产业的变动，在不同类型的周期波动和同一类型周期波动的扩张与收缩阶段具有明显不同的特征，是有规律可循的。例如，我国经济周期波动中产业结构的变动，扩张后期常常是重加工工业的产值份额迅速上升，而采掘工业、原材料工业和轻工业份额则迅速下降；收缩期正好相反，即重加工工业份额迅速下降，而采掘工业、原材料工业和轻工业份额迅速上升。上述一切表明，在常规意义上的增量与存量调节政策以外，还存在着一种工业结构调整的新的政策选择，这就是所谓的"周期—结构政策"。山东省作为一个具有独立经济利益的省区，其工业化过程中的经济总量波动也具有明显的周期性，如今已步入第九个波长平均约为五年的波动周期。在以往工业结构演进过程中，由于片面夸大制度因素，而忽视建立在现代机器生产基础上的货币—商品经济这一决定因素，从而常常将经济周期波动与资本主义经济危机等而视之，所以，一度存在着否认我国社会主义制度下也存在着经济周期波动的问题。影响所及，对于我国经济周期波动与产业结构变动的相互影响的内在机理和相关变动规律的认识亦就十分不足。鉴于此，今后在山东省工业结构转型性调整过程中，必须注重这一认识，在此基础上采取切实有效的周期—结构政策以加速这一调整进程。

四　以技术进步为先导，实现产业结构高级度与经济效益同步提高

产业结构的调整目标是在技术进步基础上的结构高度化和均衡化，其最终目的则是经济效益的全面提高，因此，必须把技术进步作为工业结构转型的主要推动力量。为此必须：

（1）根据产业结构转型目标，制定产业技术发展的规划及产业技术进步政策的实施细则，特别是对已择定的支柱产业要规定明确的技术基准，为行业发展和企业改造提供依据；

（2）改革科研体制，加速建立和完善技术市场，促使科研和生产紧密结合，促使科研成果尽快转化为商品；

（3）进一步加强先进技术的研究、开发、利用和推广，以及引进、消化、替代和国产化工作，尽快形成自己的技术系列，特别是注重用先进技术改造传统工业，高起点发展新兴产业；

（4）要特别重视技术人才的培养和使用，制定更优惠的有利于吸引国内外人才流入的政策。

五　优化投资结构

就短期而言，增量调节是产业结构调整的主要方式。增量调节包括投入总量调节和投入结构调节两方面的内容，而主要的又是后者。为了强化工业结构转型性调整的增量调节作用，尤其需要从资金和技术结构两方面作出努力。对于一个正处于工业化数量扩张阶段，人口多、劳动力供给近乎无限弹性的大省来说，在使产出迅速增加，使生产资料与劳动力最大限度地结合的前提下，其资金的经常性短缺是可想而知的，因此，存在的一个最不利于工业结构转型性调整的问题，是将有限的资金"撒芝麻盐"式地分摊到各个工业行业的发展中去。此外，在经济发展上越是急于求成，就越是需要迅速地扩大资金的积累规模，从而就越不

愿意割舍即期就能提供较大积累份额的那些工业行业,哪怕这些工业行业并非工业支柱产业的合理选择亦是如此,从而使"撒芝麻盐"式的投资格局刚性化。然而,我们所择定的八种工业支柱产业,主要是一些资金密集型的产业,必须有大量的投资才能保证其应有的发展规模。鉴于此,必须改善投资结构,真正变以往"撒芝麻盐"式的投资为"主次分明、有保有压"式的投资。另一方面,由所择定的八种工业支柱产业所决定,山东省今后与工业结构相应的技术结构应当既不是以传统的手工技术为主导。也不是以高新技术为主导,而应是机械化、化学化和电气化技术为主导,为此,我们必须克服以往技术投入中存在的急于由落后的技术结构向现代技术结构飞跃,而忽视先进实用中等技术的技术进步越位与结构断层问题。

六　充分利用外资和引进技术

20 世纪 80 年代中期以后,日元的汇率不断上升,迅速地向"成熟的债权国"转化。结果,为了缩小以美元结算的贸易顺差而不得不大幅度地增加进口;使海外的原材料和劳动力价格变得相对便宜,促进了资本输出和在海外投资,呈现出所谓的"经济空洞化"趋势;劳动力密集型乃至资本密集型的传统加工工业的相对优势地位大大降低。预计到 2000 年,几乎所有的工业部门,尤其是资本密集型工业产品(如钢铁、化工、纸浆与造纸、纺织、有色金属)和技术密集型工业产品(如运输设备和各种电器设备)的进口对国内生产的比率都将上升;海外生产也将增加,尤其是电器机械、运输设备、其他机械、化工产品、有色金属和药品的生产。进入 80 年代以来,新兴工业化国家和地区共同面临着汇率上升和劳动力成本上升的沉重压力,当年在劳动密集型产品市场上挤走日本的有力武器开始对准了自己。为了摆脱这一困境,它们不得不向资本更加密集、附加价值更高的工业部门发展。新加坡称之为"第二次工业革命",香港称之为"工业多样化",台湾称之为"工业升级",韩国称之为"工业尖端化"。这种结构变化,无疑为后进的发展中国家在劳动密集型产品的出口市场上留出了个空位。不难看出,日本以及新兴工业化国家和地区在汇率普遍上升以后所必须进行的工业结构调整,为山东省发展本章所择定的那八种工业支柱产业,并由此促进工业结构由以农副产品为主要原料的轻工业、采掘工业和原材料加工业为主导向以加工工业，特别是重加工工业为主导的转型提供了良机。我们应抓住这一机会，大胆地利用和引进来自这些国家和地区的资金和先进实用技术，缓解资金短缺的矛盾，迅速地形成与新型工业结构相适应的工业技术结构，促进工业结构的现代化。

第七章　速度型效益向结构型效益的转换

第一节　速度效益与结构效益概述

经济发展或现代经济增长是一个总量增长和结构演进的双重过程，这一点对于工业发展来说尤其如此。在这一过程中一个显著的特征是，经济效益由速度型效益向结构型效益转换。本章将对山东经济效益类型的转换予以详细考察。

一　总量增长与结构演进

在经济发展或现代经济增长的现实中，经济的总量增长与结构演进是同一事物的两个方面，没有总量增长的结构变化以及没有结构演进的总量增长都是不存在的，这已为经济发展的国际经验所证实。而从世界经济发展格局的总体上看，工业化依然是整个经济发展或现代经济增长的主题。所以，工业发展更是一个总量增长与结构演进的密不可分的过程。表7—1所列出的我国1953～1995年工业化过程中几项主要工业经济指标的变化显示了这一特征。由表7—1可见，无论是1978年改革前还是以后，作为工业经济主要总量指标的工业总产值的年均增长速度都是很高的，而作为反映工业增长对于整个国民收入增长贡献大小的主要指标即工业国民收入贡献度，也相应地保持了一定的年均增长速度。与此同时，作为反映工业经济结构主要指标的工业总产值结构指标也发生了相应的变化，统观40余年的发展，轻工业产值在工业总产值中的比重下降，重工业产值在工业总产值中的比重上升；1978年改革以来，轻工业产值比重有所回升，而重工业产值则有所下降。

表 7—1　　　　　1953~1995 年中国几项主要工业经济指标变化　　　　（％）

时期	工业总产值年均增长速度			工业职工人数年均增长速度	工业国民收入贡献度年均增长速度	工业总产值比重年均增长速度	
	合计	轻工业	重工业			轻工业	重工业
一五	11.3	12.9	25.4	13.9	38.8	-3.1	4.9
二五	-0.4	1.1	6.6	9.3	-19.6	-3.0	3.2
1963~1965	15.5	21.2	14.9	3.0	-13.6	3.0	-2.9
三五	9.3	8.7	15.0	8.1	11.7	-2.2	2.2
四五	7.3	7.9	10.3	11.8	6.2	-0.9	0.7
五五	8.3	11.5	8.2	4.9	10.0	1.3	-1.1
六五	11.1	13.5	10.7	3.1	1.9	0.0	0.0
七五	10.4	14.1	12.2	2.8	8.4	1.0	-0.9
八五	18.5	23.7	28.4	6.3	9.2	-1.7	1.5

注：总产值年均增长速度按可比价格计算，贡献度年均增长率和产值比重年均增长率均按当年价格计算。

资料来源：《全国各省、自治区、直辖市历史统计资料汇编（1949~1989）》，第 5 页；《中国工业经济统计年鉴（1996）》，第 26 页；《中国统计年鉴（1996）》，第 33、52、60、104 页。

二　速度效益与结构效益

将速度、结构和效益联系起来考察，则可见三者实际上是"三位一体"的，这对于整个国民经济和工业经济来说都是一样的。在工业发展的现实中，工业经济效益的变化同时与工业总量增长速度的高低和工业部门结构的演进紧密相关。尽管如此，理论分析中依然可以分别考察工业经济效益与工业总量增长和工业经济结构相关的两种相关情形。所谓工业速度效益与结构效益，正是对于工业发展过程中由工业总量增长速度及其变化，由工业经济结构及其变化所引致的工业经济效益及其变化的不同情形的理论概括。

随着工业化以及工业向纵深发展，关于工业速度效益与结构效益的研究更加深入、全面和系统。国内外都有人对工业速度效益与结构效益问题进行过具体分析，还提出了一系列的定量分析方法或模型，例如对工业总量增长速度与工业经济效益进行关联的"增长效益模型"；关于估计产出的实际增长率 G_v 与能够度量经济效益的实际增长率和根据要素增加确定的预期增长率的残差 δ 的函数关系式 $G_v = C'V + \delta$；关于由产业结构变化所引致的能够度量经济效益的经济产出的相对增长额、投入节约额、单位投入产出增长额和单位产出投入节约额等一系列"结构效果指标"的函数表达式；关于度量由于资源再配置所引致的经济效益、资源总配置效应 A（y）或 TRE 以及净配置效益 NA 的函数公式，等等。不难看出，这些定量分析方法或模型都力图对由工业总量增长、工业结构演进这双重工业化过程所引致的不同的工业经济效益情形，即力图对工业速度效益与结构效益进行精确度量。从这一意义上可以说，这一系列的度量方法或模型都是以工业速度效益与结构效益概念的确立为前提的。

在我国，自从 1981 年全国人大五届四次会议提出提高经济效益是社会主义建设的一个核心问题，是考虑一切经济问题的根本出发点以来，关于经济效益和工业经济效益问题的研究越来越深入、越来越系统。但是正如许多研究成果所显示的，从总体上看，由于我国尚处在工业化的数量扩张阶段，国民经济效益和工业经济效益在很大程度上还是由于总量的高速增长所带来的，即更多地表现为"速度型效益"，也由于经济发展曾经长期贯彻以提高速度为中心的战略思想，所以，迄今为止仍然没有突破以"速度型效益"为主的经济增长格局。但是，随着我国经济由工业化的数量扩张阶段向持续高速增长阶段的加速转变，相应地，工业经济效益将实现由"速度效益型"向"速度结构效益型"或"质量效益型"的转变。所以，很有必要确立工业速度效益与结构效益两种概念，并对工业化过程中由工业总量增长与工业结构转变所引致的两种工业经济效益情形分别加以考察。

第二节　山东工业发展中的速度效益与结构效益

一　速度效益考察

鉴于目前国内外的普遍做法，以及全要素生产率 TEP 在综合反映经济效益方面的突出优点和巨大的实用价值，本书首先计算山东 40 年工业化过程中工业全要素生产率的增长率，以综合反映工业经济效益的现实状态。现采取常用的索洛（Robert Merton Solow）的"余值"计算公式来计算全要素生产率的增长率：

$$y = a + \alpha k + \beta t$$

式中，y—产出增长率；

　　　a—全要素生产率增长率；

　　　k—资金投入增长率；

　　　t—劳动投入增长率；

　　　α—资金的产出弹性；

　　　β—劳动的产出弹性。

由于所占有的统计资料的限制，这里只能计算国有独立核算工业的全要素生产率增长率。但由于国有独立核算工业在整个国有工业乃至整个工业中占有主导地位，所以，这一计算结果还是能够大体上反映整个工业的全要素生产率现实状态的。根据所占有的统计资料和投入产出指标的统计意义，也为了能够准确地反映经济效益的变化，选取利润、税收和劳动报酬基金之和的增长率作为产出增长率；由固定资产净值与定额流动资金年均余额之和的增长率作为资金投入增长率；由职工工资与劳保福利费用之和构成的劳动报酬基金的增长率作为劳动投入增长率。投入与产出要素一律按可比价格计算，以消除价格因素的影响。折算用价格指数是：固定资产净值的折算采用由公式

某年固定资产积累价格指数 ＝（某年固定资产积累）／（某年固定资产积累×某年固定资产积累指数）

计算出的固定资产积累价格指数；定额流动资金年平均余额的折算采用由公式

某年流动资产积累价格指数 ＝（某年流动资产积累）／（某年流动资产积累×某年流动资产积累指数）

计算出的流动资产积累价格指数；劳动报酬基金的折算选取城镇居民生活费用价格总指数；利润和税金之和的折算采用由公式

$$\begin{array}{l}某年工业国民\\收入价格指数\end{array}=（某年工业国民收入）/（某年工业国民收入×某年$$

工业国民收入指数）

计算出的工业国民收入价格指数。为简便起见，假定 $\alpha + \beta = 1$，即假定规模收益不变。根据经验，并且考虑到存在着巨大的就业压力，经济体制尚不能使大量的剩余劳动力表现为失业人口而从社会劳动者中剔除，劳动投入的增长缺乏必要的资本投入与之结合而对产出增长的贡献十分有限，所以，选取 $\alpha = 0.6$，$\beta = 0.4$。计算结果如表7—2、表7—3。

表7—2　　　　　历年产出增长及各要素对产出增长的贡献　　　　（%）

年度	产出增长率 （y）	资金投入 增长的贡献 （αk）	劳动投入 增长的贡献 （βt）	全要素生产 率增长的贡献 （a）
1952	— —	— —	— —	— —
1953	37.6 (100)	43.9 (37.4)	15.4 (41.0)	8.3 (22.1)
1954	18.3 (100)	11.5 (62.8)	15.4 (41.0)	4.1 (22.4)
1955	13.8 (100)	8.8 (100)	0.1 (1.1)	−0.1 (−1.1)
1956	32.5 (100)	16.9 (52.0)	12.0 (36.9)	3.6 (11.1)
1957	37.6 (100)	10.1 (56.7)	4.4 (24.7)	3.3 (18.5)
1958	75.7 (100)	24.0 (31.7)	16.5 (21.8)	35.2 (46.5)
1959	44.3 (100)	21.5 (48.8)	14.2 (32.1)	8.6 (19.4)
1960	15.9 (100)	17.0 (107)	2.9 (1.2)	−4.0 (−25)

年度	产出增长率 （y）	资金投入 增长的贡献 （αk）	劳动投入 增长的贡献 （βt）	全要素生产 率增长的贡献 （a）
1961	- 54. 4 （100）	2. 0	- 9. 0	- 47. 4
1962	- 14. 2 （100）	- 3. 5	- 8. 0	- 12. 7
1963	25. 4 （100）	- 0. 1 （ - 0. 4）	0. 8 （3. 1）	24. 7 （97. 2）
1964	23. 5 （100）	4. 1 （17. 4）	2. 2 （9. 4）	17. 2 （73. 2）
1965	27. 9 （100）	9. 1 （32. 6）	1. 8 （6. 5）	17. 0 （60. 9）
1966	25. 4 （100）	5. 2 （20. 5）	2. 0 （7. 9）	18. 2 （71. 7）
1967	- 24. 8 （100）	6. 7	5. 4	- 33. 9
1968	- 9. 2 （100）	5. 3	1. 5	- 16. 0
1969	45. 5 （100）	5. 8 （12. 7）	- 2. 4 （5. 3）	37. 3 （82. 0）
1970	35. 1 （100）	7. 1 （20. 2）	4. 2 （12. 0）	23. 8 （67. 8）
1971	11. 3 （100）	7. 3 （64. 6）	4. 7 （41. 6）	- 0. 9 （ - 6. 2）
1972	6. 4 （100）	8. 0 （125）	4. 8 （75. 0）	- 6. 4 （ - 100）
1973	4. 0 （100）	6. 7 （168）	1. 4 （35. 0）	- 4. 1 （ - 103）

年度	产出增长率 （y）	资金投入 增长的贡献 （αk）	劳动投入 增长的贡献 （βt）	全要素生产 率增长的贡献 （a）
1974	-7.3 (100)	4.5	1.4	-13.2
1975	13.3 (100)	4.7 (35.3)	2.1 (15.8)	6.5 (48.9)
1976	-5.6 (100)	5.6	2.0	-13.2
1977	16.0 (100)	3.2 (20.0)	1.4 (8.8)	11.4 (71.3)
1978	21.8 (100)	5.2 (23.9)	4.4 (20.0)	12.2 (56.0)
1979	8.9 (100)	1.3 (14.6)	5.7 (64.0)	1.9 (21.3)
1980	5.8 (100)	2.3 (39.7)	3.7 (63.8)	-0.2 (-3.4)
1981	1.6 (100)	1.7 (106)	1.1 (68.8)	-1.2 (-75)
1982	5.4 (100)	3.0 (55.6)	2.0 (37.0)	0.4 (7.4)
1983	5.9 (100)	2.6 (44.1)	1.2 (20.3)	2.1 (35.6)
1984	10.5 (100)	2.3 (21.9)	7.6 (72.4)	0.6 (5.7)
1985	10.2 (100)	4.3 (42.2)	4.3 (42.2)	1.6 15.7
1986	0.7 (100)	7.0 (1000)	5.8 (829)	-12.1 (-1728)

年度	产出增长率 （y）	资金投入 增长的贡献 （αk）	劳动投入 增长的贡献 （βt）	全要素生产 率增长的贡献 （a）
1987	6.9 （100）	4.6 （66.7）	2.6 （37.7）	-0.3 （-4.3）
1988	7.6 （100）	2.9 （38.2）	1.8 （23.7）	2.9 （38.2）
1989	-6.5 （100）	9.1	-0.1	-15.5
1990	-9.3 （100）	7.4	5.5	-22.2
1991	8.4 （100）	6.7 （79.8）	3.6 （42.9）	-1.9 （-23）
1992	10.8 （100）	5.5 （50.9）	3.4 （31.5）	1.9 （17.6）

注：不带括号的数字为产出增长率以及各要素对产出增长率的贡献的百分点；带括号的数字为贡献的百分点占总增长率的百分比率。

资料来源：《山东工业经济统计年鉴（1993）》、《山东统计年鉴（1993）》，第33、34、126、238、430页；《中国劳动工资统计资料（1949～1985）》，第189、190页；《中国劳动工资统计资料（1990）》，第37、40页。

表7—3　　　　　各时期产出增长及各要素对产出增长的贡献　　　　　（％）

时期	产出增长率 （y）	资金投入 增长的贡献 （αk）	劳动投入 增长的贡献 （βt）	全要素生产 率增长的贡献 （a）
一五	22.6 （100.0）	12.2 （54.0）	6.0 （26.5）	4.4 （19.5）
二五	2.9 （100.0）	11.3 （389.7）	2.0 （69.0）	-10.4 （-358.6）

续表

时期	产出增长率 （y）	资金投入 增长的贡献 （αk）	劳动投入 增长的贡献 （βt）	全要素生产 率增长的贡献 （a）
1963～1965	25.6 (100.0)	4.3 (16.8)	4.9 (19.1)	16.4 (64.1)
三五	11.0 (100.0)	6.0 (54.5)	2.5 (22.7)	2.5 (22.7)
四五	11.8 (100.0)	6.2 (52.5)	2.8 (23.7)	2.8 (23.7)
五五	11.7 (100.0)	3.5 (29.9)	3.4 (29.1)	4.8 (41.0)
六五	7.9 (100.0)	2.8 (35.4)	3.2 (40.5)	1.9 (24.1)
七五	-0.4 (100.0)	6.2	3.1	-9.7
1953～1978	11.8 (100.0)	7.8 (66.1)	3.0 (25.4)	1.0 (8.5)
1979～1985	6.9 (100.0)	2.6 (37.7)	3.6 (52.2)	0.7 (10.1)
1986～1992	2.6 (100.0)	7.2 (276.9)	3.8 (146.2)	-8.4 (323.1)
1953～1992	9.2 (100.0)	6.6 (71.7)	3.2 (34.8)	-0.6 (-6.5)
1979～1992	4.5 (100.0)	4.3 (95.6)	3.4 (75.6)	-3.2 (-71.1)

资料来源：同表7—2。

由表7—2、表7—3可见，产出增长率较高的年份和时期，往往也就是全要素生产率增长率及其占产出增长率的百分比较高的年份和时期。例如，1958年产出增长率是历史中的最高值，为75.7%；相应地，全要素

生产率增长率及其占产出增长率的百分比在历史中也较高,分别是
35.2%和46.5%。1963～1965年产出增长率是各历史时期中的最高值,
为25.6%;相应地,全要素生产率增长率及其占产出增长率的百分比也
达到各历史时期中的最高值,分别为16.4%和64.1%。产出增长率较低
的年份,往往也就是全要素生产率增长率及其占产出增长率的百分比较
低,甚至是负数的年份。例如,1961年产出增长率是历年中的最低值,
为－54.4%;相应地,全要素生产率增长率也是历史上的最低值,为
－47.4%。"七五"时期,产出增长率是各历史时期中的最低值,为
－0.4%;相应地,全要素生产率增长率也较低,为－9.7%。但是,产出
增长率最高或最低的年份和时期,其全要素生产率增长率及其占产出增长
率的百分比却不一定最高或最低。例如,历年中产出增长率最高的年份是
1958年,为75.7%,而全要素生产率增长率最高的年份则是1969年,为
37.3%;全要素生产率增长率占产出增长率百分比最高的年份则是1963
年,为97.2%。各历史时期中产出增长率最低的时期是"七五"时期,
为－0.4%,而全要素生产率增长率最低的时期则是"二五"时期,为
－10.4%。

　　由表7—3还可看出,40余年来与产出增长剧烈的周期性波动相适
应,全要素生产率增长率也处于剧烈的周期性波动之中。据计算,产出增
长与全要素生产率增长的周期个数和起止年份大致相同;就增长的每次波
动来说,二者平均周期长度仅差0.6年,年增长率平均值极差的大小变化
基本同步,二者的负增长往往同步发生。

　　从全部工业总产值、国民收入的历年和分时期增长速度以及周期性波
动看,其增长速度的高、低态势变化和波动状态基本上是一致的。例如:
1958年,国有独立核算工业总产值、全部工业总产值和工业国民收入的
年增长率均是历年中的最高低,分别为75.7%、54.8%和56.8%;1961
年,三者均是历年中的最低值,分别是－54.4%、－38.2%和－41.7%;
1963～1965年,国有独立核算工业总产值、全部工业国民收入的年均增
长速度均是各历史时期中的最高值,分别是25.6%和21.3%,而全部工
业总产值的年均增长速度也仅比"一五"时期的18.0%这一个历史时期
中的最高值低0.1个百分点。独立核算工业产出增长、全部工业总产值增
长以及工业国民收入增长的周期个数都是8,周期起止年份基本一致。就

增长的每次波动来说，三者的平均周期长度都是 5 年；年增长率平均值、年增长率极差的大小变化基本同步；负增长的周期分布也大致相同，或者说往往同步发生。因此可以推断，全部工业总量增长及其波动与全要素生产率之间的关系状况大致上是相同的。

以上分析说明，山东 40 多年工业发展中工业经济效益与工业总量增长速度是紧密正相关的：工业经济效益增长与工业总量增长速度的大小变化态势和波动状态基本一致。又据表 7—3 测算，1953～1978 年以及 1979～1985 年由国有独立核算工业全要素生产率年均增长率与年均产出增长率计算出的效益速度比例弹性分别是 0.08 和 0.1，即产出增长率每增长 1%，全要素生产率增长率就增长 0.08% 和 0.1%。据此推断，1953～1978年以及 1979～1985 年工业经济总量每增长 1%，工业经济效益水平分别增长 0.08% 和 0.1%。但是，1986 年以后工业发展中的工业经济效益与工业总量增长速度关系状况显然与以前不同。1986～1992 年国有独立核算工业全要素生产率年均增长率是负值，为 -8.4%，从而使得 1953～1992 年以及 1979～1992 年的全要素生产率年均增长率为负值。自然地，据表中 1986～1992 年国有独立核算工业产出增长率与全要素生产率增长率计算出的效益速度比例弹性也为负值。就是说，1986 年以来在工业总量增长速度保持强劲增长势头的情况下，工业经济效益水平却明显下降。这至少说明二者的正相关程度开始降低。

据八大工业经济效益指标年增长速度与工业总产值年增长速度计算出的八种工业经济效益速度比例弹性值如表 7—4。

表 7—4　　　　　　　　　八种工业经济效益速度比例弹性系数

年度	资金利税率速度弹性系数	工业成本利税率速度弹性系数	百元固定资产原值利税率速度弹性系数	全员劳动生产率速度弹性系数	百元产值占用流动资金速度弹性系数	百元产值物耗率速度弹性系数	净产值率速度弹性系数	产值利税率速度弹性系数
1953	0.56	0.05	0.65	0.23	-0.11	-0.08	0.17	0.34
1954	0.0	-0.02	-0.18	0.45	-0.36	0.09	-0.16	0.11
1955	-0.09	0.03	-0.21	0.66	-0.07	0.09	-0.16	0.06

年度	资金利税率速度弹性系数	工业成本利税率速度弹性系数	百元固定资产原值利税率速度弹性系数	全员劳动生产率速度弹性系数	百元产值占用流动资金速度弹性系数	百元产值物耗率速度弹性系数	净产值率速度弹性系数	产值利税率速度弹性系数
1956	0.19	0.006	0.22	0.52	− 0.39	0.03	− 0.05	− 0.18
1957	0.80	2.14	1.16	− 0.45	1.44	− 0.46	0.93	2.11
1958	0.21	− 0.10	0.29	− 0.05	− 0.05	0.01	0.03	0.09
1959	0.13	− 0.05	0.36	− 0.21	0.40	0.07	− 0.11	0.22
1960	− 0.76	− 0.62	− 0.47	0.64	1.82	0.14	− 0.25	0.12
1961	− 1.60	− 1.18	− 1.65	− 0.73	1.41	− 0.08	− 0.15	− 0.89
1962	− 0.29	0.33	− 0.76	0.88	− 0.13	− 0.04	0.07	0.70
1963	3.48	4.47	3.07	2.59	− 1.03	− 0.18	0.35	2.41
1964	1.28	0.72	1.16	1.01	− 0.76	− 0.18	0.36	0.49
1965	0.59	0.18	0.59	0.83	− 0.52	0.02	− 0.03	− 0.01
1966	0.75	0.29	0.77	0.62	− 0.37	− 0.10	0.17	0.16
1967	− 2.41	− 1.40	− 2.28	− 1.25	3.04	0.09	− 0.15	− 1.25
1968	− 3.98	− 2.37	− 3.69	− 1.41	3.65	0.05	− 0.88	− 2.18
1969	1.33	0.37	1.35	0.53	− 0.56	− 0.02	0.03	0.40
1970	0.67	0.54	0.68	0.40	− 0.29	− 0.10	0.23	0.25
1971	− 0.14	− 0.43	0.02	− 0.06	− 0.12	0.04	− 0.18	− 0.34
1972	− 1.38	− 0.20	− 1.21	− 0.96	1.77	0.04	− 0.07	− 0.07
1973	− 0.82	− 0.60	− 0.90	0.39	0.26	0.03	− 0.05	− 0.40
1974	− 12.23	− 7.77	− 12.69	− 3.92	7.46	0.33	− 0.50	− 6.38
1975	0.34	− 0.69	0.22	0.54	− 0.56	0.05	− 0.09	− 0.12
1976	− 13.64	− 7.00	− 13.64	− 7.82	9.55	1.42	− 2.54	− 0.36
1977	0.77	0.35	0.01	0.64	− 0.32	− 0.02	0.04	0.63
1978	0.99	0.68	0.88	0.85	− 0.47	− 0.13	0.26	0.58
1979	0.28	− 0.28	− 0.04	0.72	− 0.51	0.06	− 0.10	− 0.18

年度	资金利税率速度弹性系数	工业成本利税率速度弹性系数	百元固定资产原值利税率速度弹性系数	全员劳动生产率速度弹性系数	百元产值占用流动资金速度弹性系数	百元产值物耗率速度弹性系数	净产值率速度弹性系数	产值利税率速度弹性系数
1980	0.0	-0.57	-0.43	0.38	-0.73	-0.03	0.06	-0.18
1981	-1.60	-0.60	-2.32	-0.72	0.0	0.33	-0.60	-0.32
1982	-0.24	-0.46	-0.44	0.32	-0.18	0.11	0.23	-0.24
1983	-0.10	-0.30	-0.24	0.80	-0.47	0.05	-0.11	-0.32
1984	0.48	-0.11	0.31	0.88	-0.63	0.006	-0.02	0.0
1985	0.13	-0.47	0.03	0.56	-0.09	0.03	-0.06	-0.34
1986	-2.10	-1.94	-1.81	0.40	1.39	0.09	-0.15	-1.40
1987	-0.17	-0.49	-0.09	0.70	-0.37	0.08	-0.19	-0.44
1988	0.12	-0.56	0.20	0.66	-0.55	0.08	-0.19	-0.46
1989	-4.23	-4.79	-3.44	0.38	1.90	0.24	-0.52	-4.18
1990	-9.30	-7.10	-8.77	0.57	4.93	0.13	-0.36	-6.50
1991	-0.56	-0.33	-0.55	0.56	-0.03	0.08	-0.18	-0.38
1992	0.20	-0.02	0.06	1.37	-0.46	-0.03	0.09	-0.14

注：表中第1、2、3、4、5、8项指标为国有独立核算工业的，第6、7项指标为全部工业的。

资料来源：《山东统计年鉴（1993）》，第425、431页；《山东工业经济统计年鉴（1993）》，第34、64页。

经比较分析可见，1963～1965年、1984～1988年两个时期的工业总产值和国民收入均持续高速增长，相应地，八种工业经济效益速度比例弹性也在历年中处于较好的水平。例如，1963～1965年工业总产值年均增长速度达到17.9%，仅比最高的"一五"时期的年均18.0%的增长速度低0.1个百分点，工业国民收入年均增长速度为21.3%，是历年中的最高值，而资金利税率速度弹性、工业成本利税率弹性、百元固定资产原值利税速度弹性、全员劳动生产率速度弹性、净产值率速度弹性、产值利税率速度弹性均处于历史上的最高或较高水平，百元产值占用流动资金速度弹性、百元产值物耗率速度弹性则处于历史上的较低水平。1984～1988年工业总产值、工业国民收入年增长速度一直处于9.6%～21.4%，八种工业经济效益速度弹性的相应变化如同1963～1965年。这进一步说明了我国现阶段工业经济效益与工业总量增长速度之间的紧密正相关性。此外，在工业总量增长速度依然维持较高水平的情况下，资金利税率速度弹性、工业成本利税率速度弹性、百元固定资产原值利税率速度弹性、全员劳动生产率速度弹性、净产值率速度弹性、产值利税率速度弹性趋于下降，而百元产值占用流动资金速度弹性、百元产值物耗率速度弹性则趋于上升。例如，1984～1995年同样是工业经济总量的持续高速增长时期，二者的工业总产值和工业国民收入年增长速度相差无几，但前者比后者的八种工业经济效益速度弹性水平明显地下降了，资金利税率速度弹性、工业成本利税率速度弹性、百元固定资产原值利税率速度弹性、全员劳动生产率速度弹性后者均是正值或处于历史上的最高水平，而前者资金利税率速度弹性有2年为负值，工业成本利税率速度弹性连年为负值，百元固定资产原值利税率速度弹性也有2年为负值，全员劳动生产率速度弹性明显下降；净产值率速度弹性、产值利税率速度弹性，后者却只有1个年份为负值，而前者净产值率速度弹性连年为负值，产值利税率速度弹性有4年为负值；百元产值占用流动资金速度弹性后者均为负值，而前者则有1个年份为正值，其余年份的负值也较小；百元产值物耗率速度弹性后者有2个年份为负值，1个年份略大于零，而前者则连年为正值。

二 结构效益考察

根据经济发展的经验，影响现阶段工业经济效益的主要工业经济结构包括农业、轻工业与重工业之间的数量比例关系，原材料工业与加工工业之间的数量比例关系，以及能源电力和货物周转量增长与工业增长之间的数量比例关系。以下从上述三种结构与前述国有独立核算工业全要素生产率增长的比较分析中，说明山东现阶段工业发展中的结构效益现状。

山东40多年工业化过程中农、轻、重数量比例关系状况如表7—5。

表 7—5　　　　　　　　　　主要年份农、轻、重数量比例关系

年度	以工农业总产值为100				以工业总产值为100	
	农业	工业	轻工业	重工业	轻工业	重工业
1952	66.6	33.4	29.7	3.7	88.8	11.2
1965	41.4	58.6	39.6	19.0	67.5	32.5
1978	25.6	74.4	36.2	38.2	48.6	51.4
1980	32.1	67.9	36.7	31.1	54.0	46.0
1985	32.9	67.1	36.4	30.7	54.3	45.8
1990	22.7	77.3	39.4	38.0	50.8	49.2
1995	17.3	82.7	40.9	41.8	49.4	50.6

注：本表均按当年价格计算。

资料来源：《山东统计年鉴（1996）》，中国统计出版社。

　　将表 7—5 与表 7—3 比较可见，1953～1995 年，尽管山东农、轻、重数量比例关系沿着工业化方向和产业结构演进规律的要求发生了明显的变化，然而，工业经济效益却没有发生相应的变化。根据经济增长的国际经验，在工业化数量扩张阶段中，农业产值在工农业总产值中的比重将不断下降，而工业产值的比重则不断上升；轻工业在全部工业中的产值比重不断下降，而重工业产值的比重将不断上升，轻、重工业数量比例关系的这一变化就是所谓的"霍夫曼定理"效应。由表 7—5 可见，山东农业总产值在工农业总产值中的比重由 1952 年的 66.6% 下降到 1995 年的 17.3%，下降了 1995 年的 49.3 个百分点；轻工业总产值在全部工业总产值中的比重由 1952 年的 88.8% 下降到 1995 年的 49.4%，下降了 39.4 个百分点。由表 7—3 可见，国有独立核算工业全要素生产率年均增长率及其对产出增长的贡献，"一五"时期为 4.4% 和 19.5%，而 1953～1992 年则为 -0.6% 和 -6.5%。从 1978 年改革前、后两大工业化时期看，据表 7—5，农业总产值在工农业总产值中的比重由 1952 年的 66.6% 下降到 1980 年的 32.1%，28 年下降了 34.5 个百分点，年均下降 2.6 个百分点；由 1980 年的 32.1% 下降到 1995 年的 17.3%，15 年下降了 14.8 个百分点，年均下降 4.0 个百分点。农业总产值比重下降的速度还略快于前者。轻工业产值在全部工业总产值中的比重由 1952 年的 88.8% 下降到 1980

年的 54.0% ，28 年间下降了 34.8 个百分点，年均下降 1.8 个百分点；1980~1990 年因对人民生活"还欠债"而有所上升，1991 年后又呈下降趋势。但是，由表 7—3 可见，1953~1978 年国有独立核算工业全要素生产率年均增长率及其对于产出增长的贡献分别为 1.0% 和 8.5% ；而 1979~1992 年则分别下降为 -3.2% 和 -71.1% 。这一切说明，山东农、轻、重比例关系按着工业化方向和产业结构演进一般规律的要求所发生的积极变化，不仅没有明显地促进工业经济效益的增长，反而伴随着工业经济效益增长速度及其对整个工业总量增长贡献的不断下降。

山东工业化过程中原材料工业与加工工业一直存在着比例明显偏小的结构矛盾。80 年代中后期，曾一度回升的这一数量比重又开始下降。另外，轻、重工业的物耗率却持续上升，如表 7—6 所示。所以，原材料工业落后于加工工业的矛盾比较严重。这种失衡的工业经济结构难以支撑工业的持续高速增长，从而对工业经济效益水平的提高产生消极影响。

表 7—6　　　　　　　　　　　　**轻、重工业物耗率**

年度	物耗率	
	轻工业	重工业
1980	0.70	0.62
1984	0.72	0.63
1985	0.72	0.64
1986	0.72	0.65
1987	0.73	0.66
1988	0.74	0.68
1989	0.75	0.70
1990	0.75	0.71
1995	0.79	0.80

资料来源：《山东工业经济统计年鉴（1996）》，中国统计出版社。

山东工业化过程中能源、电力和货物周转量增长与工业增长之间的数量比例关系状况如表 7—7。

表 7—7　　　　各时期能源、电力的货运与工业增长的弹性系数

时期	工业总产值年均 增长速度（%）	能源生产 弹性系数	电力生产 弹性系数	货物周转量 弹性系数
一五	18.7	0.84	2.88	2.56
二五	−1.9	3.11	4.39	2.62
1963～1965	19.5	0.17	0.11	0.90
三五	14.6	0.88	2.03	1.15
四五	9.2	1.02	0.43	0.37
五五	12.3	0.57	1.04	0.87
六五	12.0	0.51	0.63	0.81
七五	20.8	0.36	0.94	0.90
八五	24.8	0.31	0.64	0.46

资料来源：《山东统计年鉴（1996）》，中国统计出版社。

由表 7—7 可见，能源、电力和货运周转量与工业增长的弹性系数在大多数历史时期都比较低，特别是"六五"以来普遍趋于下降。这种严重的结构问题也必然制约工业经济的持续高速增长，从而对工业经济效益水平的提高产生消极影响。

综合上述三种工业经济结构问题及其对工业经济效益的影响状况可见，过去几十年工业发展中工业经济结构变化对于工业经济效益的积极影响是十分微弱的，结构失衡的矛盾严重制约了经济效益的提高。

表 7—8 是山东工业化过程中各个历史时期的工业产业结构超越系数。所谓产业结构超越系数，是指一定时期内的工业净产值年均增长速度与工业总产值年均增长速度之比，它有助于综合反映工业发展中的结构效益现状。

表 7—8　　　　　　各时期工业产业结构超越系数

时期	工业总产值年均 增长速度（%）	工业净产值年均 增长速度（%）	工业产业结构 超越系数
一五	18.7	21.2	1.13
二五	−1.9	−3.9	0.48

时期	工业总产值年均增长速度（%）	工业净产值年均增长速度（%）	工业产业结构超越系数
1963~1965	19.5	23.5	1.20
三五	14.6	13.2	0.90
四五	9.2	12.6	1.37
五五	12.3	11.2	0.91
六五	12.0	10.3	0.86
七五	20.8	12.8	0.62
八五	24.8	20.9	0.84

资料来源：同表7—7。

由表7—8可见，工业发展中的工业结构效益趋于下降。

1953~1978年、1979~1985年以及1986~1995年的工业产业结构超越系数依次递减；分时期看，"二五"以后各个计划时期的工业产业结构超越系数也依次递减。同样需要指出的是，在工业总产值年均增长速度1979~1995年大于1953~1995年的同时，工业净产值年均增长速度却是前者小于后者。这一切充分说明工业净产值的增长主要是依赖工业总产值的高速增长，而不是依赖工业净产值率的提高。

第三节　效益转型的机理分析

对山东工业化过程中工业速度效益与结构效益的现实考察表明：统观起来看，80年代以前工业经济效益水平及其变化与工业总量增长速度紧密正相关，而受工业产业结构的积极影响并不明显。进入80年代中后期，工业经济效益与工业总量增长速度之间的正相关程度开始下降；与此同时，失衡的产业结构对于工业经济效益的消极影响趋于增大。那么，为何会出现这种工业速度效益与结构效益的现状呢？对这一问题的回答，有赖于以下的经验与机理分析。

一　速度效益、结构效益与工业发展阶段

经济发展的国际经验表明，在工业化的数量扩张阶段，工业总量增长

与工业全要素生产率增长之间是紧密正相关的，如表7—9所示。

表7—9　　　　不同收入水平下的工业产业和全要素生产率增长率　　　（％）

时期	人均 GNP （美元）	工业增加值 年增长率	工业全要素生 产率年增长率
0	100～140	5.36	0.53
1	140～280	5.65	0.91
2	280～560	6.79	1.61
3	560～1120	7.57	2.11
4	1120～2100	7.84	2.52
5	2100～3360	6.18	2.67
6	3360～5040	4.95	2.79

注：人均收入系按1970年不变美元价格计算；工业系指加工工业，包括重工业和轻工业两部分加工工业。

资料来源：［美］H.钱纳里等著：《工业化和经济增长的比较研究》，上海三联书店1989年版，第71页表7。

由表7—9可见，当一国工业化处于人均GNP为2100美元以前的发展水平时，综合反映工业经济效益的工业全要素生产率增长与代表工业总量增长速度的工业增加值增长率之间存在着紧密的正相关关系。只有在人均GNP达到2100美元以后的高收入时期，二者的正相关程度才逐渐下降。表中按1970年不变美元价格计算的人均GNP2100美元，等于按1964年不变美元价格计算的1500美元。这就是说，当一国工业化处于按1964年不变美元价格计算的人均GNP1500美元之前的发展水平时，其工业经济效益的增长与工业总量增长速度之间都是紧密正相关的。山东目前正处于按1964年不变美元价格计算的人均GNP400～600美元的工业发展阶段，根据上述国际经验，工业经济效益增长与工业总量增长速度之间理应存在紧密的正相关关系。

工业现代化分为前工业化、工业化和工业现代化三大阶段。山东经济目前正处于第二阶段，即工业化阶段，这一阶段根据人均GNP以及其他指标的规定，又可以细分为起步阶段、数量扩张阶段和持续高速增长阶段。后两个小阶段的分界点就是前面已经指出过的"刘易斯转折点"。在这一转折点上，人均 GNP 按 1964 年不变美元价格计算为 300 美元左右，按 1970 年不变美元价格计算为 400 美元左右。在表 7—9 中，工业化数量扩张阶段处于第二时期，即人均 GNP 为 280~560 美元期间，当人均 GNP 达到 560 美元之后，工业化进入持续高速增长阶段。在工业化进入表 7—9 中的第五时期，即人均 GNP 达到 2100 美元之后，工业化阶段基本结束，因为工业总量增长速度的加速趋势已经消失，接踵而至的将是工业现代化阶段的到来。理论上，数量扩张阶段与持续高速增长阶段的工业总量增长速度的总态势及其与工业经济效益的紧密正相关关系是应该有所区别的。在数量扩张阶段，由于大量的工业产业部门都是作为新兴产业或"朝阳"产业而发展的，众多的工业产业部门都在进行大规模的投资以形成足够的规模效益，而且客观上也存在着相当灵活的投资空间；由于工业各产业部门的同时大规模投资增加了整个工业资源的可流动性，由此带来了大量的资源再配置效益；所以，整个工业的经济效益与总量增长速度必然是紧密正相关的。但进入持续高速增长阶段以后，众多的工业产业部门成为"盛阳"产业部门，其"朝阳"产业部门的地位正在为众多的第三产业部门所逐渐取代，工业投资空间缩小，其灵活性明显降低，工业资源的流动性减弱，工业资源的再配置效益水平逐步趋于最大值，转而降低；工业物耗率水平不断上升，一旦超过一定水平，将可能阻滞工业总体经济效益水平的进一步提高；所以，整个工业的经济效益与总量增长速度的正相关程度在达到某一最大值后将转而降低。

如上所述，山东经济发展目前尚处于由工业化数量扩张阶段向持续高速增长阶段加速转化的历史时期。按理说，工业经济效益与工业总量增长速度之间依然存在紧密的正相关关系。而现实却是，80 年代后期以来，山东工业经济效益在工业总量加速增长的前提下反复出现负增长，水平逐步下降。究其原因，一是工业物耗率水平趋于上升，特别是 80 年代以来连年上升。较快上升的工业物耗率较多地抵消了因众多的工业产业部门同时大规模投资而形成的规模效益和因工业资源的流动性增强而带来的资源再配置效益；二是资产存量和流量的合理调整与工业总量的加速增长不同步，使得产业结构严重失衡，导致结构效益与速度效益的双重流失；三是以往长期实行的高度集中的计划经济管理体制及共滞后影响，抑制了市场机制对于资源配置和利用的积极调节作用的充分发挥，加上长期实行以数量扩张、提高总量增长速度为中心的发展战略，以及迄今为止都还时有发生的片面追求总量增长速度的短期行为，使得工业甚至整个国民经济长期处于"紧运行"状态，难以为伴随工业总量扩张所应有的工业产业结构的合理调整提供较为宽松的总量环境，甚至还反复使工业产业结构失衡的问题更加恶化。四是脱离工业化发展阶段而长期片面发展重工业，导致"逆霍夫曼定理效应"或"超重工业化"，原材料工业与加工工业之间的比例关系、能源、电力和货运与整个工业之间的比例关系长期失调，80年代中后期以来更加恶化。工业资源合理配置落后于工业总量扩张进程的问题，不仅导致工业结构效益水平的低下，而且还使本应有的一部分工业速度效益流失。

概括起来讲，整个工业化过程中工业经济效益水平主要受三种因素的影响：一是由众多的工业产业部门的数量扩张引起的规模效益；二是伴随工业数量扩张的资源流动所带来的资源再配置效益；三是由物耗率的提高或降低所引致的经济效益的反向变化。一般来讲，在整个工业化过程中，规模效益与资源再配置效益之和都大于因物耗率上升而引致的效益下降，而且前者比后者增长得更快，所以，工业经济效益与工业总量增长速度之间的关系才一直呈现紧密正相关的关系。分阶段看，在工业化数量扩张阶段，规模效益对于整个工业经济效益的贡献比较大；而由于工业内部结构尚在形成中，必须经历一个由失衡到大致平衡的过程，因而资源再配置效益对整个工业经济效益的贡献比较小；同时，工业物耗率水平也比较低。因此可以说，该阶段的工业经济效益主要是一种速度效益。在工业化持续高速增长阶段，由于工业内部产业部门的数量扩张均接近最大限度，工业规模效益将大致稳定；而由于工业内部结构日臻成熟，各种比例关系大致平衡，整个工业的持续高速增长具有了坚实的结构支撑，所以工业结构效益水平明显上升；但工业物耗率水平也将合乎规律地上升。因此可以说，该阶段的工业经济效益将是结构与速度的双重效益，且当工业物耗率水平大到更多地抵消了工业规模效益与资源再配置效益之和时，工业经济效益总水平将转而下降。很显然，现阶段工业发展中的工业规模效益对于整个工业经济效益的贡献份额依然是比较大的，工业资源再配置效益的贡献过小，工业物耗率水平上升又过快，从而使整个工业经济效益水平明显低下，工业总量增长、结构变化与工业经济效益之间的关系既不是速度与结构的双重效益型，速度效益型的特征又渐趋模糊，特别是 80 年代中后期以来更是如此。

二 速度效益、结构效益的整体性和相对可分性

工业总量增长与结构变化是工业发展这一事物总体的两个有机联系的方面，在工业发展的现实中，工业总量增长与结构变化是相互伴随着的。所以，任何一种工业经济效益状态都是工业总量增长与结构变化共同影响的结果。工业总量增长可以增加工业资源的流动性，从而产生出工业资源的再配置效益或结构效益；而工业产业结构的演进又总是产出更多的资源再配置效益，直接地提高工业总量增长的水平，而且为工业总量的进一步增长提供更强有力的支撑。所以，工业速度效益与结构效益作为工业经济效益的两种状态，实际上是同一整体。

但是，总量增长与结构变化毕竟是两种不同的现象。首先，二者体现着工业发展的不同内容，总量是规模的反映，它等于相应的个量之和；而结构则是内部联系的反映，它是个量、部分以及要素之间的比例关系。其次，前者时刻都在明显地发生变化，是一种快变量；而后者的变化却比较缓慢，是一种慢变量。因此，在理论上可以假定在短期内只存在没有结构变化的纯总量增长或"平衡增长"。这样，就可以抽象出一种速度效益来。最后，即使工业总量增长是迅速变化着的快变量，但在一定的工业发展阶段上大致上可以维持在一定的限度内，据此可以假定它是一个常量，例如取年均增长速度值。这样，就可以抽象出一种单纯由资源再配置所产生的效益即结构效益或资源的"总配置效应"与"净配置效应"来。以上三方面的分析充分说明，工业速度效益与结构效益是相对可分的。

由工业速度效益与结构效益的整体性所决定，工业速度效益和结构效益的量化分析主要是一种相关分析，即分别通过工业总量增长速度、工业产业结构变化与工业经济效益的相关状态的分析，来确定工业经济效益在工业总量增长与结构变化两种工业发展过程中的不同状态。例如前面关于现阶段工业发展中的速度效益与结构效益现状的量化分析。而由工业速度效益与结构效益的可分性所决定，在一定的假设条件下，依然可以尽可能精确地将所谓纯工业速度效益与纯工业结构效益进行

分离。

1. 关于纯工业速度效益的计量。

假定工业产业结构演进处于相同的阶段，并且在该阶段产业结构不变，运用多国或参加国资料计算出来的标准或典型的工业经济效益年均或年增长率是 Ge，所对应的工业总量年均或年增长速度是 Gy；而待计算国家或地区的工业经济效益增长率是 Ge′，所对应的工业总量增长速度是 Gy′。当 Gy≠Gy′时，应有 Ge′ – Ge = ΔGe，Ge≠0。这时，ΔGe 就是纯工业速度效益。类似地，假定根据某一国家或地区自有的工业发展经验数据和某一计量模型计算出来的适度工业总量增长速度是 Gy，其所对应的工业经济效益增长率是 Ge，在假定工业产业结构保持不变的前提下，待求年份或时期的工业总量增长速度和工业经济效益增长率分别是 GY′和 Ge′。当 Gy≠Gy′时，应有 Ge′ – Ge = ΔGe，Ge≠0。此 ΔGe 也是纯工业速度效益。

2. 关于纯工业结构效益的计量。

有两种方法可以选择：一是，计算所谓工业资源的"总配置效应"。拥有不同劳动生产率的工业部门之间的就业变化对总工业劳动生产率增长贡献的测量公式如下：

$$A（y） = \sum \rho i G_{\gamma}i$$

式中

A（y）——"总配置效应"；

ρi——工业部门 i 在工业总增加值中的比重，$\rho i = V i / V$；

$G_{\gamma i}$——工业部门 i 的就业比重 γ_i 的增长率。

二是，计算所谓工业资源的"净配置效应"。从"总配置效应"中剔除了因就业比重变化而产生的积累对于劳动生产率增长的贡献，即"净配置效应"。公式如下：

$$NA = \sum （Y_i / Y - \alpha_i R_i / R） d\gamma_i / dt$$

式中

NA——"净配置效应"；

γ_i——工业部门 i 的就业比重；

t——时间；

y_i——工业部门 i 的劳动生产率；

y——整个工业部门的劳动生产率；

α_i——整个工业部门的资本—产出弹性，系各工业部门的 资本—产出弹性的加权平均值；

R_i——工业部门 i 的人均资本占有量或资本密集度；

R——整个工业部门的人均资本占有量或资本密集度。

很显然，以上计量纯工业速度效益或纯工业结构效益的公式，除了上述假定之外，还都忽略了工业总量增长速度以及工业产业结构以外的因素，如工业生产要素质量、工业管理体制、工业发展战略和政策等对于工业经济效益的影响。毋宁说，上述纯工业速度效益与纯工业结构效益是广义的——由除了工业产业结构变化以外的因素的变化所引致的工业经济效益都属于工业速度效益，而由除了工业总量增长速度以外的因素的变化所引致的工业经济效益都属于工业结构效益。这就难免存在计量上的较大偏差。又因为无论是上述纯工业速度效益的计量公式，还是上述纯工业结构效益的计量公式，其实际运用都要受到所占有的统计资料或经验数据的限制，实际运用的场合是极为少见的，所以，关于工业速度效益与结构效益的定量分析，目前大量的还是关于工业总量增长、产业结构变化与工业经济效益的相关分析。只要这一相关分析是全面的、系统的、尽可能精确的，就可以大致上反映出工业速度效益与结构效益的现实状态，而这对于有关政策的设计来说往往是足够的了。

第四节　效益转型的对策

关于今后工业发展及其效益的提高问题，目前实际上还存在着种种不同的主张，其中比较典型的有以下两种：第一种观点认为，工业发展依然处于工业化数量扩张阶段，应合乎规律地以获取高水平的速度效益为重点。为此，应该力争工业经济增长的高速度；第二种观点认为，我国工业发展已经步入由重化工业大规模发展所支撑的经济持续高速增长阶段，应在保持工业总量稳定增长的前提下以争取高水平的工业结构效益为重点。基于前述考察和分析，我们认为，目前正处于效益转型的关键时期，即从速度型效益转向速度结构型效益，为此，应加大各种政策措施的执行力度。

一 适度增长

山东省目前正处于由工业化数量扩张阶段向经济持续高速增长阶段加速转化的历史时期，工业以及整个经济总量增长存在着明显的加速趋势，根据经济发展的国际经验，这一加速趋势可能一直持续到工业化阶段的结束。而在这一过程中，工业经济效益与工业总量增长之间又始终存在着紧密的正相关关系。所以，从由国际经验所证实了的客观趋势看，在今后一段时期内，必须保持足够高的工业总量增长速度，以便通过高速度的工业发展最大限度地提高工业的规模效益，最大限度地提高因高速度下资源流动性增强所带来的资源再配置效益，从而最大限度地提高工业的总体经济效益。鉴于工业发展所处的历史阶段以及国际经验，山东省重化工业大规模扩张的过程远没有结束，而重化工业同时具有较高的收入弹性、产业关联度和生产率上升水平，这势必成为未来工业总量高速增长的主导因素。也正因为如此，今后一段时期内工业总量增长将会继续呈现加速趋势。

但是，需要特别指出，90 年代初，速度边际效益已呈现出下降趋势。这就是说，单纯依靠高速度已经难以得到以往的高产出，必须注重结构调整、制度创新，而这一切都需要一个较为宽松的经济总量环境。因此，把经济增长速度调控在一个适度的范围内，避免不惜成本的"高速度"，就成为十分必要和迫切的了。

二 结构优化

如前所述，在由数量扩张阶段向持续高速增长阶段加速转化的历史时期，影响工业总体经济效益的三种主要因素中，工业规模效益水平因工业数量扩张空间较小、灵活性降低而趋于稳定；工业结构效益水平则因工业产业结构日臻成熟，其合理化能够对工业的持续高速增长提供强有力的支撑明显上升；工业物耗率水平也将合乎规律地上升。顺应这一工业发展的客观规律，应在最大限度地获取速度效益的前提下，逐步将重点转移到合理调整产业结构，并通过产业结构的合理化来最大限度地降低物耗率水平。目前所进行的产业结构的合理调整进程过于缓慢，工业发展中农、轻、重比例关系、原材料工业与加工工业的比例关系以及能源（电力）和交通与工业之间的比例关系失衡的问题反复发生，导致工业结构效益水平过分低下，加上因结构不合理所导致的物耗率水平上升过快，进而使工业总体经济效益水平低下，特别是 80 年代中后期以来工业总体经济效益反复出现负增长。因此，不仅没有出现随着工业总量增长的加速，工业经济效益也加速增长的紧密正相关状态，反而使工业总量增长与工业经济效益之间的关系变得模糊不清。所以，今后一段时期内，迫切需要加快结构调整的步伐，通过优化产业结构、企业组织结构、产品结构和技术结构等，迅速提高现阶段工业发展中的结构效益，降低工业物耗率，最终取得最佳的工业总体效益。可以毫不夸张地说，能否做到这一点不仅关系到工业化数量扩张阶段能否及时地向持续高速增长阶段的转换，而且关系到我国整个改革开放和现代化建设事业的成败大局。统观目前工业乃至整个国民经济发展进程中所遇到的问题，例如整个国民经济效益水平低下、财政"紧运行"、成本推动的通货膨胀水平居高不下、社会再生产过程多有不畅以及许多重大的改革举措迟迟不能到位等，不难得出这一结论。

三　最佳匹配

毫无疑问，速度效益是任何时期也不能忽视的。可以说，没有一定的速度，经济效益就无从谈起，对于我们这样的后发展国家来说，尤其如此。但是，如果仅此而已，经济增长就会陷入高投入低产出的恶性循环，而跳出这一魔圈的最有效的措施就是向结构要效益。这里有个最佳匹配的问题，就是说，并不是所有的年份所有的地区应当不加区别地一律转向把结构效益放在首位。一般来说，在经济增长的低谷年份，应抓紧结构调整，以获取较高的结构效益；而当经济增长的高峰年份到来之时，则需不失时机地抓住机遇，提高速度边际效益。从区域政策来说，经济发展相对落后的地区，应侧重于速度效益，以迅速形成规模经济；而在经济发达地区，则必须下大力气进行结构调整，以获取结构效益为主。只有实现这种辩证的最佳匹配，才能获得最佳的总体效益。

第三编

转变经济增长方式

第八章　山东经济增长方式现状描述

第一节　目前经济增长方式的特点

自党的十四大确立社会主义市场经济体制和运行机制的改革目标以来，特别是中央提出具有决定性的两个根本转变以来，山东省的改革与发展进入了一个新的历史时期，经济运行机制和环境条件发生了很大变化，为经济增长方式由粗放型向集约型转变创造了有利条件。主要表现在：一是市场机制对资源的配置作用显著增强；二是国际竞争的冲击日益激烈；三是宏观经济政策的约束逐步硬化；四是产业结构优化升级的进程明显加快；五是宏观调控的方式方法发生了重大变化；六是经济运行的法制化、有序化程度逐步提高。这些变化充分说明，传统经济增长方式即粗放型增长方式存在的机制因素和环境条件均已明显弱化，转变经济增长方式的机制因素和环境条件逐步形成，粗放型增长方式和速度效益型的发展路子越来越受到市场机制和政策环境的多重制约，表现出以下几个主要特点：

一　速度高，整体效益差

"六五"以来，山东经济发展进入高速增长时期。据统计，"六五"时期，国内生产总值年均递增 11.9%，工业总产值年均递增 12%；"七五"时期，以上两项指标年均递增分别为 9.3% 和 20.8%；"八五"时期，则分别年均递增 16.7% 和 24.8%。在经济过热的 1988 年和 1992 年，工业总产值年均增长分别达到 33.3% 和 33.8%。1995 年末，全省乡及乡以上独立核算工业企业达到 27392 户，总资产达到 5919.2786 亿元。

但是，如此的高速度主要是靠高投入来支撑的，靠耗费资源换来的。比如资本投入，1981～1995 年的 15 年中，在促进全省经济增长的各种生

产要素中，资本投入的比重均在 60% 以上；经济增长中的资本贡献率，
"四五"时期为 68.4%，"五五"时期为 63%，"七五"时期有所下降，
为 61%，"八五"时期仍为 60%，居各生产要素贡献率之首。这说明，
长期以来山东省的经济增长主要是依赖资源投入的总量扩张来实现的。另
外，在资源投入加速扩张的同时，物耗指标却居高不下，"五五"时期为
67.62%，"六五"时期为 65.84%，"七五"时期为 63.30%，"八五"时
期仍高达 56%。单位 GDP 的能耗指标，山东省同国外相比，是日本的 6
倍、韩国的 4.5 倍。

虽然经济高速增长，但全省财政收入增长却相对过慢，财政收入占
GDP 的比重逐年下降。据统计，"六五"时期财政收入年均递增 7%，
"七五"时期年均递增 10.1%，"八五"时期年均递增 11.4%；财政收入
占 GDP 的比重，1978 年为 27.4%，1980 年为 16%，1985 年为 10.4%，
1990 年为 8.2%，1995 年为 3.6%，在华东地区排位较后，与上海、广东
相比差距较大。见表 8—1。

表 8—1　　　　　华东七省一市财政收入占 GDP 的比重　　　　　（%）

地区	1990		1991		1992		1993		1994		1995	
	比重	位次	比重	位次	比重	位次	比重	位次	比重	位次	比重	位次
上海市	22.8	1	19.6	1	16.7	2	16.0	2	8.9	1	9.1	1
江苏省	10.4	19	9.6	22	7.1	25	7.6	26	3.4	29	3.3	29
浙江省	12.1	11	11.2	14	8.7	19	8.7	22	3.6	27	3.4	28
福建省	12.4	10	11.2	13	9.6	12	9.8	16	5.4	11	5.3	13
江西省	9.7	23	9.4	23	8.6	21	9.1	20	4.8	20	7.8	3
安徽省	8.7	26	7.3	29	6.9	26	6.8	29	3.7	26	4.1	26
山东省	8.2	28	8.8	24	6.3	28	7.0	27	3.5	28	3.6	27
广东省	8.9	25	10.0	19	9.7	11	10.8	8	7.0	5	7.0	8

资料来源：《改革开放十七年的中国地区经济》，第 408、413、431、436、454、
459、477、482、500、505、523、528、546、551、638、643 页。

整体经济效益较低还表现在：

1. 反映全社会经济活动投入产出关系的社会净产值率（国民收入与
社会总产值之比）逐年下降，从 1986 年的 41% 下降到 1990 年的 29%，

下降 12 个百分点；1993 年与 1986 年相比，又下降 14.44 个百分点。

2. 国民生产总值的增长主要依赖于投资增长的拉动来实现。"七五"时期，GDP 年均增长 9.3%，固定资产投资年均增长 31.4%；"八五"时期，GDP 年均增长 16.7%，固定资产投资年均增长 33.7%。而且，各种投入要素的作用效率偏低，有关资料表明，山东省在 1991～1995 年，投入效率对经济增长的贡献率在 25% 左右，而发达国家均在 50% 以上，发展中国家一般也在 30% 以上。

3. 全省乡及乡以上独立核算工业企业全员劳动生产率呈下降态势，1990 年为 20845 元，1993 年下降为 14710 元，下降 29%，在华东地区居倒数第二位，见表 8—2。

表 8—2　　　　　华东主要省（市）独立核算工业企业

全员劳动生产率（1993 年）　　　　（元/人）

指标名称	上海市	江苏省	浙江省	安徽省	福建省	江西省	山东省
总计	72100	63552	57847	31532	57417	8435	14710
比 1992 年增长(%)	22.2	37.2	38.9	19.3			
在总计中:国有经济	66838	62446	57410	35323	54125	7780	16500
集体经济	41229	59398	53791	26116	31713	8875	12014
其他经济	114943	97020	94153		95520	24131	11906
在总计中:轻工业	62952	60851	63315	33553	53367	10647	13223
重工业	81708	66171	50207	26705	62911	7005	15968

注：计算劳动生产率的产值为工业增加值

资料来源：《中国统计年鉴（1994）》，中国统计出版社 1994 年版。

工业产品产销衔接改善甚微，1995 年工业产品产销率比上年的 96.47% 仅提高 0.31 个百分点；总体盈利水平低，1995 年企业盈亏相抵后的利润仅比上年增长 5.24%，销售收入利润率为 3.59%，比上年下降 0.63 个百分点，总资产利润率为 7.34%，比上年下降 0.89 个百分点；资产占用不合理，互相拖欠，周转缓慢，流动比率为 0.9484，已属不良型；商品生产能力利用率低，有 52.81% 的工业产品的生产能力利用率在 60% 以下。

总之，"七五"以来，山东整体经济效益一直呈下滑趋势。1990 年

底，地方预算内国有工业企业实现利税 40.20 亿元，比上年下降
29.41%；每百元产值提供的利润为 4.24 元，下降 55.8%；每百元销售
收入提供的利润为 3.20 元，下降 55.1%；可比产品成本上升 5%，半成
品资金占用 59.16 亿元，比上年增长 32.1%；流动资金周转天数 129.1
天，比上年减慢 17.5 天；企业亏损面比上年增加近 2 倍，亏损额增长 4
倍。"八五"期间经济效益虽有所好转，特别是工业经济效益综合指数有
所回升，1992 年为 90.04，1994 年为 96.87，1995 年为 100.31，但这只
是恢复性质的补偿回升，而不是实质性的有效增加。见表 8—3。

表 8—3　　　　　　　　山东省独立核算工业企业效益指标

年份	百元固定资产原值实现利润（元）	资金利润率（%）	资金利税率（%）	产值利润率（%）	百元固定资产原值实现产值（元）	百元固定资产净值实现利税（元）	百元工业总产值占用定额流动资金（元）
1962	5.90	6.00	18.00	6.40	92.10	25.10	30.00
1965	20.80	22.40	37.20	15.10	137.70	49.80	17.10
1970	25.60	23.90	41.30	13.50	189.90	63.10	19.50
1971	40.30	35.00	49.30	23.60	170.90	80.60	25.50
1972	29.80	26.40	37.50	18.70	151.6	32.5	26.8
1973	25.90	23.50	35.60	18.80	138.10	30.5	21.5
1974	9.90	8.90	16.70	10.70	92.70	27.10	45.90
1975	20.40	19.40	30.60	16.00	127.90	47.1	27.80
1976	20.30	19.30	30.90	15.20	133.20	47.40	27.50
1977	20.30	19.60	31.70	15.00	138.70	47.80	26.10
1978	21.80	21.20	32.50	16.60	132.00	48.50	25.70
1979	20.50	20.50	32.00	15.70	130.30	48.60	26.10
1980	18.30	18.60	29.20	14.80	123.40	43.70	26.50
1981	17.20	17.70	28.90	14.30	118.90	43.20	27.10
1982	14.30	15.00	26.20	12.50	114.70	38.90	27.10
1983	13.90	14.50	25.30	11.90	116.60	37.30	26.40

续表

年份	百元固定资产原值实现利润（元）	资金利润率（%）	资金利税率（%）	产值利润率（%）	百元固定资产原值实现产值（元）	百元固定资产净值实现利税（元）	百元工业总产值占用定额流动资金（元）
1984	14.20	15.80	34.68	13.68	106.16	38.18	23.63
1985	12.86	14.09	27.73	11.86	103.10	38.24	24.36
1986	10.19	10.19	28.88	10.26	92.79	31.27	27.01
1987	10.34	11.22	22.35	15.85	88.97	28.99	27.27
1988	8.50	8.93	19.65	10.07	84.44	25.73	26.64
1989	5.52	5.59	15.28	7.48	73.79	20.33	33.21
1990	·1.84	1.79	10.30	2.86	64.20	13.76	40.09
1991	2.06	2.00	10.27	2.05	101.50	13.81	26.02
1992	4.06	2.95	8.92	2.89	137.20	16.50	26.32
1993	5.06	2.60	8.95	2.71	186.91	16.72	
1994	6.63	5.52	10.60	3.08	215.41	22.21	
1995	4.47	7.28	9.44	2.84	157.15	19.70	

资料来源：《奋进的四十年》，第 167 页；《改革开放十七年的中国地区经济》，第 560 页。

二　结构性矛盾突出

近几年，山东省产业结构调整步伐加快，但总的看来，结构优化升级仍然缓慢。1995 年，三次产业结构由 1990 年的 28.1：42.1：29.8 调整为 20.2：47.7：32.1. 但仍低于全国平均水平。长期以来形成的"小而全"、"大而全"、封闭性生产、低水平重复建设等问题到了相当严重的程度。生产专业化、社会化程度低，结构优化效益不明显，产业结构水平仍处在低度化状态。

从产品结构来看，山东省工业产品仍以资源性产品、初加工和粗加工产品为主，产品停留在低质量、低档次阶段。产品更新换代慢，新产品产值率1988年为6.6%，1992年为5.9%，1994年为9.82%。名优产品少，大路货多；精细加工产品少，初、粗加工产品多；高附值产品少，低档次产品多；畅销产品少，平销产品多。在主要工业产品中，具有高品质性、高特色性、高知名度、高信誉度、高覆盖率、高附加值产品很少，能达到国际先进水平或达到国际标准的，"七五"时期只有20%；"八五"时期也不足40%。设计陈旧、结构落后、需要淘汰的产品有3600多种，机电产品比国际先进水平差距更大，落后20年以上。因此商品竞争力差，市场占有率低，山东产品的省外市场占有率约在18%左右，省内30%左右。产品结构不适应消费结构的变化，不能满足消费者多层次、多样化的需求。

从企业组织结构来看，企业组织结构是与产业结构、产品结构等相匹配的组织基础，既需要合理的集中度，又需要有适当的分散。目前，山东省企业组织状况是，大企业户数占3%，中小企业占97%，规模小，关联度差，工艺专业化系数相当低，规模经济效益差。

从工业内部结构水平来看，高加工度化水平低。在全省十大主要工业行业中，传统工业即以劳动密集型产品生产和以资源基础产品生产为主的行业，所占比重高达70%以上，非传统工业仅占30%。"八五"期间，一些新兴产业，如石油加工、电子及通信设备等的比重有所上升，一些传统产业如纺织等的比重开始下降，但产业结构的总体格局变化尚不显著。

三 经济管理方式粗放，现代化管理手段不足

经济增长质量和效益的提高，在很大程度上取决于管理水平的高低和管理手段的先进程度。山东省目前的经济管理方式基本上是粗放型的，主要表现在三个方面：

一是对投资结构失衡调控乏力。对增加科研、教育、技术改造这三个方面的投资，宏观经济政策效果不理想。山东省对科技的投入，低于上海市、江苏省、陕西省，也低于四川、辽宁等省，对发展高新技术产业缺乏政策倾斜和资金支持。

二是目前经济考核指标体系仍是重数量、重速度、轻质量、轻效益。以考核质量、效益为核心的指标评价体系至今仍不够完善。人均GDP与

经济结构指标（经济结构主要指三次产业结构、需求结构和供求结构、分配结构和消费结构等）、投入产出效益指标、科技进步对经济增长的贡献率指标、生态环境的保护指标，这四大类核心指标还没有有效纳入宏观经济管理的内容之中。

三是微观管理方式陈旧、落后。一方面至今仍有 80% 的企业沿用传统的经济管理办法，缺乏改进经营管理的动力和条件，管理混乱，管理滑坡现象严重，现代化管理手段不足；另一方面管理人员素质较低，高素质的管理人才极其缺乏，企业经营机制转换慢，没有形成有利于节约资源、降低消耗、增加效益的企业经营机制，没有形成有利于自主创新的技术进步机制和有利于市场公平竞争和资源合理配置的经济运行机制。可以说，在造成效益低下的诸多因素中，管理粗放是不可忽视的重要因素。

第二节　存在的深层次问题

上节我们分析了山东现阶段经济增长方式的特点，而形成这种要素投入高、资源浪费严重、经济效益低、生态环境差、技术进步慢、结构性矛盾突出、经济粗放型增长等现状有其深刻的历史、体制、政策等各方面的原因，因此，必须从深层次角度对上述问题加以剖析。

一　农业基础薄弱，产业化水平低

1. 农业基础薄弱。

（1）农用土地资源减少严重，耕地稀缺程度加剧。山东省耕地面积占全省土地面积的 50%，1949～1990 年间耕地净减少 3000 万亩，减少21.5%，平均每年减少 68.5 万亩。近几年来，耕地减少势头并没有得到有效遏制，见表 8—4。与此同时，耕地生产力较低，1995 年，全省高产田仅占 28.5%，中低产田占 71.5%，亩产经济效益居全国第十二位，亩净产值率居全国第十五位，比全国平均水平低 1.6 个百分点，比浙江省低6.3 个百分点。全省耕地存有主要障碍性因素的面积达 9277.35 万亩，占总耕地面积的 78%，绝大多数为中低产田。农业后备土地资源开发利用不够。

表 8—4   山东省耕地净减少统计

年　份	耕地净减少面积
1988	58.97 万亩
1989	60.95 万亩
1990	43.55 万亩
1991	50.47 万亩
1992	44702 公顷
1993	47200 公顷
1994	48235 公顷
1995	34404 公顷

资料来源：《改革开放十七年的中国地区经济》，第 556 页。

（2）水资源贫乏，水资源危机日益严重。一般年份山东省需水量为336 亿立方米，而供水能力为 240 亿立方米，供需差额近 100 亿立方米。灌溉季节来水量仅有 123 亿立方米，占总来水量的 28%。山东省人均占有水量仅为全国人均占有量的 1/6。水利建设固定资产不足，防洪排涝能力弱，水利工程严重老化失修。山东省中有 92 座大中型水库达不到近期防洪标准，占 54.8%。骨干河道由于配套差，淤积严重，防洪排涝能力普遍下降 30% ~50%。水质污染严重，全省污、废水排量达到 15.5 亿立方米，有 90% 未经过处理就直接排入河道，破坏了农业生态环境，严重影响了农业生产的发展。

（3）农村经济技术条件落后。农业由于得不到足够的投资，固定资产无法更新、扩大，农业的物质技术基础得不到改造，致使农业生产长期徘徊不前。1990 年，全省农用机械总动力居全国第六位，农用电力居第八位，化肥折纯施用量居全国第八位。农业操作大都还是手工劳动或半机械化水平，科学技术条件较差。农业科技的推广、服务体系不健全，半数以上的地方未建起行之有效的科技推广、服务机构，服务意识差，服务机制不完善。

2. 农业生产性投入不足，缺乏发展后劲。

（1）省财政支农资金大幅度下降。"四五"、"五五"和"六五"期间，省财政支农资金占全省财政支出的比重均超过 10%。但是，"七五"

以来，省财政支农资金大幅度下降，仅为 6.5%。"八五"以来，这种下降趋势仍无好转：1991 年比上年下降 4.33%；1992 年比上年略有增长，上升 1.5%；而 1994 年和 1995 年两年分别比上年下降 3.4% 和 28.7%。由于农业投入周期长、见效慢，各级各部门往往把投资的重点放在二、三产业上，而对农业口头上重视、实际上忽视，支农资金挪作他用的现象屡有发生。

（2）农民再投入的积极性不高。多年来，农业投入比较效益低，农民得到的实惠少，实际收入减少，有些农户出售所得甚至低于生产成本。如 1992 年全省农民由于出售农副产品综合价格比上年下降 1.7%，人均少收入 8.50 元；而工业品及农资价格的提高，使农民人均多支出 19.90元；因价格政策因素使农民人均减收 28.40 元。农民平均每 100 元农业生产费用所提供的纯收入仅有 208.80 元，比上年减少 153.70 元，下降42.20%。这严重挫伤了农民再投入的积极性，1993 年农民人均用于购买生产资料的支出比 1992 年减少 17%。由于农业生产所必需的生产资料价格高，农副初级产品价格低，"务农吃亏"，粮农、棉农尤其吃亏的问题越来越突出。

（3）对于农业的财政投资，与国外相距甚远。日本政府用于农业的财政支出，1960～1980 年均占预算的 10%，相当于农业产值的 25%；匈牙利在六七十年代农业投资占全部投资的比重均在 17%～19%；苏联在第九、第十个五年计划时期，农业投资占国民经济投资的 26%～27%；墨西哥在 1965～1979 年间，农业投资均保持在 13%～20%。

3. 农业劳动生产率水平低，科技贡献率低。

（1）农业劳动生产率水平虽逐年增加，但仍属较低水平。按照农林牧副渔劳动力年平均数计算，山东省人均农林牧渔业总产值 1990 年为2701.25 元，1995 年提高为 7423.45 元（按现价计算），提高了 1.74 倍。但与江苏、浙江、广东相比，仍有一定差距，在全国也只是位居中游，仅为美国的 1.7%，人均粮食产量居全国第十二位，这与山东省农业大省的地位是很不相称的。

（2）农业科技贡献率相对较低。"七五"时期约为 30%～35%；"八五"时期提高到 39% 左右，而发达国家为 50%～70%。这主要存在两方面的问题：一方面，对农业常规技术推广、应用不普遍。由于常规技术推广不力，自 1990 年以来，粮食生产一直处于低速增长的徘徊状态，粮食总产量年均递增 0.25% 左右。另一方面，对高新技术的推广、应用面更小。据有关部门统计，约有 60% ~70% 的高新技术有待推广。其主要原因是应用高新技术的动力不足，机制不完善。由于高新技术推广不力，导致农业资源转化率低，"八五"期间，水的利用率只有 40%，化肥利用率只有 50% ~60%。

国内外实践证明，科学技术对促进农业生产发展起着越来越重要的作用。世界经济发达国家在 20 世纪初，国民经济增长中依靠科学技术进步的作用仅占 5%，到了 70 年代则提高到 50% ~70%。美国 GNP 农业增加值的 81% 和劳动生产率提高的 71%，归功于农业科学研究和技术推广。法国农业科学研究每投入 1 法郎，农业部门可增值 100 法郎，工业食品部门可增值 300 法郎。在世界谷物增产中，扩大耕地面积只占 20%，而提高单产却占到 70%；在提高单产中，良种选育、更新与推广占 20% ~30%，良好的灌溉条件和增施化肥占 40% ~50%。

二 技改投资严重不足，资源利用率低

1. 技改投资的增速、结构和效益都比较落后。

（1）技术改造投资增长缓慢。山东省技术改造投资原有基数就小，绝对数小，"六五"计划以来，一直处于低速增长状态，见表 8—5。"八五"时期是山东省投资规模最大、增速最快的时期，五年累计共完成全社会固定资产投资 4363 亿元，比"七五"时期增长 1.8 倍，年均增长 33.7%。但国有经济用于技改的投资占国有经济总投资的比重由"七五"时期的 26% 上升到"八五"时期的 28%，仅增长 2.1 个百分点；技改投资占社会固定资产投资的比重仅为 15.5%，而国外一些国家用于技改的投资占总投资的 60% ~70%。由于技改资金短缺，全省大中型企业经过全面认真技术改造的仅有 20% 左右。

（2）技术更新改造的投资结构极不合理，资金不配套，到位率低。1978 ~1994 年，全省用于技改的投资累计 611 亿元，在这有限的投资中，外延型技改投资占了 2/3 以上。如：1993 年全省技改投资为 129.63 亿元，其中用于建筑工程、工程安装、购置工具等费用支出达 120.54 亿元，真正用于技改的费用仅有 9 亿元，占 7%。在技改项目中，技术水平

低、重复建设的居多。如：1995 年全省大中型企业技改信贷资金 201 亿元，而用于技改的只有 91 亿元，其中用于开发新产品的经费仅有 11 亿元。

表 8—5　　　　　山东省技术更新改造投入情况（国有）　　　　　（亿元）

年份	国有经济单位技改投资金额	比上年增长（%）	全社会固定资产投资
1986	26.4283	24	223.0796
1987	37.6594	43	297.7724
1988	59.8375	58	369.8173
1989	43.6651	-27	305.5436
1990	45.0050	2	335.6592
1991	62.5707	37	439.8213
1992	85.8400	37	601.5000
1993	139.6300	62	892.4000
1994	146.6600	5	1108.000
1995	179.1702	22	1320.9773

资料来源：《改革开放十七年的中国地区经济》，第 550 页。

（3）技改投资效益不高。1991 年技改新增产值 104 亿元，新增利税 15.6 亿元，投入产出比为 1∶1.85；1994 年完成技改投资 338 亿元，新增产值 642.9 亿元，新增利税 45.00 亿元，投入产出比为 1∶1.90。技改固定资产交付使用率逐年下降：1991 年为 89.1%，1992 年为 65.1%，1993 年为 74%，1994 年为 59.5%，1995 年为 65.5%。

2. 技术装备水平落后，资源利用率低。落后的技术装备必然导致工业资源利用率的低下。"七五"期间，能源利用率仅为 30%，而日本为 57%；轴承行业钢材利用率为 42%，而国外一些国家为 60%；山东省纱锭拥有量比上海市多，与江苏省不相上下，但是上海的纺织工业产值比山东高出 3 倍，江苏比山东高 2 倍多。山东省的钢材、木材、水泥"三材"消耗强度分别为发达国家的 6~9 倍、5~10 倍和 10~30 倍。

就平均水平而言，能源、原材料消耗约占产品成本的 60% 以上，因此，极低的资源利用率必然导致企业运行陷入不良循环。主要表现在：

（1）企业资产利润率水平大都较低，特别是国有大中型企业更低。见表8—6。

表8—6　　　　山东省部分国有大中型企业资产利润率（1995）

企业	资产利润率（%）
山东省汽车总公司	3.15
济南汽车制造总厂	3.17
济南第一机床厂	2.20
莱阳动力机械厂	1.35
淄博电机股份有限公司	4.00

资料来源：《山东统计年鉴（1996）》，第345—374页。

（2）资产负债率偏高。1995年，独立核算工业企业资产负债率为72%；国有企业资产负债率为77%；地方国有企业资产负债率为80%；省属和市属企业资产负债率分别为79%和81%。工业企业从改革前的"负债经营"变为"借债经营"。

（3）工业企业亏损严重。"八五"以来，工业企业亏损状况一直未得到有效控制，亏损面继续扩大，亏损额大幅度上升。全省地方预算内国有企业亏损面，1991年为11.37%，1992年为9%，1993年为12.97%，1995年达到20.40%，亏损户多达5593家。1995年，亏损企业亏损额比上年增长24.95亿元，增亏44.21%。近两年，独立核算工业企业实亏达到1/3，暗亏超过1/3。

三　科技实力弱，与经济实力相比反差大

科技进步是转变经济增长方式的技术基础和关键所在。《山东省科技实力评价研究》结果表明，对全国各省、市、区科技投入与产出各项指标综合评价打分后，山东省科技实力综合评价得分为31分，居全国第六位，落后于京、沪、川、辽、苏五省市，居中等偏上水平。与前五名省市的得分（100～44分）相差较多，而与居全国第七、八名的湖北、陕西（各得29分）两省接近。目前，山东省的科技投入居全国第八位，而产出只居第六位，科技研究与开发、高校的人力和财力投入及在国外发表的论文数只居全国第十四位。山东省的科技实力与经济大省实力相比反差显

著，可以说，这是经济增长粗放经营的深层次根源。

科技基础薄弱还表现在科技结构方面。一是科技人员偏少。"七五"末期，各类科技人员仅占全省人口总数的 2.3%。1995 年，大中型企业拥有技术开发人员 9.19 万人，仅占企业职工总数的 2.68%。二是科技成果转化率低。据统计，1994 年科技成果转化率不足 24%，真正转化成工业性产品的不足 5%。三是高新技术产业化进程慢。1995 年高新技术收入只有 0.5637 亿元，高新技术产品销售收入不足 26 亿元。四是科技活动投入不足。1995 年大中型企业投入技术开发经费 28.03 亿元，占产品销售收入的比重为 1.02%，其中用于新产品开发的经费 11.03 亿元，占 39.35%。县以上政府部门所属自然科学研究与技术开发经费为 13.9608 亿元，占 GDP 的 0.27%，其中政府拨款 2.9420 亿元，占当年财政总支出的 0.8%。五是运用高新技术改造传统产业、促进产业结构优化升级的能力弱。企业参与市场竞争的方法与手段，主要还是依靠传统优势，真正依靠关键技术和高新技术参与市场竞争的企业很少。

第九章 经济增长方式转变的
紧迫性和影响因素

第一节 转变经济增长方式的紧迫性

一 经济发展阶段和发展战略的要求

经济发展的国际经验表明，经济增长有其自身阶段性规律以及由此所决定的增长方式转化规律。在不同阶段，经济发展战略不同，经济增长方式就具有不同的内容和形式。

从经济发展的历史看，新中国成立初期，为了改变一穷二白的面貌，山东省采取优先发展重工业，高投入、高速度的发展战略，这对增强全省经济实力，奠定工业化基础，缓解商品匮乏的矛盾，改善生产力布局，是非常必要的，也取得了显著成效。改革开放以后，及至1984年，山东经济仍处于典型的工业化数量扩张阶段，速度和效益基本协调。1985年以后，情况逐渐起了变化，特别是90年代以来，虽然工业年递增一直在15%以上，近几年甚至高达20%以上，但亏损面和亏损额却不断上升。1994年，工业经济效益综合指数为96.87，比1993年下降1.8个百分点。分指标看，反映生产规模扩大、投入增加等外延扩大带来效益的生产型指标，如全员劳动生产率、工业增加值率等略有提高，比上年上升3.4个百分点，其影响总指数的比重为41.4%；而反映企业经营状况的经营型效益指标，如产销率、平均注册资金周转次数、成本费用利用率、资金利税率等，却呈下降趋势，比上年下降了3.6个百分点，其影响总指数的比重为58.6%，两者相抵后负影响大于正影响。这说明，山东省工业经济效益历来属于"速度型"的，这种速度型效益的边际效应已经越来越小，近乎为零。1995年，工业经济效益总体水平继续下滑。据统计，实现利润总额仅增加 5.2%，百元销售收入实现利润率下降 14.9%，资金利税率下降 10.9%，企业亏损面仍高达 20.4%，企业资金利税率低于银行贷款利率，低于通货膨胀率。

上述分析说明，随着经济发展所处阶段的变化，市场供求关系（包括数量关系和结构关系）呈现多样化态势，市场取向原则日趋明显，外延扩张和内涵提高对于经济发展的制约作用也发生了变化。如果说，在经济发展的低级阶段，经济增长主要依靠高投入、高速度；那么，当经济发展步入高级阶段即持续高速增长阶段，矛盾的主要方面则由速度变为效益，也就是说，在经济进入"起飞"阶段，经济发展将越来越依赖于经济效益的提高。而完成这种转变的有效的并且是唯一的途径就是尽快地自觉地实现经济增长方式由粗放型向集约型的转变。

二 实现"九五"规划和 2010 年远景目标的要求

今后 15 年，要使山东经济在持续多年快速增长的基础上，继续保持较快的速度，按照目前的粗放型增长方式，会遇到一系列无法解决的突出问题。

一是形成"瓶颈"制约，恶化产业结构。粗放型增长方式需要超比例增加大量的资金投入以及能源、原材料消耗，这样，无论是资金还是能源、原材料都会出现较大的供需矛盾。据统计，"八五"期间山东信贷资金来源偏紧。1994 年以前一直是贷款大于存款，借差约占全国的 10%。1994 年以后，虽然出现存大于贷的局面，但由于山东经济结构偏重和国有经济体系庞大等原因，贷款需求仍不能满足。加之企业技术落后、产品结构不合理、产品质量不高、竞争力不强等，产成品大量积压，使巨额的新增贷款常常沉淀于生产领域，加剧了资金紧张，而资金紧张又造成企业间相互拖欠贷款的增加，形成了恶性循环。在能源供应方面，虽然山东省的发电装机和发电量曾多年居全国第一，但现在已被广东、江苏超过，并且"八五"期间电力生产弹性系数仅为 0.62，大大低于"七五"期间 0.94 的水平。山东省"九五"规划中支柱产业定为汽车、化工等，都是能耗水平较高的产业，因此，电力供应相对紧张的局面仍会在较长时期内存在。"八五"期间，山东省原煤生产弹性系数为 0.44，较"七五"期间有所提高，但优质煤储量的减少、能耗水平的居高不下仍会造成原煤供应不足。而过度开发和不合理利用，则不仅加大资金缺口，而且加剧环境污染，破坏生态平衡。这些必然会使本来供求矛盾较大的能源、原材料等"瓶颈"产业继续趋紧，从而增加产业结构调整的难度。

二是急于上新项目，必然挤占原有企业技术改造资金，减缓老企业技术改造步伐，使一些早该淘汰的陈旧设备超期服役、带病运转。这又造成产品物耗高、质量低、污染环境、经济效益低下。

三是加剧通货膨胀，影响社会稳定。基本建设规模过大，超过国家的承受能力，不得不挤占农副产品收购资金，挪用企业流动资金，必然造成通货膨胀。这是近几年经济高速增长中通货膨胀难以抑制的根本原因。通货膨胀破坏经济稳定，进而影响社会稳定。

四是高速增长难以持续。经济增长是由货币资金投入作为第一推动力和持续推动力的。货币资金主要靠积累，积累的源泉在于经济效益的提高。我国之所以反复出现高速增长几年后就要调整的现象，就是由于经济效益低、积累能力低、供应不足所致。显然，继续沿用粗放型经济增长方式，不仅"九五"规划和2010年远景目标无法实现，就是现有规模的再生产也难以为继。缓解以上矛盾，唯一的出路在于转变经济增长方式，合理节约地使用资金和资源。

从更深刻的意义上说，只有转变经济增长方式，大幅度提高经济效益，以较少的投入获得更多的社会财富，才能从根本上抑制需求过旺和成本攀升，消除通货膨胀的基础；也才能有效地做到经济建设与保护资源、环境相统一，从而真正实现国民经济长期、持续、快速、健康地发展。

三　参与国际竞争，加快与世界经济接轨的要求

随着改革开放力度的加大，山东经济与世界经济的关系日益密切。1995，全省进出口总额已达154.4亿美元，占国民生产总值的25.7%左右，对外贸易额居全国第五位，利用外资32.7亿美元，居全国第五位。总体来说，山东经济与世界经济的互接互补，虽然较"七五"时期有了较大发展，但与沿海几个经济大省相比，仍然差距不小。

据分析，今后时期世界经济和科技发展趋势将呈现以下重要特点：一是全球经济在加速结构调整中进一步增长，亚太地区经济发展更加活跃。二是科技发展迅猛异常，特别是电子、信息、生物工程、新材料、新能源

等高新技术领域已经出现或正在孕育重大突破，将给人类社会经济各个方面以极为广泛和深刻的影响。三是世界范围的经济贸易和资金、技术流动加快，各国经济和市场将进一步相互开放、依存和融合。四是国际间的经济、科技竞争更加激烈。竞争的中心已经由数量、价格转变为质量、效率和科技。在发达国家，科学技术的进步在经济发展中占有突出位置，技术对经济增长的贡献率已取代劳动和资本上升到首要地位，有些发达国家科技进步对经济增长的贡献率已达70%以上，而山东省则不到40%。目前，许多国家都在谋求抢占高科技和新兴产业的制高点，把加速技术进步、降低消耗、提高产品质量和保护资源环境作为发展战略的核心内容。但是，从参与国际竞争的效果看，粗放型经济带来的技术含量低、附加值不高的产品使山东省在竞争中处于不利地位。就商品交易而言，山东省的商品在国外虽以价格低受到部分消费者的欢迎，但又因技术含量低而缺乏市场竞争力。同时，由于国际经济一体化，使得各国材料价格也日趋一致，如果再继续实行粗放型经营，大量消耗原材料，就更加不利于参与国际竞争，因而只有较大幅度地提高产品技术含量和质量水平，降低成本，增加产品附加值，扩大市场占有率，才能在国际竞争中站稳脚跟，获得较大的创汇效益。这就要求尽快提高科技素质、产业素质和企业素质，加快转变经济增长方式的进程。

四　"大省"变"强省"的关键

据专家预测，2010年山东省区域地位有三种可能前景：第一种，山东在经济大省的基础上成为经济强省。在保持GDP全国前三位的情况下，人均GDP进入前五位，产业结构水平居全国前列；第二种，山东仍然维持目前的状况，是经济大省而不是经济强省。GDP总量在前三位或略有下降，人均GDP在第七位左右，产业结构仍为全国平均水平；第三种，由于其他省、区的迅速崛起，山东的整体经济地位下降。

从决定这种区域地位的三大指标来看：总量指标，1995年山东省GDP为5020亿元，列第三位。按目前的增长态势，保持前三位有一定的把握。由于居第四位的四川省（1995年GDP为3534亿元）和居第五位的浙江省（1995年GDP为3450亿元）GDP总量与山东省差距较大，估计"保三"问题不大，但是超过广东（1995年GDP为5440亿元）和江苏（1995 年 GDP 为 5150 亿元）的希望也不太大。

人均 GDP，1994 年山东省为 4473 元，列第十位，低于上海、北京、天津、广东、浙江、辽宁、江苏、福建、海南。第十一位至十三位的是黑龙江、新疆、吉林。福建、海南在 1992 年还低于山东，当时新疆、黑龙江则高于山东。到 1993 年，山东超过新疆、黑龙江，但福建、海南更超过山东，因此山东的位次并没有变化。1994 年，山东人均 GDP 比黑龙江、新疆、吉林分别高 46 元、520 元、770 元，占山东人均 GDP 的比例分别是 1.0%、11.6%、17.2%；而山东人均 GDP 比海南、福建、江苏分别低 347 元、913 元、1312 元，占山东人均 GDP 的比例分别是 7.8%、20.4%、29.3%。由此看来，山东与列第七位至九位的江苏、福建、海南的差距，比列第十一位至十三位的黑龙江、新疆、吉林和山东的差距要大得多，更不要说和居第五、六位的广东、浙江的差距了。1995 年，山东人口自然增长率为 3.35‰，高于上海和北京，列全国第三，广东、江苏、浙江分别为 5.87‰、5.76‰、5.91‰，大大高于山东，福建、海南更高达 9.30‰、14.51‰。这一点，非常有利于山东人均 GDP 的提高。但由于山东人口基数大，1995 年为 8705 万，分别是广东、江苏、浙江、辽宁的 1.27 倍、1.23 倍、2.02 倍、2.13 倍，而且上述诸省和山东省人口自然增长率的差距 1995 年有明显缩小，所以，山东人均 GDP 进入全国前五位，困难相当大。

从三次产业结构分析，按第一产业所占比重较低、第三产业所占比重较高为标志衡量，目前山东的结构水平略低于全国的平均水平。按照山东省的初步规划，到 2000 年，三次产业结构将达到 16：48：36；到 2010 年，三次产业结构将达到 8：47：45。按照过去 15 年山东省三次产业发展轨道的惯性，山东省到 2000 年和 2010 年三次产业的结构按其增加值计算，大约分别为 13：58：29 和 10：54：36。这与山东省的发展目标差距很大。按"惯性"发展，除第一产业的结构比重目标基本上能够实现外，第二产业和第三产业的结构比重目标差距相当大。这说明要实现目标，由"大省"变为"强省"，任务是相当艰巨的，如果沿用过去的发展思路和增长方式，依照"惯性"发展，上述目标的实现几乎是不可能的。因此，切实转变经济增长方式，突破过去发展的惯性，促使经济结构产生质的飞跃，已是迫在眉睫、不可替代的战略选择。

第二节　影响经济增长方式的主要因素

经济增长首先依赖于生产要素投入的增加〔生产要素一般可分为三类：资本、土地（自然资源）和劳动〕，这是毋庸置疑的。但是，随着经济的持续增长，生产要素利用率的增加与否对经济增长的制约作用越来越显著。上述两大类经济增长源——要素投入的增加和要素效率即利用率的增加的不同结合或者说是不同平衡，就构成不同的经济增长方式。粗放型增长方式主要依靠生产要素的数量扩张实现经济增长，集约型增长方式主要依靠生产要素效率的提高实现经济增长。很显然，影响经济增长方式转变的直接因素应当从促进生产要素效率提高的诸方面寻求，而许多间接因素如经济发展阶段、经济运行机制和体制、文化观念等，则都是通过对生产三要素的数量、质量、结构等的作用而影响经济增长方式。

一　资本

从一般意义上说，资本是经济增长的第一推动力，即使是在工业化高级阶段，生产要素以技术密集型为主要组合方式，技术发明及其推广应用也是一种资本更加密集的社会过程。因此可以说，资本是经济增长的主导因素，也是加速经济增长方式转变的物质保证。

资本对于经济增长的推动主要从资本投入量的增加和资本效率的提高两方面实现的。在其他条件不变的情况下，当资本效率不变时，资本投入总量增加，经济产出就会增长；而当资本效率下降时，要获得同样的产出，就必须超比例追加投资，直至达到资本供给的阻力位，这就是粗放经营造成的弊端。而如果使资本效率不断提高，这样就可能在资本投入增幅不变甚至减小的情况下，同样获得产出的增加，这就是集约经营的本质特征之一。

进一步分析，资本对于经济增长方式转变的影响可以从存量资本和流量资本两方面加以说明。

资本存量是通过其规模、结构和增长速度三个方面对经济增长发生作用的。一般来说，如果资本—劳动比例不变，存量资本规模大、结构正常、增长速度较快，就会促进经济增长。而对于增长方式的转变来说，则主要是通过存量资本规模的经济化以促使规模收益递增，通过存量资本结构的优化以提高资本利用效率。粗放型增长方式单纯追求存量资本总规模的无限扩大，而忽视了资本—劳动之间的客观技术关系要求和其他生产要素所提供的客观可能性，忽视了该行业的规模收益损益临界水平，忽视了市场需求规模，因而导致规模扩张过度，生产能力闲置，导致存量资本的规模收益递减，造成存量资本内部不经济。存量资本的结构调整和分布状况的转移，是提高资本存量的产出效率、避免资本存量内部不经济的一个重要途径，这是与产业结构合理化相适应的资本结构重组过程，它对于经济增长方式的转变具有十分重要的意义。粗放型增长方式，在数量扩张推动下，各地区产业结构雷同，因此，不仅各产业之间存在资本短缺和积压并存的矛盾，并且由于体制制约使资本无法由低效产业向高效产业流动，这种低效、僵化的产业结构与即期市场需求结构脱节，致使资本利用效率逐渐下降。因此，发挥资本存量的作用，最大限度地提高其利用效率，是转变经济增长方式首先要做的。根据目前的情况，通过企业兼（合）并，可以同时解决以上两个矛盾。通过兼并，促使企业规模经济化，形成规模效益，有利于降低成本，提高产品市场占有率；通过兼并，有利于资本由低效企业和低效产品向高效企业和高效产品转移，实现资本存量优化组合，从而提高资本存量综合利用效率。所以说，加速企业兼（合）并，扶持大公司企业集团的成长，是转变经济增长方式的近期对策。

流量资本包括投资和折旧形成的重置投资，较之存量资本，流量资本对增长方式转变的影响更大。流量资本也是通过其规模、结构、速度三方面作用于经济增长的，但影响增长方式转变的则主要是投资的结构效应水平。在短期内，投资结构效应能否为正，关键取决于投资结构是否适应预期需求结构所制约的产业结构的要求。集约型增长方式把投资结构与需求结构相适应作为投资的重要决策依据，因而由投资所形成的生产能力就能及时形成有效供给，并能使这种供给得到顺利实现，使投资回报率迅速提高；而粗放型增长方式，由于单纯追求投资速度的增加，而忽视投资结构和预期需求结构的衔接，往往造成投资的结构效应为负值，投资越多，所造成的需求缺口越大，投资形成现实生产能力的难度也越大，投资回报率必然下降。从长期看，提高投资结构效应关键在于投资流向是否与决定经济发展的主导部门或高附加值部门的需求相一致。一般来说，只要是一致的，那么，即使在短期内这种投资流向收益率较低，它在长期内也能得到弥补。这是优化投资结构、转变经济增长方式的根本出发点。所以，实行不平衡发展战略，突出重点，集中投资，提高投资效率；调整投资结构，增加科技投入，提高投资技术含量等，就成为转变经济增长方式的关键。

二　劳动

劳动是决定经济增长的主要因素，一般是通过劳动数量和劳动质量的变化影响经济增长。在其他生产条件不变的前提下，粗放型增长方式以增加劳动数量为主推动经济增长，而集约型增长方式则以提高劳动质量为主推动经济增长。单纯劳动数量的增长对经济增长的作用是有限的，当劳动资料的增长赶不上劳动数量的增长时，劳动要素的边际产量就会发生递减。这时，虽然经济总量有可能继续增长，但其增长率却是递减的。而劳动质量的提高则可以突破这一限制。

劳动质量主要表现在劳动者素质和劳动力结构两方面。劳动者素质包括劳动者工作态度、受教育程度、生产技能等；劳动结构包括劳动者产业分布结构和文化素质结构，这些方面的变化将影响着增长方式的转变。一般来说，通过精神和物质的种种激励以调动劳动者生产积极性，通过各种形式的职业培训和技术培训以提高劳动者技能水平，录用具有较高文化程度的劳动者从事复杂劳动，优化劳动结构等，可以促使经济增长方式转变。其中，劳动力在产业之间的重新配置，具有更重要的意义。首先是劳动力从第一产业向第二产业，而后向第三产业转移。这是因为，第一产业的劳动对象的有限性和不可再生性，决定着若劳动力数量比重居高不下，该部门劳动的边际生产力必然下降；第二产业则不然，它属于资源再加工部门，技术吸纳能力强，深加工余地较大，集约化经营的空间极广，劳动力的边际生产力有递增的广泛可能性和现实性；随着第三产业的发展，劳动力向第三产业转移，又为第二产业的发展提供了充分的外部条件和环境，因此，劳动力的最终分布结构越是向第二、三产业倾斜，即使是劳动总量不变，经济也会较快增长。另外，劳动从过剩产业向新兴产业、高效产业转移，而使全社会劳动生产率提高，使"体力型"、"文化型"、"科技型"劳动者比例协调，即劳动者文化素质结构合理，从而使全社会劳动生产率提高。

我国属于劳动力无限供给的国家，山东省更是一个人口大省，劳动力资源丰富，因此在考虑转变经济增长方式时，不能一味追求资金密集型或技术密集型产业，而应当充分考虑劳动这一重要因素的作用，积极发展具有一定技术水平的节约资金的符合市场需求的劳动密集型产业，显然是符合国情省情的选择。同时，也应该看到，山东省劳动力无限供给所具有的特殊性，即简单劳动力供给具有无限大的特征，而复杂劳动力的供给却严重不足。据统计，1994 年，社会劳动者从事脑力劳动的比例不足 10%，而发达国家该比例达 40% 以上；企业职工中，大专以上学历的仅占 2.92%，比经济发达国家低 10 ~ 30 个百分点；县以上企业厂长、经理中，大专以上学历的不足 40%，低于全国平均水平，比广东、江苏、上海等省市低 20 ~ 40 个百分点；复合型、外向型等高层次人才更少。"三总师"配备率，总工程师为 28%，总经济师为 18%，总会计师为 17%。已上岗的"三总师"中，具有高级职称的仅占 40%，初级职称和无职称的占 25%。国有企业中，工程技术人员比例仅为 8%，若以山东为 100%，江苏则是 130%，上海更高达 160%。企业生产一线工人实际上仍以初级工为主体，技师和能工巧匠为数甚少。因此，转变经济增长方式，一要根据省情，发展"中性"技术高的劳动密集型产业；二要通过学历教育、岗位培训等措施，提高劳动者素质。发达国家教育投资对国民经济增长的贡献率一般在 25% ~33% 之间（据世界银行报告），而山东省却不到 20%。通过文化科技教育培训，一是可以改变劳动能力的性质，提高工作熟练程度，从而相应提高劳动生产率。研究认为，工人的普通教育水平每提高一年，一般可提高劳动生产率 2%；机械工人教育水平由初中提高到高中，工时效率平均提高 9%。二是可以改变劳动者劳动能力形态，使劳动者以体力劳动为主变为以脑力劳动为主。三是职工培训是使科学技术转化为现实生产力的桥梁，只有劳动者素质全面提高，经济增长方式的转变才有可能实现。

三　技术进步

这里的技术进步是指广义的技术进步。即不仅包括生产经营全过程以及经济发展诸方面的各种设备、技术、方法、工艺的进步或现代化，而且包括生产经营管理水平的提高和管理方法的更新。总之，是指那种以科学的发现和发明为背景的，能够直接应用的技术。技术进步可以突破自然资源、资本和劳动对经济增长的界限，是推动经济增长方式转变的最能动的因素。

加快技术进步，最重要的是适用问题。如何选择适用技术，是技术进步能否有效地促进经济增长方式转变的关键。如果选择不当，技术进步不仅不能有效地推动经济增长，甚至可能导致经济增长中技术进步的贡献率下降。

适用技术具有三个特征，一是经济合理性；二是技术有效性；三是市场适应性。

1. 经济合理性。技术进步依据其功能性质的不同可以分为三类：一是"节约资本"型技术进步，即能够提高资本边际生产力对劳动边际生产力的比率的技术进步，也称资金密集型技术进步；二是"中性"技术进步，即促使资本、劳动边际生产力比率同步增长的技术进步；三是"节约劳动"的技术进步，即能够降低资本边际生产力对劳动边际生产力比率的技术进步，也称劳动密集型技术进步。选用何种类型的技术进步，首先要考虑要素配置成本问题，尽可能降低配置成本。根据山东省资本相对不足、劳动资源充裕但高技能劳动力仍相对不足的情况，转变经济增长方式主要应开发节约资本的劳动密集型技术进步和中性技术进步，而不能盲目追求资本密集型的高新技术。

2. 技术有效性。采用先进技术工艺和装备，对于技术进步固然有着十分重要的意义，但是不能简单地认为技术工艺和装备水平越先进，技术水平就越高，增长方式转变就越快。我们看到，不少企业费了不少劲，上了新设备，采用了新工艺，但由于所选择的技术工艺和装备不适合本企业的具体条件，要么配套资金跟不上，要么操作人员技术不过关，结果，先进的技术工艺和装备不能形成现实生产力，导致技术、设备严重闲置浪费。

3. 市场适应性。技术进步类型或项目的选择不仅要考虑经济合理性、技术有效性，更重要的是要适应市场需求，不是适应即期市场需求，而是适应预期潜在市场需求。不少企业非常重视技术改造，但是往往陷入"不改等死，一改找死"的怪圈，其原因除了以上两点外，多数是市场调查、市场预测不到位，结果新产品要么功能超前、需求不足，要么因新上能力太多，市场已饱和，致使企业因技改陷入债务重负境地。

此外，要特别重视"软"技术进步，这是相对于那些具有物质承担的"硬"技术进步而言的，主要是指生产经营管理思想、管理方法和管理手段的改进。所谓"向管理要效益"就是这类技术进步。这类技术进步成本低、见效快、效益持久，对增长方式转变意义重大。不论具备什么条件的地区和企业，不断提高经营管理水平是技术进步的永恒内容。

四　经济发展阶段

经济发展有其内在的阶段性规律。如前所述，依据世界多数发达国家经济发展的实践，可将其划分为三个基本阶段：前工业化阶段，也称工业化前的准备阶段；工业化阶段，也称工业化的实现和经济高速增长阶段；工业现代化阶段，也称工业化后的稳定增长阶段和向更高级阶段过渡的阶段。国际经验证明，经济发展所处的阶段是经济增长方式转变的决定条件。在前工业化阶段，由于人均 GNP 较低（人均 280 美元以下，1970 年不变美元价格），第一产业比重较大，资本生产率与劳动生产率相比不占绝对优势，经济增长速度较慢，这时经济增长主要依靠要素投入的数量扩张，要素组合方式是以劳动密集型为主。在工业化阶段，这一阶段又可划分为三个小的阶段：工业化起步阶段；工业化数量扩张阶段；经济持续高速增长阶段。专家们认为，我国目前正处于工业化阶段中的数量扩张阶段向经济持续高速增长阶段加速转变的时期。一般来说，当经济发展进入这一转变时期时，经济增长速度将保持较高水平，人均 GNP 达到 500 美元以上；产业结构，第二产业比重高于第一产业比重，第三产业比重增长率超过第二产业比重增长率；就业结构，第一产业比重有所下降，但所占比重仍然偏高，第二产业所能提供支持第一产业劳动力向第二产业，特别是向第三产业转移的劳动生产率的水平还很低；消费结构，恩格尔系数一般达到 0.5 左右，即人均食品支出下降；城市化进程加快，按长期居住地统计的城市人口达到 50% 以上，城乡收入差别缩小。在这一时期，一方面伴随着人均 GNP 水平提高，需求结构发生新的转换，需求层次提高，需求热点转移；另一方面，由于在数量扩张阶段生产要素的大规模扩张，使劳动和资本的边际效益显著下降。在我国，由于劳动力资源充足，资本边际效益下降的趋势更加明显，同时资源（包括土地、能源、原材料等）

生产弹性日益减小。需求结构的变动要求产业结构相应调整，生产要素紧缺迫使增长方式根本转变，此时由速度效益型向结构效益、质量效益型转变就是必然的了。如果没有这些阶段条件，增长方式的转换就缺乏内在动力和外在压力。

专家们认为，根据人均 GDP、产业结构、就业结构、消费结构、城市化水平等标准，山东省目前正处于上述工业化数量扩张阶段向经济持续高速增长阶段加速转变的时期，这就具备了增长方式转变的决定条件。但是，由于经济发展的不平衡性，并不是所有地区部具备这种转变条件。例如人均 GDP，1995 年山东省平均水平为 5760 元，如果按 1970 年不变美元价格和 1970 年汇率折算，人均收入为 1268 美元以上；居前三位的东营、威海、淄博，人均 GDP 已达到 2200 美元以上；而居第十七位的菏泽地区 1995 年人均 GDP 只有 458 美元，个别地区尚不足 400 美元。再如产业结构和就业结构，东西部差距也非常大。三次产业结构，东部地区一般在 20：50：30 左右，而西部地区则为 50：30：20 左右。因此，不能不加区别地要求转变经济增长方式，在西部落后地区，基本上不具备转变增长方式的前提条件，这些地区仍需要实施以数量扩张、粗放经营为主的经营发展战略，需要上速度、上总量，只有当依靠农业剩余足以支撑农业劳动力向工业流动进而大幅度降低农业及其劳动力比重，只有当依靠农业剩余为工业发展提供积累的倾向逐渐转向依靠城乡居民储蓄和工业本身的积累时，才能使经济增长方式由粗放型向集约型转变。当然，应吸取发达地区的某些经验教训，粗放经营不等于对资源、资金的浪费，不等于重复上项目，无效投资。应当大力发展劳动密集型的农副产品加工业，大力发展农业，提高农业剩余，尽快具备转变条件。此外，在这些地区可以跨阶段实行农业集约经营。而在人均 GDP800 美元以上的地区，应采取措施，大力发展技术密集型产业，提高科技进步对经济增长的贡献率，实现经济增长方式的转变。所以，必须区分不同层次的地区，采取不同的政策。例如发展速度，其低限为 8%，平均为 10%，那么经济发达地区可以在 10% 以下，而落后地区允许高于 10%。总之，应更有效地使人力资源、资本资源和技术资源得到最优配置，根据各个地区的不同条件，寻找到该地区经济发展粗放经营和集约经营之间的最佳平衡，这样就能在总体上尽快实现经济增长方式的转变。

五　经济体制

经济增长方式的转变不仅取决于一定的经济发展阶段和水平,作为生产力的表现,也受制于反映生产关系的经济体制和机制。由于我国正处于计划体制和市场体制并存的转轨过程,因此,经济增长方式的转变在更大程度上要依赖于经济体制条件的改善。

经济体制一般从三个方面对经济增长方式发生影响:

一是宏观调控体制。主要指投资体制、金融体制和宏观调控方法等。这是促进经济增长方式转变的保证条件。投资体制包括投资主体格局、投资决策机制以及投资监督机制等。只有投资主体多元化、市场化,投资决策科学化、民主化,投资监督严肃化、法制化,才能保证投资方向和结构符合国家的产业政策,符合资本的趋利本能,才能充分提高投资效率。金融体制包括融资机制、金融市场、专业银行商业化,等等,对增长方式的转变提供基础条件。

二是市场运行机制。发挥市场机制在资源配置中的基础性作用,这是促进经济增长方式转变的重要条件。其原因有二:第一,成熟的市场体系和运行机制与集中计划体制相比,具有能够发挥劳动者积极性、有效配置经济资源、提高经济运行效率和质量等优越性。世界各国的实践证明,现代市场经济是最具效率和活力的经济运行载体,凡是经济以集约型增长为主的国家和地区,都有较为成熟的市场体系和运行机制。第二,从我国的实际情况看,当前经济改革中存在的经济秩序混乱、经济结构恶化、经济效益降低以及通货膨胀时有发生等严重的经济问题,其根源一方面在于旧体制的惯性和运行机制中双轨制的延续,更重要的是市场体系和市场机制不成熟、如市场机制的培育和作用不成熟,市场体系的发育不成熟、市场法制秩序不成熟、市场竞争机制不成熟、与市场经济相适应的产权制度不成熟以及与市场经济相适应的思想、文化、观念等不成熟。总之,没有健全的市场体系,没有完整的市场机制,没有公平的市场运行秩序,就难以实现完全转变。因此,只有尽快健全和完善市场体系和运行机制,充分发挥市场机制的作用,才能使经济增长方式的转变落到实处。

集约型经济增长方式是市场经济发展的必然结果,市场机制是集约型经济增长方式的"推动器"。在市场经济条件下,政企分开,资源配置的基础是市场，政府的主要职能是通过加强宏观调控为各经济主体公平竞争、优化结构、提高效益创造适宜的经济环境和社会环境；作为独立的法人实体和市场主体的企业，在市场竞争机制的压力下，在市场风险机制的约束下，在市场利益机制的驱动下，必然要自觉地去追逐利润最大化和努力提高投资效益，而要实现这一目的，只能走集约型经济增长的路子。

三是企业体制和机制。企业内部经营管理体制和运行机制是促进经济增长方式转变的基础条件。企业特别是大中型企业是一国经济增长的主体和基础，我国要实行经济增长方式的转变，必须有企业特别是大中型国有企业的配合和支持，否则经济增长方式的转变也就会因缺乏基础而落不到实处。在市场经济条件下实行经济增长方式转变，必须建立与市场经济体制相适应的企业制度和经营机制，确立国家独资或国家控股的大型企业和企业集团的市场主体地位，使它们在市场竞争中得到充分发展，并带动其他经济成分质量、层次的提高。具体来说，在企业制度方面，要使大多数国有大中型骨干企业在 20 世纪末初步建立起"产权明晰、权责明确、政企分开、管理科学"的现代企业制度。同时，通过促进存量资本的流动对国有企业进行产权重组，使组织结构和产品结构合理化和高度化。在经营机制方面，必须建立以市场导向为主的，自主经营、自负盈亏、自我发展、自我约束的企业经营机制。只有具有上述两方面的条件，才能够优化产业结构，推进技术进步，提高劳动生产率，节约物质消耗，提高管理水平，才能真正保证经济增长方式的转变。

六　理论和观念

经济增长方式转变是一个长期的、复杂的系统过程，之所以转变缓慢，除了上述几方面因素的影响，还有一个根本性原因，就是理论准备不充分，认识观念有分歧，没有建立起一套完整的科学的理论体系，使人们在这一问题上的认识趋向性不统一、不明确。因此，要实现经济增长方式转变，就必须对转变的具体问题以及所涉及的方方面面进行全面而深入的讨论研究，建立起一套完整的切合实际的科学理论体系，使人们对这个问题的认识趋向统一和明确，这也是保证经济增长方式转变得以顺利实现的必要条件。

观念问题包括两个方面，一是干部考绩标准，即干部价值取向；二是领导干部工作指导思想，二者互为因果。当干部考绩标准倾向于规模扩张、铺摊子、上项目时，各级干部必然形成重投入轻产出、重数量轻质量、重速度轻效益的经济发展思路。所以，要转变经济增长方式，就必须彻底改变干部考绩标准，使各级干部的价值观念取向于经济增长方式创新。

第十章　山东转变经济增长
方式的难点和对策

第一节　转变经济增长方式的难点

一　粗放型发展模式的惯性

改革开放以来，山东省发展很快，从一个落后的农业大省一跃而成为经济总量位居全国前三名的经济大省。这些令人瞩目的成就的取得，从增长方式的角度分析，主要是依靠资金、物资、劳力的大量投入而实现数量、规模、速度、产值的快速增长，也就是主要靠搞外延扩大生产来实现的。这种发展模式在人们心目中留下良好的深刻影响，形成了较固定的思维走向和行为准则。这种习惯的思维和行为模式由于对改革成就原因的片面认识而大大地强化了。要从思想和行为上破除旧模式的惯性力量，决非一朝一夕可以完成。至今仍有相当一部分的政府部门领导和实业界、商界的经理、厂长们，由于受自身利益的驱使，并不关心增长方式的转变。他们的目标是使企业尽快盈利，达到短期经营的利润最大化，而不考虑其他。这种普遍的短期行为，无疑将大大增加转变的难度。

二　体制改革不到位

现实利益是最吸引人的，尤其是改革开放以来承认并唤醒人们的利益意识之后，更是如此。我们的改革就是要实现利益结构的调整。然而，改革逐步推进的利益调整和进行中的某些阶段，并不总是准确地反映着时代进步的要求。虽然我国确定了市场取向的改革方案，但是旧的计划经济体制并没有完全结束，人们常说的"政企分开"的局面还没有实现，在投资机制等方面的改革也没有全部到位，这就必然导致人们由于现实利益的驱动，热衷于粗放型的投入，而不乐于走科技进步的道路。总之，整个经济体制包括宏观调控体制、中观市场机制、微观企业体制等方面改革的滞后，特别是企业体制改革的滞后，是经济增长方式转变的一大难点。

三　就业障碍和失业压力

当前，山东省和全国一样，由于劳动人口多，国有企业效益差、经营困难而面临着就业障碍和巨大的失业压力，这给经济增长方式的转变带来了一定的困难。首先，农业的发展使大批农业剩余劳动力涌入城市，使本来就紧张的就业岗位日趋紧张；其次，由于企业改革深化，一批批企业原有的闲置劳力被剥离出来；再次，一些企业由粗放经营向集约经营过渡，劳动生产率的提高也会造成一批富余人员的再就业问题。庞大的待业大军，对政府形成提供更多就业岗位的巨大压力，而粗放型的快投入，有利于及时缓解就业压力。这就使企业和政府都陷入两难选择：要实现经济增长方式从粗放型到集约型的转变，势必造成大量的失业，而目前社会保障体系还不健全；而要减少失业，在目前的条件下，只能上一些劳动密集型的粗放经营项目，这样又难以实现增长方式的转变，而且企业自身最终也难以维持。另外，普遍存在的劳动力素质低下，也造成了就业和再就业的障碍。在实现经济增长方式转变的过程中，如何妥善安排庞大的失业人口，使之降低到合理安全的比例之内，将成为转变的主要困难之一。

四　转换的多层次性和结构的不均衡性

山东省是一个发展中的大省，自然条件和原有经济、技术、社会发展水平极不均衡，呈现出一种较为复杂的、层次不同的状况。从全省情况看，东部地区在自然环境、产业结构、劳动力素质、投入产出效益和改革开放程度等方面要优于西部地区；从地区内部和部门内部来看，其发展水平的高低和结构合理程度的层次也不尽相同。由于地区之间、部门之间以及地区内部、部门内部发展的不均衡性和层次的不同，其经济发展的不均衡性和市场运行机制发育的程度不同，将会成为实现经济增长方式转变的难点之一。

第二节　转变经济增长方式的对策

一　加快国有企业经济体制和运行机制的改革

1. 建立现代企业制度，实现企业制度创新。加快经济体制改革，首先是企业制度创新，通过建立现代企业制度，重塑经济增长方式转变的微观基础。建立现代企业制度要坚持"产权明晰、政企分开、责权明确、管理科学"的指导思想，改变过去那种谁都管理国有资产、谁都不必对国有资产的经营效果负责的状况。出资者、企业和经营者之间的责权不明确，三方面都缺乏制约，这是传统经济增长方式弊端的微观体制方面的基本原因。

2. 要适度收缩国有经济的战线，发挥国有经济的相对优势；要对公有制进行结构调整，从有利于提高生产效率和发展生产力角度来选择公有制的形式和结构。从整体上看，现在国有经济存在涉及面过宽、战线过长的问题。要划定国有资本的投资领域，主要投向那些自然垄断和信息垄断性强和外部效应强等具有相对优势的产业，优化国有资本的配置结构。要积极推进国有资本的战略重组，加快改革、兼并、改组步伐，盘活资产存量，实现现有资产的优化组合，形成规模经济，生产拳头产品，充分发挥现有资产重组效益。要通过政策引导，择优扶持，集中力量在具有产业规模经济要求的行业中，实施大公司、大集团战略。同时，在确保国有资本在国民经济中的主导地位的前提下，使国有资本坚决而有秩序地从有关领域"撤出"。从产业领域来说，国有资本要逐步从部分竞争性领域撤出；从企业类型来说，国有资本要逐步从小型企业撤出，首先从微利和亏损企业撤出，以实现存量资本的优化重组。

3. 对经营性国有资产要实行分级所有、分类管理。应该根据谁投资、谁所有、谁受益的原则来确定国有产权的归属问题。按照现行的财政制度，可以分为中央、省（计划单列市）、地区（地级市）、县（县级市）四级所有。在某些农业县或经济落后的县，可以考虑不保留国有企业。国有资产实行分级所有，有利于加强国家对国有资产（本）的管理，有利于增强各级政府管理国有资产（本）、维护国有资产（本）权益的责任心和积极性，有利于使国有资产的所有者主体多元化，为国有产权的流动和国有资产的优化配置创造条件。

4. 在深化改革中加强企业管理，在加强管理中推进改革。加强管理是企业一切工作的基础，也是建立现代企业制度的重要内容。在深化改革、改善和加强企业宏观管理的同时，重点抓好内部管理，改变传统的粗放式经营。首先要总结和推广建设实践中积累起来的行之有效的成功经验，形成规章制度，提高管理水平。其次要大胆借鉴和引进世界各国先进的管理方法，与中国实际结合，使人类文明的各种成果为我所用。"九五"期间，初步建立起符合现代企业制度要求、适应国际市场竞争需要的企业管理制度。要特别重视质量管理，逐步形成一批在国内外市场上有一定占有率的名牌产品。同时采用以成本管理、资本管理为主要内容的国际通行的会计制度，尽快实现管理手段的自动化、电算化、网络化，使国有大中型企业领先达到世界先进水平，推进我国企业整体管理水平的提高。

二　实行恰当的财政金融政策

1. 财政政策。为保持经济的持续增长，必须制定较为长期的财政政策，保证提供足够的公共产品和公共服务，满足社会发展需要，从而促进资源配置的优化。从宏观上讲，财政支出的安排应侧重于经济发展目标，侧重于具有社会效应的项目，侧重于收入分配的公平。宏观政策的制定应保持相对稳定，避免频繁变动，为经济发展提供稳定的政策环境。对于需要扶持的行业和产业，应采用增加支出和补贴的手段予以支持。山东省目前的重点应考虑农业、基础产业、高科技产业。为了保证经济持续增长的后劲，在支出政策中应更多地考虑科研教育支出，增加对人力资源的开发。

2. 金融政策。首先，要把握适度较低通货膨胀率的战略方针，坚决消除通货膨胀有益于经济增长的错误指导思想，为产业结构调整、增长方式转变提供良好的货币环境。其次，转变专业银行的信贷投入方式，提高信贷资金使用效益。目前，国有专业银行的不良信贷资产已占其信贷资产总量的20%以上，金融风险日益增大。因此，必须改变专业银行信贷投入方式，将有限的信贷资金投向质量好、效益高、有着广阔的市场前景的产品、企业和产业，不断提高信贷资金的使用效益。信贷资金的最本质特征在于其安全性、流动性和营利性，凡是有悖于这"三性"的信贷资金投入都应视为无效投入，都是专业银行应该拒绝的。如果专业银行继续对那些面临破产的企业进行"输血"救济，而对那些效益好、能够适应市场需要的企业不能予以充分的支持，那么，经济增长质量和效益仍然得不到改善和提高。再次，要大力发展资本市场，疏通储蓄转化为投资的渠道。储蓄有效地转化为投资，是经济增长高质量的充分条件，而储蓄要转化为投资，在市场经济体制下，必须具备一个完善的资本市场。到目前为止，山东省资本市场发育十分缓慢，这就导致：一方面城乡居民只有一种储蓄方式——银行储蓄（其他储蓄方式微乎其微）；另一方面，企业资金来源又主要依靠银行贷款，其他来源的资金微不足道，结果造成企业负债率过高（超过70%），这负债中的90%是对银行负债，同时也造成了银行的巨大负担。解决这一问题的关键是进一步完善和发展资本市场（包括债券市场和股票市场），疏通最大的盈利主体（城乡居民）和最大的赤字主体（企业）之间的储蓄——投资渠道，增加各主体储蓄与投资的选择机会，使储蓄更有效地转化为投资。因此，要实现经济增长方式的转变，必须大力发展资本市场，培育多元的储蓄——投资渠道。

三　努力提高资本利用效率

资本利用效率低下是山东省经济增长质量不高和效益较差的最突出表现和症结所在。这一问题由于山东省资本资源稀缺而劳动资源相对过剩而显得愈益严重。由于山东省工业化进程正处于资本高投入期，但恰恰这一最稀缺的资源的利用效率十分低下；由于资本利用效率低下，而经济发展又难以承受较低的经济增长率，因此，为了实现较高的增长，资本运用低效率只能靠增加资本投入量来弥补，这就严重制约了经济增长方式的转换。为彻底扭转以上局面，需要从五方面着手：

1. 调整资金使用价格，使其向价值回归。多年来，物质资源和人力资源的价格不断攀升，唯有最稀缺的资源——资本价格却越来越低。前几年，反映资金价格的利息率实际是负的，1996年情况稍好一点，实际利率也只有1%左右。虽然这是由于生产要素的价格大部分已放开，如果资金价格再放开，将会使企业难以承受成本推进，从而引发恶性通货膨胀，为防止此种情况的发生，不得不人为压低资金价格。结果企业从国家银行获得贷款等于得到一种补贴，由于资金成为各种资源中最便宜的一种资源，所以资金的浪费和低效运用就成为一种普遍现象。我们不能简单地认为资金价格应当同国际水平接轨，要看到许多发达国家资本绝对过剩，其利率较低也是符合其价值的。而我国情况则不然，因此，适当调整资金价格，是提高资本利用率的措施之一。

2. 改革资金供应机制，逐步完善资本市场。我国资金供给实际上实行的是双轨制：政府定价和市场定价并行。在政府未管制的市场上，资金价格一般要比国家规定的利率高一两倍，甚至高到"高利贷"水平。由于利率高，这部分资金利用效率也相对较高，但由于其形成机制极不规范，资金供求关系往往十分混乱，所以也不具有实现资金有效配置的良好功能。这样，居主体地位的政府管制部分和居次要地位的不受政府管制的部分均不具有刺激资金有效配置和高效利用的完善功能。因此，必须通过体制改造和政策调整，一方面改变物质资源和人力资源价格失去控制而资金供求机制存在严重缺陷，资金价格畸高或畸低的状况；另一方面逐步改变政府管制领域的金融抑制状况，并尽快使各种非官方领域的资金供求关系实现规范化和公开化，促进资本市场发育。

3. 改善资金运作环境，加快资本循环。资金运作环境不良，普遍性的资金循环不畅，是资金利用效率低下的重要原因之一。之所以造成普遍性的资金循环不畅，原因是多方面的，包括企业经营管理不善、产成品积压严重等，但近年来越来越严重的一个问题是，信用道德危机造成弥漫性的资金运作环境恶化，金融纪律被破坏，金融秩序紊乱，拖欠、躲债、赖债成为企业经营的"策略"，甚至成为企业在竞争中取胜的生存手段。由于资金供求关系中的信用关系紊乱，资金循环受阻，特别是由于无偿占用和利用以至侵蚀他人资金的现象普遍盛行，并形成滥用他人资金不会受到处罚反而可能获得更大利益（例如最终豁免债务）的广泛心理预期，资金的低效占用和利用就成为难以解决的顽症。对此，必须采取严厉措施，整顿紊乱的信用关系，扭转信用道德急剧滑坡的局面，重建经济生活中的信用基础和信用关系，这是解决资金低效运转的当务之急。

4. 改善国有资金投资体制，形成重视资本利用效率的机制。由于我国现行企业制度和投资体制的不完善，在许多企业的经营目标函数中，提高资金利用效率并未占有较大权重，特别是国有企业，至今仍不具有有效保证企业经营者或投资决策者自动地或强制地重视资金利用效率的机制。改革开放以来，在国民经济的各个产出方面，国有经济的比重都有不同程度的降低，唯有资金投入方面国有经济仍占有明显的绝对优势。由于国有投资在我国投资资金结构中居主体地位，国有资产在资产结构中居主体地位，所以，国有资金能否得到有效利用是提高资金利用效率的关键。改革国有经济投资体制，实现产业发展（竞争性）项目投资以资金效率为中心，基础投资和公益投资也要有合理的资金回报，保证资金的良性循环。为此，一方面必须增强国有投资领域市场调节的力度；另一方面要强化投资市场的规范性，严厉制裁投资领域中的营私舞弊和侵蚀公共资产的行为，杜绝国有资金流失，保证国有资金有效利用。

　　5. 发挥政府在资本调控方面的重要作用，把市场配置的风险和损失降到最低限度。投资领域有其很大的特殊性，长期资金的有效配置，除了要更好地利用市场机制之外，计划手段的运用也不可缺少。目前，我国有效配置资金的市场机制在短期内很难达到完善，因此，充分利用资金价格机制和企业间自由契约方式，不是实现资金有效配置的唯一主要途径。在充分利用市场机制的同时，政府在指导资金配置方面也应发挥重要作用。尤其是在市场难以通过价格信号提供引导资金有效配置的正确信息场合，政府应通过制定产业政策、投资政策、税收政策等方式对资金配置进行积极有效的调节；要特别注意采取有效方式，帮助企业减少决策失误和避免政府自身重大决策的失误。

四　推行产业政策，通过改变产业结构来提高生产效率

　　优化经济结构，可以在投入增长幅度较小的情况下获得增长幅度较大的产出，从而使增长方式得以转变。目前我国经济正处于高速增长中的结构剧烈变化时期，应该说是通过优化结构来提高生产效率的大好时机，也就是说当前是结构效益边际生产率上升时期，因此，应当抓住时机，做好这篇文章。

　　结构调整有两种途径，一是通过市场机制有效引导资源配置，从而实现结构优化；二是通过政府制定产业政策，利用政府能够动用的资金和管理资源以及政策效应，有效引导资源配置，实现结构优化。产业政策的重点应放在对经济增长效益和质量有重要影响、市场机制又不能进行有效调

节的问题上，即主要着眼于弥补市场缺陷。具体地讲，政府产业政策的重点支持对象应是外部性强的产业、高技术产业、投资额巨大和规模经济显著的产业、参与国际竞争的产业和因存在退出障碍而不能及时进行结构调整的传统产业等。至于一些前景看好、增长潜力大的产业，如果不具备上述一些特点，就不需要政府产业政策的特别支持，因为这类产业对投资者有足够的吸引力。产业政策的重点包括以下几个方面：

1. 支持社会效益显著的基础设施建设。基础产业和基础设施的发展对整个经济增长至关重要，是典型的具有显著外部性的行业。但由于其一般多是投资额巨大和不易收回投资或投资回收期较长的项目，如城市公用设施、铁路干线、公路干线等项目，故一般投资者不愿或无力进入，因此，这类项目就是产业政策关注的重点，可以通过多级政府联合投资、共同受益的方式聚集资金，以较少的资金办较大的项目。另有一类基础产业如某些原材料产业，以往得到政府重点支持的原因是价格不合理，而目前的价格已经市场化，这类基础产业就不应该成为产业政策支持的对象。

2. 支持高新技术的开发和产业化过程。高新技术的开发及其产业化是一个高投入、高风险、长周期的过程，民间投资往往动力不足或能力不足。在发达国家，政府对高新技术的研制、开发和产业化制定有专门政策，是其产业政策的重要内容。在山东省目前条件下，可从三方面制定具体政策：一是政府直接投资，参与项目选定、研究开发和产业化过程；二是以优惠措施鼓励企业和研究机构参与；三是制定适度保护政策，尤其是一些国内市场潜力大、技术先进、对多个产业有显著带动作用的行业的产品，在其成长至能与进口商品竞争以前，需要予以保护。

3. 集中导向的产业组织政策。能否继续保持较高速度的稳定增长，取决于一些高技术含量、高附加价值、规模效益显著的新产业部门能不能迅速成长起来，以面对国内外大公司的竞争而站稳脚跟。因此，必须尽快促成一批大企业和企业集团迅速成长。今后的产业政策要以促进集中为导向，但不能重复以行政手段强制组建集团的方法，而是要通过促进优势企业和名牌产品的扩张引导集中过程。产业组织政策促进这些企业扩张，可以使规模经济优势与企业竞争力有机地结合起来，使增长、结构和效益三位一体地结合在一起，使改革、改组和改造三位一体地同步进行。所需要的具体措施有：促进产业资本和金融资本的结合，弱化规模扩张的行政障碍，促进和完善资本市场等。

4. 实行产业调整援助政策。首先，应增加对农业的投入。农业是比较利益较低的基础性产业，对国计民生关系重大，需要有政府多方面的支持才能使其稳定和发展，当前还需要尽快加强和完善农业生产支持体系和风险转移体系。其次，一些在结构调整发生严重困难（如全行业亏损、职工失业等）的传统工业行业，需要政府给予必要的援助，即制定有关的结构调整援助政策。仅仅靠企业自身的努力，整个调整过程会比较缓慢，而且容易发生剧烈的经济和社会震动。因此，产业结构调整援助政策应该成为今后产业政策的重要内容之一。具体措施有：第一，对这类行业的结构调整行为给予资金和其他方面的较多支持；第二，对结构调整引起的失业问题，制定特定的再就业培训计划和相应的资金支持；第三，政府投资对老工业基地进行再开发和再建设，使其成为适合新产业投资和发展的地区等。

五　加速科技创新和应用，全面提高劳动者素质

这是显著提高整个经济素质和效益、提高生产力质量和水平的根本途径和动力源泉。今后 15 年，必须把科教兴鲁战略真正落到实处，所有的生产、建设、流通领域和各个环节都要把提高科学技术水平和科学管理水平放在首位，力争使科技进步对整个经济增长的贡献率提高到 50% 以上。特别要注重加快科技经济一体化进程，加速科技成果向现实生产力转化，力争使科技成果转化率提高到 50% 以上。大力提高全民族的科学文化和思想道德水平，对于提高经济整体素质和效益具有全局性和根本性意义，必须坚持把教育放在优先发展的战略地位。要坚持不懈地搞好职工思想政治教育，大力开展企业管理人员工商管理培训，积极推进专业技术人员继续教育，深入开展工人技术业务培训，扎扎实实做好各项职工教育工作，全面提高劳动者素质。

政府要有重点、有选择地鼓励企业技术进步。一般新产品和新技术开发活动，应尽可能让企业自己去做。根据省情，在今后相当长的时期内，各种技术档次的产品仍将有自己的市场和要素供给条件，特别是技术一般的劳动密集型产业仍将是农村劳动力转移的重要途径，因此，多种档次的产品和技术仍将并行存在和发展。在这种情况下，生产技术和产品档次最

好由企业根据自身条件和市场需求自主选择。需要政府给予特别支持的，一是需要巨额投入的技术改造和技术开发项目；二是某些影响面广的关键技术问题；三是有明显外部负效应的问题，如严重污染设备的淘汰和相应新设备的开发等。具体措施有：政府直接投资或参与投资；政府对限制、禁止使用的技术和产品制定惩罚措施；对符合政策鼓励方向的技术开发行为给予优惠措施，等等。

六　实施转变经济增长方式的地区政策

山东省东西部地区发展极不平衡，过去的发展战略往往忽视通过促进东西部优势互补，降低整个经济发展成本。转变经济增长方式，要改变这种低效、粗放型的地区增长方式，逐步走上地区合理分工协作、空间集约化利用、区域经济协调发展的道路。其基本思路是：充分发挥市场在资源空间配置中的基础性作用，促进地区间公平竞争，打破地区垄断，引导区际产业合理分工和布局；同时，加快中西部落后地区的开发进程，逐步实现区域发展的相对均衡化。

具体措施：首先，要逐步理顺价格体系和区际利益关系，鼓励主要生产要素的有序流动。目前地区分工弱化、优势难以发挥的主要障碍仍在于产品比价没有完全合理化，资源地区和加工地区的利益扭曲尚未真正理顺，以致资源产地对调出基础产品的积极性不高，而竞相上马一些价高利大的加工组装项目。因此，一是继续调整农产品和资源性产品的价格，使其价格劣势有大的改观；二是对某些调出农产品和矿物原料较多的地区要给予适当的价格补贴，同时允许经济技术条件较好的资源地区发展一些后序加工业，提高产品加工深度和附加值；三是对一些价高利大的加工产品应通过加大税收来适当抑制其收益；四是对某些紧缺原材料可以在国家计划引导下按市场法则进行跨地区流动，把垄断性经营减少到最低限度。

其次，要推动西部落后地区的发展。目前，东西部地区的差距进一步扩大。为此，必须采取不同措施，实现经济增长方式的转变。东部发达地区，应着力发展高科技产业、外向型产业，实施大公司集团战略，切实由粗放经营向集约经营转化；西部地区，则应着力发展一般技术水平的资源开发和劳动密集型产业，个别落后地区仍需把发展的重点放在节约资源前提下的外延扩张，尽快形成一定的总体经济实力水平。从全省来说，加快西部发展的主要措施有：提高西部地区的预算投资份额，力争在"九五"期间达到占总量的 50% 以上；调整利用外资的地区重点，采取更加优惠的政策，吸引外商开发能够发挥西部自然资源和人力资源优势，并符合国家和省产业政策的产业项目；支持东西部合作，大力发展西部农村乡镇企业，尽快实现农村剩余劳动力向第二、三产业的转移；切实贯彻国家"八七"扶贫攻坚计划，到 20 世纪末真正消除绝对贫困；加强西部地区交通通信等基础设施建设，同时进一步扩大西部对外开放的范围，使各地区享有平等一致的开放环境和政策。

七 建立有利于提高经济增长质量和效益的指标体系以及评价考核标准

经济指标体系和评价考核标准，实际上是一种政策导向，影响着各方面的思想和行为。必须适应新形势和新要求，改进计划、统计工作，实行与发展市场经济和转变经济增长方式相适应的经济指标和评价考核标准。一是坚决取消那些助长盲目追求规模扩张、数量增长、攀比产值速度的指标，强化和增加有助于提高质量、降低消耗、加速技术进步、优化结构的经济指标；强化反映企业生产经营和资本运营状况的财务指标体系和价值量指标体系。二是在研究制定中长期发展计划的经济指标时，必须充分考虑市场需求变化，考虑转变增长方式时供求总量和结构的影响，使计划指标的预测制定建立在科学的基础上，把各方面的主要注意力引导到走集约经营的路子上来。三是评价地区、部门、企业的发展状况和成绩大小，考核干部的政绩，应该主要看经济增长的质量和效益，不能只看数量、产值；奖励、提拔干部要与抓经济质量和效益挂钩，不能以争到了多少投资和上了多少项目为标准；对项目决策失误、造成严重损失浪费的，要追究责任。

第四编

企业制度创新

第十一章　中国特色现代企业制度的基本特征和本质

第一节　国际现代企业制度的产生和发展

企业制度，是规范化的企业体制，说到底，是生产关系的一种体现。因此，它的发展变化，是以生产力发展的要求和企业制度本身的制度效率为依据的。在人类历史上，企业制度的发展从其核心制度——产权制度的演变过程考察，可以划分为四个阶段：①产权主体单一、两权（所有权和经营权）合一的阶段；②产权主体单一、两权分离的阶段；③产权主体多元、两权合一的阶段；④产权高度社会化、两权分离的阶段。

一　产权主体单一、两权合一的阶段

在市场经济自由竞争的初期阶段，出现了以资本经营为特征的个人业主企业制度，后来又产生了合伙制企业以及家族公司等复杂形式，究其本质，它们都属于传统的自然人企业制度。在这一阶段，由于产品单一，操作简单，企业内部分工和外部协作的程度较低，因此企业的组织比较简单，产权规模较小，产权主体单一，其法律形态和实现形态是融为一体的，企业利润独占，风险自负，对其债务负无限责任。

二　产权主体单一、两权分离的阶段

随着社会分工的发展和科学技术的进步，企业内部形成了多种经营的专业化协作，使得产权所有者同时作为产权经营者感到力不从心。因而原始主权的所有者，通过契约、法律形式和法律程序，有条件地让渡产权的部分或全部的经营权，从而出现了以产权主体单一、两权分离为主要特征

的企业制度。从严格意义上讲，承包制和租赁制都属于第二阶段的企业制度形式。

三　产权主体多元、两权合一的阶段

随着生产力的进一步发展和生产社会化、产品商品化程度的提高，市场竞争日趋激烈，客观上要求企业扩大规模、积聚资本，形成一批大型、特大型企业，这就是最初意义上的股份制企业。在这种公司中，公司的法人及其法人机构把公司的一切权力集中于一身——董事会。董事会一兼二任，既是公司财产的所有者，又是公司财产的经营者。从企业制度发展史来看，企业这种两权合一维持了一个短暂的时期，相当于股份制产生和发展的初期。

四　产权主体高度社会化、两权分离的阶段

随着股份公司的发展，市场竞争日益加剧，生产规模继续扩大，且生产过程日益专业化、复杂化，对管理的要求愈益严格，尤其是科学技术的进步，使得科技的竞争已经取代资本的竞争而占主导地位。总之，经营的高风险和管理的高要求使得许多股份公司打破了两权统一的旧格局，出现了两权分离的新形式。与第二阶段的两权分离不同的是，企业管理者作为一个阶层即"经理阶层"出现。职业化、专业化、年薪化的经理阶层的确立和形成，摆脱了古典企业中的个人专断和经营中的短期行为，为现代企业制度向更高阶段发展提供了条件。一般来说，企业制度发展的第一、第二阶段，是古代的或古典的企业制度；而现代企业制度，从广义上讲，是第三阶段和第四阶段的企业制度。当然，这并不是说，在现代社会就没有个人业主制企业和合伙制企业了，相反，它们仍然占有重要地位，只不过从整体来说以现代公司制为主罢了，这也是由生产力发展不平衡决定的。

透视现代企业制度的自然组成，我们发现，国际上现代企业制度是应运而生的，是面对生产高度社会化、管理专业化、资本大规模聚集以及风险分散化等现代市场经济诸矛盾，人类追求企业制度效率的结果。西方现代企业制度产生的宏观背景在于：首先，产权明确是不需讨论、不言而喻的前提，因为从一开始就是自然人出资形成的法人，自然人是法人的依

托。其次,信用制度的充分发展,提供了支配别人资本、别人财产的可能性,是资本合理积累的极其重要的手段和条件,于是才有了股票这一金融资产,才有了股票交易,才可能产生资本市场和产权交易市场。这一理论分析和历史的发展是完全一致的。再次,劳动力市场,特别是高级管理人才即经理市场的存在。最后,与市场经济相适应的法制建设较完备,这种法凌驾于各种市场主体之上,严格规范着交易主体的行为。

第二节　中国特色现代企业制度的基本特征

一　四个特征、三个内涵

关于现代企业制度的基本特征,比较权威的提法,是党的十四届三中全会《关于建立社会主义市场经济体制若干问题的决定》(以下简称《决定》)中提到的概括,即五特征说。①产权关系明晰。企业中的资产所有权属于出资者(其中,国有资产的所有权属于国家);企业拥有出资者投资形成的全部法人财产权,成为享有民事权利、承担民事责任的法人实体。②企业以其全部法人财产,依法自主经营、自负盈亏、照章纳税,对出资者承担保值增值的责任。③出资者按其投入企业的资本额享有所有者的权益。包括资产受益、重大决策和选择管理者等权利。企业破产时,出资者只以投入企业的资本额对企业债务负有限责任。④企业按照市场需求组织生产经营,以提高劳动生产率和经济效益为目的,政府不直接干预企业的生产经营活动。企业在市场竞争中优胜劣汰,长期亏损、资不抵债的则依法破产。⑤科学的企业领导体制和组织管理制度,妥善调节所有者、经营者和企业职工之间的关系,形成激励和约束相结合的经营管理机制。

比较流行的提法是四特征说,这也是以《决定》中一句概括性的话为依据的。《决定》中说:"建立适应市场经济要求,产权清晰、权责明确、政企分开、管理科学的现代企业制度。"不少专家学者认为,其中"产权清晰、权责分明、政企分开、管理科学"这四个限定词就是对现代企业制度基本特征的概括性表述。

其他还有三特征说。①企业法人制度。即出资者为进入市场、参与竞争、获取利润,构造了一种经营组织,并使其人格化,具有独立的法律地位,这就是企业法人。企业法人市场行为能力的基础是它拥有法人财产权，因此，建立法人制度，关键是确立企业法人财产权，使企业成为法人实体，在市场经济活动中不仅有人负责，而且有能力负责。完善企业法人制度，为企业独立进入市场奠定了必要的基础。②有限责任制度。即企业以其全部法人财产对其债务承担有限责任，企业破产清盘时，出资者以其出资额为限，对企业承担有限责任。实行有限责任制度，是国有企业进入市场，提高资产运营效率的必要条件。③科学的组织管理制度。即通过规范的、科学的组织制度，使企业的权力机构、监督机构、决策和执行机构之间的职责明确，并形成制约关系，使所有者、经营者、生产者的积极性得以调动，行为受到约束，利益得到保障。这是企业进入市场独立经营的组织保证。

另外还有两特征说，即：①法人财产制度；②法人治理结构。还有一特征说，即：明晰的产权制度。

以上五类概括，尽管表述方式不同，但其依据都是《决定》精神。一般来说，"四特征说"比较简练且包含了"五特征说"的基本内容，"三特征说"表达了基本的制度要点，因此，越来越多的人赞成把这两种说法结合起来，称之为现代企业制度具有四个基本特征，即：产权清晰，权责分明、政企分开、管理科学；三个内涵，即：企业法人制度、有限责任制度、科学的组织管理制度。

二　制度生成的差异

我国现代企业制度的提出和建立与多数发达国家不同，它基本上是一种人为安排而不是自然组成。这表现为以下几个不同点：一是产生的动因不同。现代企业制度的自然组成是市场经济发展到一定程度的产物，其所要解决的问题是分散风险、聚集资本和管理专门化；而我国建立现代企业制度的根本原因在于国有企业效率低下、亏损严重，政府财政负担越来越沉重，在于国有企业体制与社会主义市场经济的不协调。二是基础不同。我国正处于由传统的计划经济向社会主义市场经济转型时期，市场经济发育很不完善。企业产权主体既不是自然人，也不是以自然人为依托的法人，而是无人格化代表的国家（各级政府）。在这里，逻辑的进程和历史的发展是不一致的，这就为现代企业制度的建立设置了种种先天性障碍。其他各种配套制度环境，如法律体系的完备、社会保障体系的建立健全、经理阶层的形成及交易等，我国也都不具备。三是功能目的不同。多数非计划经济型国家的企业制度都是遵循个人业主制——合伙制——股份公司制的轨迹发展而来的，其功能目的是为了适应大规模的社会化生产，分散转移市场竞争的巨大风险以及避免负连带无限责任，一句话，是为了适应高度发展的社会生产力，使企业盈利最大化。其功能目的是一元的。而我国的国有企业是由全民所有的产品经济下的工厂制即非企业演变为改革后的产权单一、两权一定程度上分离的企业（如承包、租赁等），然后再向现代企业制度过渡，即非企业——企业——现代企业的过程。这一演变过程不排除生产力发展的客观促进作用，但主要是生产关系变革的人为运作。其功能目的首先是搞好市场经济下的国有企业特别是国有大中型企业；但终极目标是通过使国有企业制度与国际现代企业制度接轨，确保公有制经济的主体地位，从而保持我国市场经济的社会主义特色。显然，其目标是二元化的。

第三节　中国特色现代企业制度的本质

一　对象体

中国特色的现代企业制度应"以公有制为主体"。也就是说，我国现代企业制度改革的对象主要是公有制企业，而焦点是国有企业。这是因为，这项改革的目标是确立公有制与市场经济有机结合的高效率微观实现形式，而不是寻求整个社会生产力提高的途径。在这里，由生产力水平决定的企业制度变为由生产关系或者说由所有制来决定。换个说法，非公有制企业可以沿着企业制度自然组成的历史进程演变，而公有制企业却因历史使命的需要必须"人为长入"现代企业制度。正是在这一点上，体现了中国国情的特殊要求。为此，必然需要付出代价，问题的关键是要把代价降到最低限度。"人为长入"有两种途径：一是回到自然组成的逻辑和历史的起点，像苏联、东欧及某些国家那样，先将国有企业私有化或小团体化，分散产权，在此基础上逐步发展为新的股份公司；二是在保留企业产权公有化前提下实现企业制度现代化。"中国特色"主要是指后一种。

二 核心特征

相对于自然人的个人或合伙经济而言，公司法人制度更具先进性，但是，并非一切公司法人制度都可以称为现代企业制度。从根本上说，我们要建立的现代企业制度，是能够适应社会主义现代市场经济发展要求的公司法人制度。因此，现代企业制度的核心特征应当是有限责任制，即公司以其拥有的全部法人财产承担有限责任。只有这样的公司法人才能够广泛集资、分散风险，适应现代市场经济发展的要求。无限公司和两合公司都以承担无限责任为特征，虽是公司，又具有法人地位，具有产权清晰、责任分明、政企分开等特征，但历史已充分证明，它们不能适应现代经济发展的要求，因此不能说它们是现代企业制度。我国的国有企业实际上是由政府承担无限责任的企业法人，它们同现代企业制度在本质上的差别并不在于公司的名义和法人的地位，而在于有限责任。建立现代企业制度所要解决的根本问题，就是要把由国家承担无限责任的国有企业转变为以公司法人财产承担有限责任的法人企业。这就要求必须使企业法人财产明晰化并且把企业法人财产同出资人（国家）的其他财产界定清楚，只有这样，才能建立起有限责任的企业制度。由于有限责任制度规范企业经营中形成的利润和资产增值，直接或间接都属出资者所有，而当企业破产时，出资者最大的损失即投入企业的资本金。因此，必须彻底改变目前国有企业只负盈不负亏、国家负无限责任的状况，有效地解决在市场经济条件下国有资本出资者既需要向经营者更多地让渡权利，使其放手经营、平等竞争，又担心国有资产流失、无法实行自我保护的二难问题。只有在此基础上，公司制度的一系列运行机制如企业自主经营、专家治理结构等才能形成；也只有在此基础上，国有企业才能真正进入市场，提高资产运营效率。

三 制度体系

现代企业制度是一个完整的制度体系，其中各个子制度，例如产权、信用、法律、市场等互为条件、互相制约，这一制度体系表现为一个历史过程，是市场经济发展到一定程度的产物。中国的现代企业制度既要与国际现代企业制度接轨，又要保留中国特色，成为能够适应社会主义市场经济体制要求的制度体系。这一制度体系不是某一种制度，而是企业以及涉及企业的一系列制度和制度环境的统称。它既包括企业的产权制度、企业的组织制度、企业的领导制度、企业的管理制度、企业的财务会计制度、企业的劳动人事制度、企业的法律制度，又包括企业的各种制度环境，如社会保障体系、政府职能的转换、政府与企业的关系等。现代企业制度还包含着现代市场经济条件下处理企业与各方面关系（包括企业与政府、企业与出资者、企业与社会、企业与员工的关系）的行为规范、行为准则和行为方式。公司制（主要指有限责任公司和股份有限公司）是现代企业制度的主要组织形式。对于我国国有企业的改革而言，不是建立一般意义的公司，而是建立公有化资本不仅占主体地位而且有效保值增值的现代公司制度。

第十二章　建立现代企业制度的难点和突破口

第一节　建立现代企业制度的难点

我国建立现代企业制度的难点何在？难在"建立"，难在"中国特色"。建立，即意味着人为运作，通过对企业上下、左右、内外各种关系的协调、创新和规范，来加以实现；中国特色，即意味着既要与规范化国际现代企业制度接轨，又要适合中国国情，特别要保持公有经济的主体地位和国有资产的保值增值，肩负着"搞好国有大中型企业"的历史使命。这就是说，中国现代企业制度的建立有着极大的特殊性。第一，它不是一种企业制度自然演进过程，而是一种在工厂制基础上进行全新创造的突变过程，是彻底的企业制度改造。第二，它不是在一个比较完善的市场制度环境下进行的企业制度创新，而是与正在逐步形成的市场制度环境趋于同步发展的企业制度改革。第三，它不是原有产权关系清晰条件下的产权结构调整及改变，而是在理顺产权关系的同时进行某种现代产权结构的塑造。第四，它不是作为顺应市场变动要求而进行的企业改组，而是作为培育市场主体而进行的企业脱胎换骨。正是上述这些特殊性使得我国现代企业制度的建立十分复杂和艰巨，概括起来主要有以下八个难点：

一　产权制度改革

产权虚置是国有企业的病根，它使企业成为附属于政府的一个生产单元，难以按市场取向自主经营。由于在股份制改造中没有具体落实谁是国家股权的代表者，使政府实质上没有真正退出经营领域，一些地方甚至出现了国有资产管理局的领导兼任多家公司董事长的局面。由于国家股的代表者不是所有者，权责失衡的潜在危害客观存在。理顺产权关系，明确投资主体，对国家来说，要实现国有资产所有者职能与社会管理者职能分开，国有资产行政管理职能与运营职能分开；从国家与企业的关系来说，要实现出资者所有权与企业法人财产权分开。在这个前提下，难点在于明确国有资产投资主体，即国有股持股机构的问题。谁来行使国有资产股权管理职能？目前三个层次中有两个层次比较清楚。一是国家建立国有资产管理局，代表国家行使终极所有权职能，主要任务是制定政策，从政策上来管资产；二是企业具有法人财产所有权，这都比较清楚。问题在于中间层次，即究竟谁对国有资产经营负资产责任，还是不清楚的。国家规定了几大投资公司：国家控股公司、国有资产经营公司以及具备了条件的企业集团等。但是，行业主管部门能不能成为国有资产经营部门，就没有明确。

二　资产评估

资产如何评估才比较合理，国家希望高估，企业则希望低估。一般有形资产的评估还好办一点，而无形资产如品牌、技术、商标等难度较大。另外，仅仅静态评估还不够，还要动态地评估。高和低是相对的，关键是看效益，效益好就高，效益不好就低。因为资产评估的最终目的不仅仅是明晰产权，更重要的是决定将来的产权结构和比例。由于资产评估的规范化、法制化极不健全。产权交易市场尚未形成，国有资产出让价格一般只经过几家评估机构评估，政府有关部门批准认可，而不能采取竞价形式，因而，在种种地方、团体甚至个人利益的驱动下，由资产评估而造成的国有资产流失（明流或暗流）并不是个别现象。据了解，多数小型企业在出售改制中，经清产核资、资产评估，企业资产负债率都在80%以上，去掉债务，再扣除全部离退休职工的医药费、抚恤费等，再加上各种形式的扣除（如土地使用权暂不作价、职工宿舍以某种方式扣除），所剩国有资产净值往往只有5%左右，但就是这5%是否能收上来，收上来后能否重新投入国有经济，现在看也不尽然。如何妥善解决，这也是一个很大的难题。

三　企业社会职能的剥离

企业办社会，如建医院、学校、幼儿园、食堂等，是传统计划经济体制下形成的职工福利性事业。随着经济体制向市场经济体制的转变，这些社会职能就成为国有企业走向市场参与竞争的羁绊，必须予以剥离。但是如何剥离？是一下子就剥离，还是给个保险绳？学校、医院交给社会；社会一下子能承受得了吗？这些都是亟待解决的问题。据调查，南京市由企业办的学校有200多所，如果交给社会，政府每年增加的支出以亿元计。另一方面，目前不少企业还不想减去这些负担。无锡的一位厂长算过一笔账：养一个医院企业不过花200多万元；交给社会，全厂一年的医疗费用至少得花500多万元。学校、食堂也是如此。在社会化服务还未达到一定程度前，"剥离"也许会加重负担。还有些企业的社会职能则很难剥离，如三线企业、远离城镇的油田、煤矿等，这样的企业让它向哪儿剥离，到头来包袱还得自己背着。

四　企业高负债率的降低

目前，国有企业负债率一般都在70%以上。全国有近4万亿经营性国有资产，呆账、坏账贷款就有3000亿。这种历史负担不解除，国有企业就无法以平等的身份进入市场，也无法建立现代企业制度。而要解决这一问题，又涉及与银行等债权人的关系。问题的复杂性在于，企业背上沉重的债务，既有企业经营机制的问题，导致企业信用资本的产出效益低下；又有政府方面的问题，在统收统支的传统体制下，国拨流动资金本来就严重不足。改革以来，企业流动资金自1983年核定后再未作补充，10多年来企业规模扩大和物价上涨等因素已使原定标准远远不适应生产发展的需要。尽管国家规定可从销售收入中提取1%用来增补流动资金，但这只有部分盈利企业能够做到，多数企业只有靠银行贷款。在企业基建、技改方面，自1984年实行"拨改贷"后，由于没有及时界定政府投资与银行贷款的区别，混淆了资本金和负债的界限，结果造成企业贷款投资后，既要向债权人（银行）偿还投资贷款，又要向所有者（政府）上缴投资收益。因此，如何对待企业债务是一个棘手的问题。

五　富余人员的安置和离退休人员的社会保障

这也是国有企业的历史性包袱之一，涉及企业与政府、社会的关系。企业自身无法消化全部冗员，而要将冗员推向社会，政府也难以承担保证职工再就业的责任，职工也难以承受失业带来的经济上和心理上的压力。久不解决，还会造成社会的不稳定。我国长期以来实行低工资、高福利和相应的现收现支制度，使得该支付给职工的保险费没有支付，国有企业老职工过去没有形成保险费积累。80 年代以后逐步开始社会保险费的统筹，但由于离退休人员增长很快，缴费率又不能很高，故积累率十分有限。更重要的是，企业之间效益好坏不一，离退休人员负担也不同，而建立真正统一有效的社会保障体系，步履缓慢，这些都是实际操作中的难点。

六 产权交易市场的建立

现代企业制度之所以能够增强企业活力，重要原因之一是产权主体的多元化降低了企业的风险，使存量配置合理。但这有赖于产权市场的规范性和有效性，否则将导致存量分布变动的阻滞。产权交易不同于股票二级市场的交易，能以资金购入股票的企业并不多，在资金短缺期间不可能有太大的改观。因此，企业间互相参股、转让闲置资产、购进所需资产、优化存量配置结构，必然更多地依赖于股权互换交易，而不是直接的买卖交易。目前产权交易市场建立的滞后，使企业在市场上的一些正常行为如参股、出让股权、兼并破产等，只有模拟市场而无实际市场的评估，这对现代企业制度的长远发展是极为不利的。而产权交易市场体系的建立不仅存在思想认识上的障碍，而且面临着规范程度不一的困难，同时地方保护主义也使交易不畅。我国目前已有的（包括正在筹建的）产权交易所达 100多所，但都是地方性的，缺乏一个能对各地产权交易起引导、协调作用的全国性中心。此事若不尽快地统一管理，不制定一系列产权交易的法规、法则，将会造成国有资产的更多流失和产业组织的进一步紊乱。

七 法律制度体系的建立

现代企业制度实质上是有法律保障的现代契约制度，以严密的法律条文合理规范出资者与经营者、企业法人与债权人、企业与职工及一般社会大众的关系。而我国法制基础薄弱，使企业制度创新缺乏基本的法律依据。一是缺乏与企业关系最直接的基本法律。中国至今尚无完备的民商法。现行的以《民法通则》为主体的民事法规，显得简单、粗略、操作性不强，特别是尚缺乏财产法、债法等基本法律。中国的商事立法比民事立法更薄弱。而这些民商法恰恰是形成有关企业的完整法律体系的基础。二是调整政府与企业纵向关系的经济法规不健全。因缺乏民商法基础，政府与国有企业产权不清，经济法的调整范围及手段尚不明确，不能很好地规范政府对市场的宏观调控行为。这势必会影响和制约企业制度创新。三是有关社会方面的法律不健全，不能很好地起到保护劳动者、维护社会安定、保障市场健康发展的作用。四是规范程序和资格的法律执行不力。例如破产法就是规范企业破产程序及调整破产实体的法律制度，而我国目前不仅没有一部统一的破产法，仅有的全民企业破产法也难以有效实施。

八　企业建制与转轨的关系处理

在建立现代企业制度中，怎样才能避免企业只翻牌，而不彻底转换经营机制，这是一个很大的问题。如果认为成立了公司，就是建立了现代企业制度，那就大错。所以，必须把建立现代企业制度与转换企业经营机制结合起来，在转换基础上建制，在建制过程中抓紧转换，否则，建立现代企业制度只能是走过场。

第二节　建立现代企业制度的突破口

一　几种观点

建立现代企业制度的突破口在哪里呢？这个问题的解决不仅由于理论的复杂而显得十分艰难，而且由于可操作性的要求而往往陷入两难甚至是多难选择。由于问题本身的复杂性以及人们观察和认识问题的角度不同，学术界和理论界对此是仁者见仁，智者见智，意见不尽一致。概括起来，最有代表性的观点有三种：

一是"产权关系论"。这种观点认为，现代企业制度的基点是企业法人产权制度，企业只有拥有独立的法人财产权，才能承担民事责任，才能做到独立核算、自主经营、自负盈亏。因此，建立现代企业制度的突破口在于抓住产权关系这一环，理顺产权关系，明晰产权关系。

二是"市场体系论"。这种观点认为，建立现代企业制度是为了重塑市场经济的微观基础，这就逻辑地提出了生产经营要素市场化的问题。因为只有完善了市场体系，企业才能面向市场、平等竞争，才能自主经营、自负盈亏、自我发展、自我约束。因此，完善市场体系成为建立现代企业制度的前提条件，是突破口。

三是"社会保障制度论"。这种观点认为，建立现代企业制度意味着加快就业重组，而就业重组势必裁减数量不少的现有富余员工，在社会保障体系尚未健全的情况下，这些既没有工资，又没有医疗保险等福利的失业者的生活怎么办？这不仅是个经济问题，而且易引发社会不稳定，所以必须把建立和完善社会保障制度作为建立现代企业制度的突破口。

上述三种观点，都是从各自特定的角度提出的，都有其合理之处，但并未找到问题的根本症结。我们的观点：一是从大的思路讲，建立现代企业制度的突破口是转换政府职能，只有抓住了转换政府职能这一关键，才能使现代企业制度有一个突破性发展。二是从具体操作讲，分类治理、先易后难分阶段治理是切入点，只有根据企业的不同类型制定相应的治理方案，并按先易后难的顺序分阶段推进，现代企业制度建立的步伐才可以更快一些。

二 转换政府职能是建立现代企业制度的突破口

1. 从理论上分析

在传统的计划经济体制下，企业并不是真正意义上独立法人的企业，只不过是国家这个唯一大企业的按政府指令性计划活动的生产车间而已，政府及其计划是社会资源配置的主体。其基本特征是：国有国营，政企不分，企业不是在经济机制的轨道上运行，而是在行政机制的轨道上，按照行政系统、行政层次、行政等级，依靠行政方式在行政压力下运转的，结果使企业完全行政化了。其表现：一是企业的地位行政化。企业被划分为县团级企业、地师级企业、省军级企业，企业都在为级别而努力。即使是国家一、二级企业，其评比划分及其待遇制定也都是行政行为。二是企业的经营目标行政化。企业本应以利润为中心，但现在却跟着行政走。企业的经营目标主要以行政信号为中心。三是企业的结构行政化。企业被条条块块分割成中央直属企业、省属企业、市属企业、县属企业和乡镇属企业，纵向分割代替了横向联系，人才、技术流动困难，跨地区联合受到地方利益的阻碍。总之，行政化了的企业的最高行政领导即是政府，企业与政府的"血缘"一脉相承。而市场经济却要求企业作为独立的法人实体成为市场主体，其地位、经营目标、经济运行等完全脱离行政化约束，完全以经济法则、法律、法制为准绳。政府则负有宏观调控、社会服务、竞争仲裁等职能。因此，企业改革和政府转换职能是一个问题的两个方面，而政府转换职能是矛盾的主要方面。这是因为，从一定意义上说，计划经济的主角是政府，而市场经济的主角是企业，转换政府职能即意味着角色转换，意味着既得利益格局和形成机制的变革，政府既是改革的策划领导者，又是改革对象，其难中之难正在于此。

2. 从现代企业制度的主要特征分析

对于国有企业来说，产权如何清晰，哪些归国家；责任如何划分，企业承担什么责任；政企怎样才算分开，分到什么程度，这些毫无疑问主要是政府说了算。也就是说，政府是解决这些矛盾的主导方面。唯有"管理科学"一条是企业自身的职能。但就是这一条，除了主要涉及生产力方面的管理，如生产管理、计划管理、质量管理、设备管理、计量管理、技术管理等，从建立现代企业制度的角度看，主要是指以下几点：一是改革企业领导体制，建立科学规范的公司法人治理结构，正确处理"新、老三会"的关系；二是建立新的用工制度，取消企业管理人员的国家干部身份，企业与职工实行双向选择，用工契约化；三是改进企业党组织政治核心作用的体现形式；四是健全职工民主管理制度。上述几点几乎都涉及政府的方针政策，并不完全是企业自身就可以决定的。因此可以说，建立什么样的现代企业制度，怎样建立，何时能建成，关键在于政府职能的转换。进一步看，现代企业制度首先是一种经济体制，而旧的管理体制是政企不分，企业被行政化了，因此，企业管理体制的改革和国家行政机构的改革、政府职能的转换，必须作为同一过程的两个方面同时进行、同步发展，否则企业的改革就会裹步不前，就会徒有虚名。再进一步分析，确立现代企业制度的灵魂是企业有限责任，但在政企不分、政府没有转换职能的情况下，企业经营缺乏充分的自主权，重要行为都是由上级政府确定，企业领导又是政府委派的，企业不仅要承担税收之外的利润指标，还要承担种种经济改革成本（如为维护社会稳定而必须付出的经济代价）和社会成长成本（如企业办医院、学校等）。其结果只能是由政府承担无限责任。

3. 从企业改革的历史过程分析

企业改革的困扰始终来自旧的管理体制。我国企业改革首先是从扩大企业自主权起步的。从 1978 年开始，我国先后推行了企业扩大自主权试点和贯彻经济责任制，逐步实现企业利润留成制度。1983 年开始推行"利改税"制度，把国营企业向国家缴纳的利润改为按国家规定的税种、税率交纳税金，税后利润归企业支配。紧接着又试行厂长责任制。这些措施，开始明确了企业的责任和权利，扩大了自主权，使企业有了一定的活力和压力。然而，企业是不是真正活起来了呢？没有，尤其是大中型国有企业，仍没有完全放开。农村改革给了我们新的启示。1986 年，农村家庭承包责任制被引入城市，创造出企业承包经营责任制。企业承包制作为一种过渡形式，在一定时期是有其一定优越性的。但是，就全国而言，除了少数企业之外，企业承包制的优越性并没有充分发挥出来，却产生了许多消极作用。问题还是在于政府机构改革滞后。比如，国务院关于扩大企业自主权的规定赋予企业"十权"，由于各级政府层层截留，最后真正落实到企业的所剩无几。又如，承包制要引入竞争机制，但由于企业仍是政府的附属物，多数单位都是通过一对一的"谈判"确定任务，多数承包人实际上也是上级指派的，结果给少数搞不正之风的人钻了空子，使损公肥私的现象合法化、普遍化，使国家蒙受巨大损失。1992 年，我国各地积极试行股份制，在股份制试点中，由于政府职能转换滞后，政府行为不规范，旧体制的一些现象又在股份制这个新形式中故态复萌。一些新产生的股份制企业虽然挂着股份企业的牌子，但并未摆脱行政化轨道。后来在试行公司制的过程中，上述类似现象再现。

从以上分析可以看出，企业改革每深入一步，每前进一步，都遇到政府职能转换滞后的制约，这是十几年来企业改革中一系列难点的焦点，现代企业制度改革亦是如此。因此，建立现代企业制度必须以政府机构改革、加速转换政府职能为突破口。转换政府职能的内容除了由直接管理企业转变为间接调控，由行政领导变为社会服务等，根本点在于政府的社会行政管理职能与国有资产所有者职能的分离。当然，这种分离对于不同类型的国有企业，其程度不同。这就是说，转换政府职能不仅要政企分开，而且关键是政资分开。只有这样，才能理顺企业内外各种经济关系，即社会主义市场经济体系中的角色定位，其他矛盾和问题才会迎刃而解。

持"产权关系论"者，固然看到了产权问题在企业改革中的地位和重要性，但这只是问题的一个方面，更深层次的另一方面却没有揭示出来。因为，明晰产权关系，理顺产权关系，除了要实现国有资产最终所有权、法人财产所有权和经营权的分离，正确处理好这"三权"的关系外，更重要的还要解决好政府行政管理权与国有资产所有权职能的分离，没有这个分离，产权关系还是得不到很好的解决。在传统的高度集中的计划经济体制下，公有（主要是国有）财产权利不仅表现为所有权与经营权于一体，而且还表现为行政权与所有权于一体。这样就形成行政权、所有权、经营权三位一体的运作公式：经营权从属于所有权，所有权从属于行政权。其结果是行政干预经济、控制企业。这不仅使企业缺乏经营自主权，而且为权钱交易、官僚主义、腐败现象的滋生提供了可能。因此，要确立企业与国家之间的正确关系，必须使政府行政权与国有资产所有权职能相分离。然而，这又涉及政府转换职能这个深层次问题。

持"市场体系论"者，虽然看到了要素市场体系对建立现代企业制度的联系和作用，但这仍然只是问题的一个方面。问题的实质是，我国市场建设起步较晚，劳动力市场、信息市场、企业家市场、产权交易市场等尚在起步，资金市场、证券市场、房地产市场运行秩序极不规范，所有这些都有待于政府去健全、去完善、去培育，这自然是政府应做的本分工作。但是，政府要做好这些工作，首先要转换职能，同时还要规范政府的行为。不论是建立、健全或培育市场也好，或是制定市场管理法规也好，或是进行中介服务也好，政府的行为都必须在法制的轨道上进行，都要以诸如法律、条例、规章等形式表现的规范为依据并置于其约束之下，否则就会事与愿违，适得其反。目前，我国市场中所出现的行为不规范和混乱现象几乎都与政府行为不规范相联系就是充分证明。因此，建立现代企业制度必须从改革政府机构、转换政府职能、规范政府行为入手。

"社会保障论"当然也有其合理成分。目前我国现有职工1.5亿人，其中国有企业职工1.1亿，占2/3。在就业重组中即使只裁减10%，也将有1000多万人，若按每人1.72的负担系数计算，就意味着有2720万人生活上可能处于困境，这自然会成为建立现代企业制度的障碍。但是，要解决这个问题，就必须依赖于社会保障体系的完善。而社会保障制度的建立，不论是策划与运作，还是建设资金筹备，归根到底必然涉及政府转换职能的问题，政府如果不由直接管理经营企业转变为竭诚服务于企业，社会保障体系的建立和完善是不可能的。

总之，必须从政府机构改革、加快政府职能转换入手，来加快建立现代企业制度的步伐。在这个过程中，政府应当积极承担起"破旧立新"中必须由它来承担的责任，下大力气解决企业改革所面临的难点问题，特别要通过自身的改革，形成与社会主义市场经济要求相适应的政府行为规范。

第十三章　国有企业产权改革

第一节　国有企业产权改革的理论意义

以经济利益刺激为主、强化激励机制的国有企业改革在经历了扩大企业自主权、利润留成、承包经营责任制、利改税、股份制试点等阶段之后，似乎走到了尽头：国家已经无利可让、无权可放。于是，理论界多年来争论不休的、以产权改革为核心的重塑市场经济微观基础的改革终于出台——建立现代企业制度。人们寄希望于这一改革能激活国有企业，繁荣经济，实现社会主义市场经济体系的构建。

从理论上讲，建立产权明晰的经济组织是经济繁荣的先决条件，这是经济学的一个基本信条。许多与过渡经济学相关的理论探讨也是以产权清晰为假定条件的。

毫无疑问，产权清晰是现代企业制度的本质特征。这是因为，现代企业制度的基础是现代产权制度，无论是美国式的以私人所有制为基础的现代企业制度，还是日本式的以法人资本主义所有制为基础的现代企业制度，都以其明晰的产权关系奠定了企业制度的基础，由此规定着企业生产要素的配置方式及其运行机制，从而实现社会化大生产和市场经济体系的和谐统一。

以往的国有企业改革之所以没有根本解决企业活力问题，国有企业的发展之所以慢于非国有企业，一个重要原因是现行产权制度是传统的计划经济体制的产物，与市场经济的基本法则相悖。要建立社会主义市场经济体制，必须遵循现代市场经济法则，对这种产权制度进行改革，建立适应市场经济要求的新的产权制度；如果不在产权问题上有所突破，国有企业改革就很难向前推进。

现代企业制度的提出为公有制与市场经济的有效结合创造了条件，其规模不小的（全国试点企业国家级百户，省级逾千户）试点使国有产权改革终于从理论走向实践。

第二节　产权改革的两难选择

现代企业制度，是借鉴西方发达国家通行的企业制度，从事物本身来说，并不是新东西，已有数百年的历史；只是它与社会主义基本制度结合在一起，才是开创性的，带有新的意义，然而种种难点也正缘于此。

一　坚持国有产权主体地位与发展市场经济这种双向要求的统一在理论上存在两难选择

在经历了十几年的艰难探索之后，中国经济体制改革的目标确定为建立社会主义市场经济体制。市场经济的运行首先要求建立与之相适应的产权制度。然而，国有产权与市场经济的结合却内含着如下矛盾：

1. 国有企业属性决定的目标多元化与现代企业以盈利为目的之间的矛盾。作为代行国家所有权的政府，承担着改革、发展、稳定等多重社会责任，这种多元化目标体现在国有企业，就是企业不仅要盈利，还要考虑职工就业、生活福利、退休保障、社会负担等目标；体现在企业领导，则除了上述目标外，还要追求自己和职工收入的最大化，还要晋级提职。有时为了其他目标的实现，政府就会利用行政管理权要求企业牺牲盈利目标。当然，作为所有权主体，当国有企业陷入困境时，政府也不会坐视不救。这一方面是因为履行社会责任所形成的成本无法通过核算而体现，因而企业的微利或亏损是不公正的；另一方面，如果政府任其破产，则政府要承担巨大的潜在退出成本。因此，国有企业的自主经营、自负盈亏以及政企分开、政资分开始终只是一个美好的理想。因此，政府一方面推行以产权明晰为基础特征的现代企业制度，以求通过增强国有企业活力而增加财力，维护国有经济的主体地位；另一方面又把国有企业作为实现其多元目标的有力武器，这种两难选择使产权改革陷入困境。

2. 国有大中型企业资产收益权的不可转让性与国有产权必须具有可交易性之间的矛盾。市场交易的本质是产权交易，这就要求作为市场竞争主体的国有企业不仅拥有占有权、使用权，而且拥有自主处分企业资产的权利。由于产权交易是总体交易，不可能只是部分权利如法人财产权的交易，因此，当国有企业因竞争失败而进入交易场时，就意味着随产权收益权的让渡而使企业的国有属性丧失，也就是说市场经济所决定的产权交易可能造成国有产权收益额的降低并进而缩小其在全部经济中所占的份额；但是，如果国有产权的收益权不可交易，则限制了企业产权的让渡，难以实现股东分散化和企业产权独立化，难以确立真正的法人资产制度。

二 产权明晰与产权主体非人格化的矛盾

产权明晰，首先是确定谁代表国家行使所有权。从目前情况看，国有资产管理局在本质上仍是政府的一个部门机构，与现有的企业主管部门没有什么根本区别。国资局除了可以依赖选拔政治觉悟高、经济清廉、作风正派等道德标准高的官员行使职权以求国有资产保值增值外，缺乏其他经济激励约束机制；如果有，也和所经营的国有资产的数量和质量极不相称。也就是说，国资局等机构不具备人格化所有者的资本属性，因此难以保证国资局真正把国有资产增值最大化作为唯一目标。如果按国家规定的是几大投资公司，如国家的控股公司、国有资产经营公司、企业集团等，同样因为这些产权主体的非人格化而使产权明晰大打折扣。特别是"可由政府授权的某个部门，作为国家投资主体，行使国家的股份"，虽然"国家授权投资机构或授权部门中行使资产职能的机构对所持企业不行使任何政府行政管理"，但在实际上，这些机构仍摆脱不了行业主管的控制。搞得不好，行业主管部门就会在原有的行业管理职能、企业主管职能之外再加一个产权主管职能，这种政企资三合一的身份，不是使产权分散化、社会化，而是更加集中统一，对企业的控制必定更严更死。

三 产权明晰与国有资产流失的矛盾

建立现代企业制度的最终目的是使国有资产更有效地保值增值，因此，作为基础工作的产权界定首先要达到保值目的。产权明晰，有人认为是建立一个新的企业法人财产权，实际上主要是明晰企业终极产权，即企业最终归谁，究竟是哪个机构哪个单位或哪几个机构对企业负责，因此，明晰产权是终极经济利益和权利的定位。企业之所以起初对现代企业制度热情很高，部分原因也是基于对产权关系的变化将会有利于企业的过高期望。

中国国情决定，产权界定中的资产评估实际上是讨价还价的过程，不同的利益主体，总是决然不同的估价。无疑，国家想高估，企业想低估，特别是诸如品牌、技术、商标等无形资产的评估难度更大。一般来说，国家算不过企业，所以国有资产的流失几乎是不可避免的。其方式五花八门，诸如低价出售、转让国有资产，想方设法寻找理由将某些资产不折股，将评估增资资产转为资本公积金，直接让其他股东侵占国家利益，限时压价对资产粗放评估，等等。国家若要避免国有资产流失，就必须确立排他性产权。但若以产权明晰化推进国有企业改革，则必然受到竞争约束和交易费用约束，在此双重约束下，优化产权结构难以形成，随着代理关系的引入，国有产权的保护就会遇到严重的制度障碍。

另外，企业用自有资本和用贷款在还贷后所形成的固定资产在评估时归国家所有，这已经没有太大的争议，问题在于国有企业特别是一些老企业的职工退休金、医疗保险金等，历史上早已由企业作为利润上交国家，现在明晰产权，这个包袱理应由国家负担，至少是负担大部分。再者，由国家优惠政策诸如免税等政策形成的资产归属问题，国家认为应归自己，可是，由于中国的行政管理权与经济管理权的合一，因此享受到国家优惠的绝非国有企业一家，乡镇企业、合资和外资企业享受到更为优惠的政策，国家如何对此提出所有权要求？于是，这又有了另一层的两难问题——国家认为国有资产流失了，企业认为自己也吃了亏。

四　产权明晰与政府利益的矛盾

以产权改革为基础的现代企业制度改革，同以往企业改革的不同点，在于改革的重点应当说是政府，因此，理顺产权关系的主要难点也在政府。众所周知，现代企业制度的内涵包括四方面内容，即产权清晰、权责明确、政企分开、管理科学。产权清晰，如上分析，主要是明晰企业资产的终极所有权，确定人格化的或具备人格化资本属性的所有者主体，应当说，这基本上是属于政府的事；权责明确，可以说是政府、企业各负部分责任；政企分开，关键仍在政府；管理科学，这主要是企业的责任。由此可见，作为制度改革，主要责任和工作在政府。改革以来，国有企业改革每前进一步，实质上都是政府管理企业权利的一再下放，这种量变过程进行到今天终于准备产生质的飞跃——政企分开，政资分开。从这个意义上讲，现代企业制度改革的主要对象是各级政府部门，但另一方面，政府部门又是改革的组织者、领导者，这种双重身份决定了改革的两难。因为是组织者、领导者，手中有权，就希望通过改革获得更多的利益分割；因为是改革对象，若改革顺利进行，就不可避免地要进行利益权利重组，就不可避免地失掉部分既得利益。所以，如何实现政府的宏观调控职能、行政管理职能和财产所有职能的分离的确是一大难题。从实践上看，改革的难点主要不是来自企业，而往往是政府的主管部门。

第三节　产权改革的对策

一　两个假设

理论和现实的差距和相悖迫使我们不得不重新思考。

1. 假设一：经过操作，国有企业清产核资、界定产权，理顺了产权关系，健全了管理体制。

那么，情况会怎样呢？成立中央和省、自治区、直辖市两级国有资产管理委员会（或国有资产管理局），行使国有资产终级所有权职能，即原始所有权和剩余索取权，具体职责主要是制定政策，从政策上来管资产；企业拥有法人财产权，即国有资产的占有、使用、支配和处置权，负责国有资产的具体经营以保证企业盈利；中间设立各种中介性资产经营机构，经国资委（或国资局）授权和委托，负责国有资产经营，这种中介性机构可以是国家控股公司、国有资产经营公司以及企业集团、金融单位等。三级之间依次逐级拥有人和资产的管理权。但是，如此这般，由产权不清造成的矛盾就能得到解决吗？

（1）如果认为以上格局就是产权明晰化了，则目前的国有财产关系，也不能说不明晰。国家委托中央、省两级政府行使所有权，政府又委托各主管部门，主管部门对下属企业管理权的放弃的最后防线也是限于人权和财权，那么，本质区别何在呢？

（2）关键是中间层次机构的行政管理职能和企业管理职能并没有分开，反而增加一个资产管理职能，三位一体，由实物管理变为价值管理，岂不管得更死？或者像翻牌公司一样，换汤不换药，意义何在？如果新设立资产经营机构，原有的企业主管部门只行使行政管理职能，这种权益分割在中国现实情况下能否行得通是一个方面；另一方面，如此一来，法人财产权必定落实在这些机构上，企业仍是生产单位。

（3）矛盾还在于如果企业经营效益好，当然三个层次只是怎么分的问题；如果企业效益不好，资不抵债，由哪一级法人负责，怎样负责？作为法人代表的自然人是否有损失？企业若破产、转让，如果在国有企业内部进行，同一个投资主体似乎还可操作；如果跨所有制，则意味着财产剩余索取权的损失，意味着国有企业性质的改变。这些都是很难解决的矛盾。

2. 假设二：乡镇企业之所以发展快，是因为产权关系清晰。

实际上，乡镇企业单就企业领导是由镇政府任命这一条就决定了乡镇企业不可能是完全独立的市场主体。此外，企业集体资产从投资取向到资本收益的分配一般都由镇政府组织尤其是主要负责人说了算，企业也完全可以从政府那里获取显性或隐性补贴，所以说，乡镇企业实际上也存在主体不清、政企不分的产权制度。也就是说，产权理论不能用来解释乡镇企业效率高的原因。由此证明，尽管产权界定清楚在一些情况下是导致资源有效配置的充分条件，但它并不是必要条件，换句话说，即使产权模糊，也有可能产生资源的有效配置。实际上在市场机制中，激励主要是通过拥有财产和获得利润的方式形成的。从经济理论分析的角度看，产权对有效配置资源也不是最本质的（不是必要条件）。在现代经济理论中，一个非常热门的领域——经济机制设计理论，就是探讨在各种所有制条件下制定出促使资源有效配置的各种激励机制的可能性。这个理论的一些研究成果表明，即使在产权不清的公有制条件下，也可通过制定恰当的激励机制来促使资源的有效配置。

实际上，乡镇企业经营效率较高的主要原因是其具有一个较好的经济运行机制。虽然政企不分也是困扰乡镇企业的重要问题，但较之国有企业，乡镇企业具有较多的经营自主权、有效的激励机制、灵活的用工制度、较小的福利包袱、不承担社会责任成本，等等，而且乡镇企业在起步阶段得到国家的大力扶持。因此，抓住中国多数企业运行机制没有转轨的机遇，乡镇企业得以飞速发展。

二　治理方案

综上所述，由国有产权的国有属性决定，国家试图在不放弃剩余索取权的前提下，通过产权清晰等，建立现代企业制度，达到国有资产增值保值，同时国有企业还要兼任稳定、改革的成本，这在理论和实践上几乎都是不可能的。其结果很可能是因为无法实现政企分开和确立企业法人财产权而难以使国有企业成为真正的法人实体和竞争主体，国有产权因得不到有效保护而难以避免大量流失，最终将导致国有制名存实亡。因此可以说，虽然这种流行的改革思路的初衷是使国有企业和市场经济有效结合，但最终很可能既不利于坚持公有制，也不利于建立有序化的市场经济体制。

我们说国有产权与市场经济的矛盾并不是说市场经济条件下国有企业没有存在的必要，而是认为国有企业在社会主义市场经济中不可能与其他企业一样赤裸裸地进入市场，以盈利为目的而不顾其他，根本原因就在于其所有者是国家，而国家就不可能仅仅为了盈利，企业在国家手里就必然要作为发挥其他作用从而达到其他目的（如调控、稳定等）的手段。

毫无疑问，国有企业在社会主义市场经济中不仅是非常重要的，而且具有不可替代的作用。这是因为，国有产权的国有特性有助于突破私人企业的利润界限，提供私人（集体）无力或不愿生产却为社会所必需的产品，克服由外部性引发的市场失灵现象，实现某些社会目标，从而最大限度地发挥市场经济的积极功能，而政府对企业的控制以及剩余索取权的不可转让性，正是国有企业发挥以上功能的优势所在。

党的十五大提出了"公有制实现形式可以而且应当多样化"以及"国有经济起主导作用，主要体现在控制力上"的科学论断，这一理论突破为上述理论和实践矛盾的解决清除了思想障碍。从这一理论出发，我们不难找出符合中国国情的改革对策。

基于以上分析，我们认为，搞好国有企业必须实施分类治理、分阶段治理的政策，把国有企业进行分类排序，实施不同政策，以求从整体上搞好国有经济。

1. 分类治理

不同类型的国有企业必须选择不同的改革思路，分类标准既要根据大、中、小型企业，更要视其在国民经济中的地位和作用。

（1）提供公共产品的产业，如城市自来水、煤气和邮政、电信，以及特殊产业，如军工、货币、黄金工业等，应选择国家独资、国有国营模式。即国家不仅拥有终级所有权，而且直接经营企业，以实现社会福利最大化。但是需要指出的是，国家经营企业决不能再依托各级政府，而要通过委托国资局或其他国家授权机构进行管理，将国家行政管理职能与国有资产所有者职能彻底分离。这类企业搞好的关键是选派精明强干的人员，组成强有力的领导班子，搞好企业内部管理，利用其垄断地位取得垄断利润。一般来说，国家对这类企业应予以扶持。

（2）非竞争性产业，如基础工业和基础设施等，特别是关系国民经济命脉的重要行业和关键领域，可选择国有国控模式，即国有股始终占主体且一般不能转让，以保持国家对这类企业的最终控制权，进而控制国家的经济命脉。这类企业在追求利润的同时，有义务贯彻国家下达的特定社会目标，以优化资源配置。

（3）竞争性国有企业，可选择投资主体多元化的混合所有性质的以盈利为目标的现代公司制度。通过所有权主体的重塑，实现政企分开和产权明晰化，使其成为拥有独立的法人产权地位并且只承担有限责任的公司企业，可以完全平等地进入市场参与竞争。这类企业的改革要视其经营状况和技术管理水平等条件逐步过渡，无疑，这将是国有企业改革的重点和难点。

（4）小型国有企业，特别是经营亏损、产品没有前途的小型国有企业，可选择改组、联合、兼并、租赁、承包经营和股份合作制、出售等形式，要么并入大中型企业集团，要么改变身份。小型国有企业改制的要害在于如何防止国有资产流失。

2. 分阶段治理

改革发展到今天，已进入攻坚阶段。这一阶段决不是三五年就可以完成，专家们认为，需要 10～15 年方可实现目标。所以不能操之过急、期望过高，否则必然导致要么出偏，要么走过场。

上述目标的实现是一个庞大的系统工程，这是因为，国有企业改革不仅是经济改革，而且是政治改革；不仅是改革企业，而且是改革政府；不仅是企业内部的改革，而且是外部环境的配套改革，并且必须是政府改革先行，外部环境配套改革先行。这就要求有计划、有目标的分阶段治理。

第一步，加强国家独资、国有国营企业内部改革，强化管理，健全领导班子，完善激励约束机制，把厂长、职工的个人利益同企业的复合目标紧密结合起来，使其在完成国家其他意旨的同时，最大限度地提高经济效益，这类企业由于其独特的垄断地位，一般也不应该发生经营性亏损。与此同时，开始将小型国有企业逐步处理，卸掉财政包袱，但要注意使这部分国有资本重新投入形成新的国有资产，以实现存量资本的优化配置，防止国有资产流失。

第二步，加快政府机构改革，使政府的行政管理职能和企业管理职能以及国有资产所有者职能彻底分离；加快社会保障体系的建立健全，完善工人再就业、医疗保险、退休养老等机制，完善社会服务功能，为企业进入市场提供条件。与此同时，国有国控模式的非竞争性企业的改革可进入操作阶段，逐步改革成国家独资或控股的股份公司。

第三步，部分竞争性企业改造成混合所有制公司，进而两权分离，实行规范的现代企业制度。这一步从现在开始试点，探索其实现形式。首先可选择技术管理水平较高、效益较好的企业，进行严格地清产核资、界定产权，在此基础上，从资产存量中适当拿出一部分，作为原有职工养老基金投资，而增量部分则吸收外商、乡镇企业、职工个人或其他法人企业参股，变单一国有制企业为国家和集体所有为主的混合所有制公司企业。通过资产重组，把支柱产业的排头企业改造成具有国际竞争能力的大集团公司。

上述各阶段的治理并不是截然分开的，必须有机结合，穿插推进。

第十四章 山东现代企业制度的建立

第一节 现代企业制度试点状况

一 试点框架

1994 年初，山东省抓住企业改革难得的机遇，从全省 1334 户国有大中型企业中选择出 51 户企业作为现代企业制度试点企业（其中青岛益青国有资产控股公司等 5 户企业列入全国百家试点）。几年过去了，试点工作取得了显著成效。

根据国家建立现代企业制度试点的总体部署，山东省试点工作大体规划为四个阶段，即前期准备阶段、制定方案阶段、实施运行阶段、总结完善阶段。目前试点企业的改革方案已全部论证完毕，绝大多数进入了实施运行阶段，并陆续挂牌。全省 51 户试点企业实施方案经过国家、省和市有关部门论证的有 49 户，正式通过论证的 48 户，未通过论证的 1 户，已经审查批复的 47 户。通过试点，各试点企业在形成产权清晰、责权明确、政企分开、管理科学的企业体制上作了积极的探索改革，有力地推动了企业生产经营的良性发展，企业实力有所增强。据统计，1995 年 51 户试点企业销售收入、利润同比分别增长 36.45% 和 12.97%。销售收入过 10 亿元的由 1994 年的 6 户增加到 1995 年的 10 户。33 户企业成为全国、全省同行业排头兵，绝大多数企业成为当地利税大户。

在实施方案通过论证的 48 户企业中，改制形式大致可分为以下五种形式：一是改制为股份有限公司的 8 户，占已改制企业总数的 16.6%；二是改制为多元股东持股的有限责任公司的 4 户，占 8.4%；三是改制为国有独资的有限责任公司的 34 户，占 70.8%，其中绝大部分是改制为集团公司，授予国有资产经营权，由集团公司作为投资主体，将所属的合资、控股、参股企业改制为股份有限公司或有限责任公司；四是由原行业主管厅局"转体"为国有资产控股公司的 1 户，即青岛益青国有资产控股公司；五是被兼并 1 户，即淄博化纤总厂。

二 目标与措施

经过一段时期的实践探索，国有企业改革的方向、目标、思路、原则等逐步明确：这就是，改革方向——建立产权清晰、权责明确、政企分开、管理科学的现代企业制度；改革目标——使企业成为法人实体和市场竞争主体；基本思路——着眼于搞好整个国有经济，对国有企业进行战略性改组，搞好大的，放开放活小的；基本原则——把改革同改组、改造和加强管理结合起来，把企业内部机制转换同解决历史包袱和改善外部环境结合起来，着力进行制度创新。

为了上述目标的实现，各试点企业不断采取措施，积极稳妥地推行实施方案，收到了初步效果。一是企业实施方案明确了企业的发展目标和改革、改组、改造及管理的重点，从规划上做到把"三改一加强"结合起来。二是通过公司制改建，企业内部的制衡机制开始形成。如山东华众纸业有限责任公司等企业改制为多元股东持股的公司后，产权责任明确，所有者代表进入企业，代表各个股东的切身利益参与企业重大决策，决策程序和机制发生实质性变化。三是在进行公司制改建的基础上，精简或调整内部机构，深化三项制度改革。济南大观园商场改革实行多年的死工资活奖金的分配形式，实行"联销联利计酬工资制"，调动了职工积极性，1995 年实现销售额 3.2 亿元，利税 1480 万元，人均销售和利税均居济南市第一位。

三 难点问题的解决

随着试点工作的深入进行，重点难点问题基本理清，解决的思路初步形成，在增资减债、分流分离、保障体系方面开始破题。一是通过多渠道增资减债，1995 年底已有 30 户试点企业资产负债率有所下降，51 户企业平均资产负债率由 1994 年的 70.4% 下降到 1995 年的 67.1%，下降了 3 个百分点，比山东省国有大中型企业负债率低 8 个百分点。二是通过采取开发分流、转岗分流、带资分流、清退分流，使 1/3 的富余人员得到妥善安置。三是通过先分后离、逐步过渡的办法，对所办学校、医院、食堂等后勤服务单位实行自主经营、独立核算、定额补贴，开始面向社会服务创收。潍坊海洋化工集团公司将企业所办医院、学校、托儿所等福利设施，一次性移交开发区管理，每年可减支管理费927万元。

同时，试点企业经营思想有所转变，兼并联合的力度加大，推进了存量资产的重组和优化配置。在试点过程中，许多企业逐步由单纯注重生产经营向生产经营和资产经营并重转变，不断加大组织结构调整的力度，存量资产得到较好的优化配置。据不完全统计，1995年51户试点企业兼并劣势企业41户，涉及资产5.18亿元。潍坊纯碱厂和羊口盐厂联合组成海洋化工集团，开创我国大型盐碱企业联合之先河，优化了资产配置，壮大了集团规模。青岛海信电器集团公司通过无形资产盘活有形资产、债权变股权、异地划拨国有资产、集团内公司相互持股四种方式进行资产运营，实现了由商品为纽带向以资本为纽带的跨越，使公司的净资产由3年前的1.48亿元迅速增长到4.2亿元，总资产达12亿元，形成拥有7个全资子公司、8个控股公司和若干参股公司的跨地区、跨行业、跨产业的大型企业集团。

第二节　建立现代企业制度面临的问题

一　国有资产投资主体难确立

明晰产权关系，确立国有资产投资主体（即经政府授权对企业国有资产行使出资者职能的机构或部门），是现代企业制度试点的重要内容，也是企业改制中绕不过去的一个问题。国有资产终极所有权属于国家是毫无疑问的，但问题是在实施中如何解决或明确由谁具体代表国家履行国有资产出资者的职能，以保障所有者权益，提高国有资产运营效率，实现国有资产保值增值，克服国有资产无人负责的现象。试点企业在实施方案中均要求政府明确国有资产投资主体。1994年，国家在《关于选择一批国有企业进行现代企业制度试点的方案》中，对国有资产投资主体提出了四种形式，即国家投资公司、国有控股公司、国有资产经营公司和具备条件的企业集团，但目前缺乏行之有效的具体操作的方法。

二 股东多元化比较困难

在推行现代企业制度过程中，确定多元投资主体，改变国家"包办"企业的局面，逐步实现政企分开，是改革的基本目标之一。从山东省试点企业改制形式看，除有一部分原来就是股份公司外，大部分实行国有独资，真正由国有企业改为多元投资主体的规范化公司的不多。究其原因，一是一些好的企业不愿让其他企业介入；差的企业则无人想来投资。二是企业改制后，与未改制企业和改为国有独资公司相比，不仅要按股分红，还要交5%左右的非经营性资产占用费，交土地使用权出让金，职工分红要交个人收入所得税，还要一年一次进行资产评估，交资产评估费，企业感觉到吃亏。

三 进展不平衡

试点进展的差异，反映了对改革认识上的深化程度。有的人觉得建立现代企业制度实质性内容不多，外部环境不利，是远水解不了近渴，真正实现困难不少。有些地方虽然对现代企业制度试点比较关心，但消极等待，等上级的指示精神和配套文件，等兄弟市地的经验。还有一些试点企业希望政策倾斜，吃点"偏饭"或者是"新饭"，认为既然是试点，就应该有特殊政策。这些都是试点工作顺利推进的思想障碍，必须认真克服。

四 企业资金紧缺，负担还在加重

企业流动资金紧缺已成为改革与发展的头等制约因素。有些厂长（经理）认为，只要解决生产经营需要的流动资金，大多数企业就能很快活起来。如山东新华医疗器械厂的医疗器械，市场供不应求，经济效益良好，正常流动资金需要6000万元，而经多方筹集只有3000万元，有增产能力也发挥不出来。据统计，目前51户试点企业流动资金缺口达43.6亿元。随着流动资金的日益紧缺，企业间的三角债也越来越重。从企业负担看，不是减轻，而是还在加重。例如，潍坊市一些企业在繁杂交费的基础上，1994年以来又增加了社会治安、水利基金、物价调节基金（三种各占销售收入的1‰），还有厂地使用费、工伤统筹保险费、义务兵管理费、人防工程费、校舍改造费、道路修建费、城市绿化费等。

五　企业"双分"到位难

在建立现代企业制度试点的过程中，试点企业都制定了分流富余人员、分离办社会职能的实施办法，但都很难落实，主要制约因素是社会保障体系不健全，政府和社会的经济承受能力差。分流富余人员的突出问题是所需资金难解决，职工再就业机会少；分离学校、医院，当地主管单位要钱太多，有的是无根据地随意要价、提价，企业难以承受。由于企业自办医院比让职工在社会上的医院就医花钱少得多，企业大多不愿把医院交地方，有的企业由于自办学校条件较好，也不愿分离出去。

六　试点深入难，政策协调难，方案落实难

目前，对试点工作真正有推动作用的具体政策和配套办法仍不完善。表面上看是政策协调难，实质上是利益格局刚性调整难。因此，地方和企业各自推进的难度极大。不少试点企业认为在市场经济条件下开展试点，即使不吃"偏饭"，也要有"新"饭。否则，同样的种子，同样的肥水条件，就难以结出试点成果。即便是出台的政策，落实得也不好。试点工作已进入关键性的实施阶段，政策能否到位对试点成果至关重要。

第三节　推动建立现代企业制度的对策

一　做好企业改制的各项基本工作

一是在清产核资、资产评估的基础上，确定资产关系，完善有关法律文件。二是要按《公司法》要求建立由股东会、董事会、经理层和监事会组成的规范的法人治理结构，各司其职，有效行使决策、监督和执行权。三是依法改造母公司控股、参股的企业，构建规范的母子公司体制。国有独资公司应把构建多元产权结构的子公司的工作放在首要位置抓紧抓好，使国有独资公司中投资主体多元化的子公司应达到三分之一以上。

二　落实增资减债的政策措施

重点是落实中央和地方政府关于国有企业、试点企业增资减债的优惠政策。对企业在试点方案中要求解决的特殊问题，有关部门要具体问题具

体研究，特殊问题特殊对待，尽量予以解决；确实无法解决和处理的，要有理有据、耐心细致地向企业说明理由。企业要通过发展生产、加强管理、节能降耗、加速折旧使效益不断增长，提高自补资本金的能力，积极探索从机制上解决历史债务问题的途径和措施。依靠企业自身努力和各级政府及金融部门的支持，争取试点企业的资产负债率由目前的平均67.1%降到60%以下。

三　积极稳妥地做好"双分"工作

要认真落实国家的有关优惠政策，鼓励企业采取开发分流、转岗分流、带资分流、清退分流等多种形式，分流富余人员，争取使试点企业的富余人员逐步得到妥善安置。在分离企业办社会方面，对企业兴办的学校、医院及后勤服务单位可分别不同情况进行分离。对企业所在地有承受能力的，可一步到位或整建制移交地方，与企业彻底脱钩；也可采取"先分后离"的办法，先让这些单位面向社会，增加收入，减少开支，逐步向独立核算、自负盈亏过渡，然后创造条件逐步剥离。无论采取哪种方式，都要尊重企业意愿，只能减轻企业负担，不能增加企业负担，也不能损害被分离单位和企业职工的利益。

四　加快企业技术进步

试点企业要认真落实实施方案中提出的推进技术进步的各项措施，搞好技改项目的立项、论证，并按程序进行报批，要体现两个转变的精神。要逐步建立起适应市场变化的企业技术开发体系和技术创新机制，使企业成为技术开发和改造的主体，增强企业的市场竞争能力。政府有关部门及银行要加大支持试点企业技术进步的力度，对试点企业技术改造项目优先立项，资金优先支持。

五　深化企业内部改革和管理

企业内部改革的重点是抓好劳动、人事制度和分配制度改革，形成减员增效机制和有效的激励与约束机制。根据职工的劳动技能、劳动强度、劳动责任、劳动条件和实际贡献，拉开分配档次，实行适合本企业特点的工资制度和具体分配形式。要建立健全各项管理制度，突出抓好财务、成本和资金管理。继续深入开展"管理效益年"活动和"转机制、抓管理、练内功、增效益"活动，重点抓好"管理示范工程"的实施。要把企业内部管理的重点放在财务和质量管理上，把财务管理的重点放在资金和成本管理上，严格实行成本、质量否决制度。

参考文献

1. 刘国光：《体制变革中的经济稳定增长》，中国计划出版社 1991 年版。

2. 樊纲、张曙光等：《公有制宏观经济理论大纲》，上海三联书店出版社 1990 年版。

3. 刘国光、戴园晨等：《不宽松的现实和宽松的实现——双重体制下的宏观经济管理》，上海人民出版社 1991 年版。

4. 肖灼基：《中国经济概论》，经济日报出版社 1992 年版。

5. 张风波：《中国宏观经济结构与政策》，中国财政经济出版社 1988 年版。

6. 谭崇台：《发展经济学》，上海人民出版社 1989 年版。

7. 毛蕴诗、金明律、史晋川：《中国宏观经济活动分析》，南开大学出版社 1990 年版。

8. ［日］南亮进：《中国的经济发展——与日本的比较》，经济管理出版社 1991 年版。

9. ［日］南亮进：《日本的经济发展》，对外贸易教育出版社 1989 年版。

10. 谷书堂、刘迎秋：《论我国经济的适度增长与跳跃式发展》，《经济研究》，1993 年第 1 期。

11. ［美］H. 钱纳里、S. 鲁宾逊、M. 赛尔奎因：《工业化和经济增长的比较研究》，上海三联书店出版社 1989 年版。

12. ［美］H. 钱纳里：《结构变化与发展政策》，经济科学出版社 1991 年版。

13. ［美］H. 钱纳里、M. 赛尔奎因：《发展的型式 1950～1970》，经济科学出版社 1988 年版。

14. 世界银行：《1991 年世界发展报告》，中国财政经济出版社 1991 年版。

15. 易纲、许小年：《台湾经济与大陆经济改革》，中国经济出版社 1994 年版。

16. 孙尚清主编，马建堂等：《经济结构的理论、应用与政策》，中国社会出版社 1991 年版。

17. 杨沐：《产业政策研究》，上海三联出版社 1989 年版。

18. 周叔莲、裴叔平、陈树勋主编：《中国产业政策研究》，经济管理出版社 1990 年版。

19. 李悦：《中国工业部门结构》，中国人民大学出版社 1983 年版。

20. 周振华：《产业结构成长论》，上海人民出版社 1992 年版。

21. 陈锡康主编：《中国城乡经济投入占用产出分析》，科学出版社 1992 年版。

22. 汪海波：《中国经济效益问题研究》，经济管理出版社 1991 年版。

23. 李京文、郑友敬主编：《技术进步与产业结构概论》，经济科学出版社 1988 年版。

24. 张问敏、宋光茂编：《中国经济大论战》，经济管理出版社 1996 年版。

25. 谷书堂、逄锦聚、刘迎秋、王光伟：《经济和谐论》，中国经济出版社 1993 年版。

26. 李京文主编：《走向 21 世纪的中国经济》，经济管理出版社 1995 年版。

27. ［美］查尔斯·沃尔夫：《市场或政府》，中国发展出版社 1994 年版。

28. 邹东涛：《世界主要国家和地区的企业制度》，经济管理出版社 1995 年版。

29. 邹东涛：《现代企业制度的环境系统》经济管理出版社 1995 年版。

30. 陈传明：《比较企业制度》，人民出版社 1995 年版。

31. 刘蔚华主编：《山东国有企业市场化改造》，人民出版社 1994 年版。

32. 曾培炎主编：《加快转变经济增长方式》，中国计划出版社 1995 年版。